本书为国家社会科学基金青年项目"德勒兹与鲍德里亚现代性批判比较研究"(项目编号 13CKS032)的部分研究成果

Gilles Louis
Rene Deleuze

Theodor
Wiesengrund
Adorno

建构与否定的博弈

德勒兹和阿多诺的差异逻辑比较

吴静 著

中国社会科学出版社

图书在版编目（CIP）数据

建构与否定的博弈：德勒兹和阿多诺的差异逻辑比较 / 吴静著. —北京：中国社会科学出版社，2017.6

ISBN 978 - 7 - 5203 - 0952 - 3

Ⅰ.①建… Ⅱ.①吴… Ⅲ.①吉尔·路易·勒内·德勒兹（Gilles Louis Rene Deleuze, 1925 - 1995）—逻辑学—研究②阿多诺（Adorno, Theodor Wiesengrund 1903 - 1969）—逻辑学—研究 Ⅳ.①B565.59②B516.59③B81

中国版本图书馆 CIP 数据核字（2017）第 220303 号

出 版 人	赵剑英
责任编辑	喻 苗
责任校对	张 三
责任印制	王 超

出　　版	中国社会科学出版社
社　　址	北京鼓楼西大街甲 158 号
邮　　编	100720
网　　址	http://www.csspw.cn
发 行 部	010 - 84083685
门 市 部	010 - 84029450
经　　销	新华书店及其他书店
印　　刷	北京君升印刷有限公司
装　　订	廊坊市广阳区广增装订厂
版　　次	2017 年 6 月第 1 版
印　　次	2017 年 6 月第 1 次印刷
开　　本	710×1000　1/16
印　　张	16
插　　页	2
字　　数	208 千字
定　　价	69.00 元

凡购买中国社会科学出版社图书，如有质量问题请与本社营销中心联系调换
电话：010 - 84083683
版权所有　侵权必究

内容摘要

　　德勒兹和阿多诺是 20 世纪尤其是战后时代最有影响力的两位哲学家。本书是二人哲学中的差异逻辑思想的一个比较研究，主要着眼于这两位截然不同的哲学家是如何试图挣脱同一性的基始性以及他们追求自由与创新的方式。这正是他们所共有的差异逻辑。但在两位哲学家那里，这种共同的逻辑被表现为两种相反的方式：德勒兹的积极的建构主义与阿多诺的否定辩证法。本书认为这一区别源于他们对于差异概念的不同理解。对德勒兹而言，差异是一个本体性的自在存在，它如同尼采的永恒回归一样不断地重复；而阿多诺则认为，差异是拒绝和解的、否定性的非同一性或矛盾。这一区别贯穿了两位哲学家思想的每个方面。本书旨在揭示德勒兹和阿多诺哲学的异同，并探究造成这些异同的根源所在。

目　　录

引论　为什么是德勒兹 vs 阿多诺？ …………………………（1）
　第一节　德勒兹及其哲学……………………………………（6）
　第二节　阿多诺及其哲学 ……………………………………（11）
　第三节　德勒兹和阿多诺比较研究的可能性空间 …………（16）
　第四节　研究方法及策略……………………………………（21）

第一章　反辩证法 vs 辩证法：与本体论的抗争 ……………（25）
　第一节　德勒兹的反辩证法：存在的单一性 ………………（26）
　第二节　阿多诺的否定辩证法 ………………………………（41）
　第三节　肯定与否定的角力…………………………………（48）

第二章　先验的经验主义 vs 历史经验主义：消失的
　　　　主客体对立 …………………………………………（60）
　第一节　德勒兹的先验场域的构建…………………………（66）
　第二节　阿多诺的客体的先在性……………………………（74）
　第三节　被建构的主体性……………………………………（80）

第三章　差异 vs 非同一性：反对同一性……………………（88）
　第一节　德勒兹的自在差异…………………………………（91）

第二节　阿多诺的非同一性···（103）
　　第三节　内在的差异性：反对表征主义·································（112）

第四章　块茎与星丛：新型的生产方式·································（119）
　　第一节　块茎：意义场的构建··（120）
　　第二节　星丛：非同一性的乌托邦·······································（131）
　　第三节　关系：生产的力量···（139）

第五章　肯定的建构主义 vs 瓦解的逻辑······························（150）
　　第一节　德勒兹的积极建构···（152）
　　第二节　阿多诺的瓦解逻辑···（159）
　　第三节　如何实现内在差异性？···（170）

第六章　寻找自由的出口··（179）
　　第一节　德勒兹：进取的自由··（185）
　　第二节　阿多诺：美学自由的救赎······································（195）
　　第三节　通向自由的逃生口：自由从哪里浮现？··················（207）

第七章　自由的局限：永恒的总体化·····································（212）

结论　对现代性的反思···（233）

参考文献··（240）

引 论

为什么是德勒兹 vs 阿多诺？

差异逻辑，是后现代反思文化的一个非常重要的组成部分。今天，无论是在哲学、文学、音乐、电影甚或政治领域中，尊重差异、容忍差异甚至凸显差异已经成了对作品甚至制度本身是否具有"时代精神"的某种衡量。我小心翼翼地将"时代精神"打上引号是因为我不能确定所谓后现代是否真的可以作为一个独立的历史阶段被标注出来。即使是，我也无法知道它的分水岭在哪里。而且，即使在全球一体化的当代世界中，地区发展不平衡的现实使得历史的分层复杂而妖异，需求也是如此的大相径庭。谁需要差异？需要什么样的差异？这实在是一个难以回答的问题。以土地为主导的生活方式和以市场为主导的生活方式之间的理念和需求迥然相异，文化上对差异的重视和政治上对差异的容忍也是极端不同的两回事。而这些本身，又构成了差异逻辑布展的一些侧面，更不去谈大众小众的问题。好吧好吧，我不得不承认，我在本书的开始处实在是说了两句似是而非的废话，而这就是喜欢做结论式断言的坏处。这两句废话的目的无非就是为了强调差异在今天的重要性。当然，我完全可以换一个更好的开始，但我选择这样做的原因其实是想更真实地表达我在对差异逻辑进行总结方面的困难，而这也正是差异文化研究的内在的矛盾所导致的。当我逐渐学习开始不那么快地做结论的时候，我发现自己完全可以更多地去享受异彩纷呈的可能性空间，这也许是个不错的开始呢。

实际上，中国文化的传统中一直缺乏对差异的理论性认可，或者说，是缺乏欣赏和理解差异的雅量。从本体论层面的"万宗归一"到政治理想层面的"天下大同"，无不将那个终极的"一"与"同"视为本质性的真实与美好。从文化史上来看，唯名宗与唯实宗的论战，"六经注我""我注六经"的争论，"大学"与"小学"的争论，任何时候都不失为争夺一个话语权的"一"而进行的战斗。这当然是有原因的。因为话语权的确定所带来的权威性与政治上的企图息息相关，而这本身又与中国"学而优则仕"的选拔体制相关。这同时也决定了无论是在文化上还是在政治上，对排他性的"一"的追求高过了一切。差异，要么被置于任人遗忘的小角落中腐烂发臭，要么在"一"的大棒下被摒弃或湮没。于是，当我们乍然间要面对今天大张旗鼓的差异的文化的时候，内心难免会战栗地询问："这个，真的可以有吗？"

那么，差异是什么呢？是"一"的轰然倒塌？是费耶阿本德说的"怎么样都可以"？是无理性的混乱？还是"乱花渐欲迷人眼"的纷杂？擅长辩证思维的齐泽克在《因为它们并不知道他们所做的》一书中指出，差异性（differentiality）的关系指的是一个术语的显在（presence），即是其反面的不在场（absence）。[①] 这个看起来拗口的语词游戏重复的不过是关于对立的另一种说法。齐泽克以白天黑夜为例说，黑夜所意味的其实不是黑夜的在场，而是白天的不在场。如果用这种方式来解读差异，就必然导致如下的结论：差异所能代表的是作为其对立面的同一性的不在场。这种过于简单武断的二元论显然不符合差异的真实状况，而这其实也正是齐泽克本

---

① ［斯洛文尼亚］斯拉沃热·齐泽克：《因为他们并不知道他们所做的——政治因素的享乐》，凤凰出版传媒集团、江苏人民出版社，第28页。原文为："差异性（differentiality）说明了一种更为精确的关系：其中，一个术语的对立面，其显在（presence）的反面并非是另一个术语，而是第一个术语的不在（absence），即其铭写位置的虚空（void）。"

人所批判的"颠倒说"的状况。① 差异与同一性之间从来就不是一种对称性的关系。② 因而尽管作为同一性逻辑的对立面,差异所挑战的并不是同一性的在场,而是它的基始性(primacy)。换言之,差异哲学家或差异文化倡导者所希望实现的并不是一个"一"完全缺席,只剩下"差异"群魔乱舞的景象。相反,他们是以差异作为武器,提起了对"一"的独裁的抗议和斗争。抗议的结果不是将"一"从肉体到精神完全消灭③(暴力革命的模式往往如此),而是请它退居到它应有的位置上,使原先被雪藏的差异走到台前。差异既不是多元化的现象,也不是差别的存在,而是最大的可能性空间。从这个意义上说,它可以被认为是解放了意志或欲望。

对"差异"这个语词的熟悉和亲近成功地在战争的苦痛和创伤之后制造了一个群体的归属感。或者至少这是德勒兹和阿多诺的理想。因为差异从来就不是简单的反对,而是反思,反思被我们的理性和规则重创并扼杀了的一切异质性。反思是对既定的不断挑战。这种反思,不仅仅来自于塞纳河左岸的咖啡馆里飘出来的咖啡的香气,更是脱胎于二战和奥斯维辛集中营这样沉重的血与火。尽管这两种话语情境离今天的中国现实是如此的遥远,以至于我们也许很难想象这种噬骨般的切肤之痛。但这个主题所延伸出来的维度却是我们在今天全球化的现实中所不得不面对的一个问题。当资本逻辑随着工业文明以及附着于其上的社会机制的出现而逐渐展开的时候,差异,是一种自慰还是自矜?或者说,它在什么意义上才具有

---

① 齐泽克援引了黑格尔在《精神现象学》中对基督教关于来世设想的"颠倒的世界"中的双重倒置的分析。他以《格列佛游记》中的侏儒国和人—马岛为例指出,这种倒置的幻象所体现的不仅仅是现实的一种镜像(mirror-image),同时也表达了主体的象征性认同(symbolic identification)。

② 在第一章的结尾处我对齐泽克对德勒兹的批评的反驳也正是建立在这个事实的基础上。

③ 何况,作为人类理性基础和法则的同一性与人类思维本身同生共死,以理性消灭同一性是一项"不可能完成的使命",而抛弃理性,回归非理性,即便可能,也必将是一种文明的倒退。

了真实的抗争态度？

　　本书是对德勒兹和阿多诺哲学中的差异逻辑思想进行的一个比较研究，其主要关注点是这两位截然不同的哲学家是如何试图挣脱同一性的基始性以及他们追求自由与创新的方式。这正是德勒兹和阿多诺所共有的差异逻辑。该研究通过对应比较的方法，试图清晰地为读者呈现出德勒兹的肯定的建构主义相对于阿多诺的否定辩证法在实践意义上的积极性和局限性，以及他们各自的差异哲学的意义和局限性之所在。众所周知，德勒兹和阿多诺是20世纪尤其是战后时代最有影响力的两位哲学家，他们的著作同时涉及了哲学、文学、艺术等众多领域。不过，由于他们的根本立场和方法论的不同，二人的哲学思想不但呈现出迥异的态势，更在很多方面背道而驰。但我认为，德勒兹和阿多诺的这种相异仅仅相当于硬币的两面；在另一些方面，他们的主张不谋而合，甚至连他们的抗争模式都有相类似的地方。有趣的是，这种极度的"异"和"同"之间不但不是断裂的，反而存在着内在联系。通过对这两位哲学家的解读，我发现，德勒兹和阿多诺的共通之处在于他们的哲学中都蕴含了对同一性原则进行批判的"内在差异"这一命题。[①] 同时，他们也都力图寻求冲破现代社会局限的方式。因为对于他们而言，同一性原则将社会中存在的各种差异最终归结为某种同一性，从而导致了全方位的等级秩序的出现。德勒兹和阿多诺都对这种现象提出了

[①] Nick Nesbitt 在论文《否定的放逐：德勒兹、阿多诺和内在差异伦理》（The Expulsion of the Negative: Deleuze, Adorno, and the Ethics of Internal Difference）中提出了该命题。他认为，在德勒兹早期著作中处于核心地位的"内在差异"（internal difference）命题，支持了其所主张的另一个命题——批判的构成性主体性。我赞成这一观点。但是，我不同意 Nesbitt 的另一观点，即德勒兹是通过排除否定性以否定的方式来实现"内在差异"的。相反，我认为德勒兹一直是以肯定的方式来进行的。而对于阿多诺而言，虽然他从没有在字面上使用过 Nesbitt 所说的"内在差异"一词，但他的"非同一性"（nonidentity）在反对同一性的基始性角度上与"内在差异"是一致的。

抗议，他们认为问题的根源在于将差异错误地置于从属性的地位[1]，并力主重新考量差异与同一性之间的关系，恢复前者的基始地位。此外，两位哲学家还将这种"异""同"关系的理论讨论引入到对历史和资本主义的批判上，深刻地揭露了现代社会中存在的深层禁锢，并从理论和现实的双重角度探讨了在同一性占主导地位的现代社会实现自由的可能性问题。但是，尽管德勒兹和阿多诺二人都主张"内在差异"这一共同逻辑，但由于在几个基本方面的异议，使得他们的理论推演和结论差别甚大，甚至在某些方面是针锋相对的。于是，一个问题出现了：内在差异逻辑是如何发展成两种截然相反的趋势的，即德勒兹的肯定的建构主义和阿多诺的否定的辩证法？

正是这个问题引起了我的极大兴趣。我的研究正是旨在揭示二人理论的共通性（"内在差异"逻辑）和差别（方法论和结论），并分析这些产生的根源。另外，使我更感兴趣的是德勒兹和阿多诺将对创新条件的分析和对现代社会的批判联系起来，同时探讨了在全面总体化的社会中实现根本创新是否可行的问题。这一问题直接指向在被管理的世界中自由是否可能的伦理学追问。为了达到该研究目的，我从两位哲学家对辩证法和方法论的不同态度着手，对其各自哲学中的两组核心概念——"差异"（difference）和"非同一性"（nonidentity）、"根茎"（rhizome）和"星丛"（constellation）——分别进行了比较。我之所以将这两组概念放在一起，原因在于我认为它们准确地表达了德勒兹和阿多诺哲学的共同点和分界点：第一组概念（"差异"和"非同一性"）阐明了两位哲学家对内在差异的定位和理解；第二组概念（"根茎"和"星丛"）提

---

[1] 在从古希腊到黑格尔的哲学史中，差异以不同的面目出现在不同的哲学家那里。在柏拉图那里，差异是分享了"共相"的具体事物；到了亚里士多德则变成实体的属性；康德认为经验世界的现象是具体的差异；而在黑格尔的辩证法中，差异则体现为异己的他者。

出了创新的模式。在该比较的基础上，我力图从政治实践的角度出发来比较德勒兹的肯定性和阿多诺的否定性以探索如何面对现代社会中的自由议题。

不过，在正式开始之前，有一个问题是我不得不回答的，即为什么是德勒兹和阿多诺，而不是其他关注面更广的当代哲学家？或者说最初是什么引起了我对他们的关注？不对这两个问题给出合理的答案，就无法谈及该研究的正当性和意义。毕竟，他们不是我随手从哲学家名录中抽取的。事实上，我也确实无法用两句话来给出一个言简意赅的解释。于是，我不得不选择了一个有点费力但却直接的入口：从他们的其人其学开始。这也正是导论的前两节的内容。之后，在导论的第三部分"对德勒兹和阿多诺进行比较研究的可行性"中，我将回到上面的问题。

第一节　德勒兹及其哲学

近20年来，吉尔·德勒兹[①]的哲学在世界范围内引起了极大的关注和反响，并被认为是20世纪最具有影响力和革命性的哲学家

[①] 吉尔·德勒兹（Gilles Deleuze, 1925—1995）生于法国巴黎的一个中产阶级家庭，并在巴黎度过了其一生中的绝大多数时间。德勒兹于1944年进入索邦大学学习，他的老师中包括了当时的几位著名的哲学史专家：让·希波利特（Jean Hyppolite）、乔治·康基莱姆（Georges Canguilem）、费迪南·阿尔吉耶（Ferdinand Alquié）以及马里斯·冈迪亚克（Maurice de Gandillac）。此外，德勒兹在大学期间对萨特哲学产生了浓厚兴趣。在此基础之上，当他的同时代哲学家纷纷青睐黑格尔的时候，德勒兹选择了一条与众不同的道路：沿着斯宾诺莎和尼采所开辟的非理性哲学传统继续前进。这使得他的哲学呈现出反黑格尔和反辩证法的特点。德勒兹的研究分为两个阶段：他的早期著作主要是对一些现代哲学家（尼采、博格森、斯宾诺莎等等）进行研究的专著。在他眼中，这些哲学家的思想是对传统的理性哲学的反抗。1969年，德勒兹遇到了精神分析学家费利克斯·加塔利（Félix Guattari）。之后，他们从各自不同的专长以及视角出发，合著了大量的文本。其中，两卷本的《资本主义与精神分裂》被认为是他们对资本主义进行批判的代表作。在第一卷《反俄狄浦斯》中，德勒兹和加塔利创造性地提出了"欲望生产"的概念，对马克思的四种生产方式说进行了重新诠释。德勒兹的研究涵盖了哲学、精神分析、文学、艺术、电影等多个领域，代表著作有《差异与重复》《意义的逻辑》《褶皱》《电影》（两卷本）等等。

之一。从 50 年代早期直到 1995 年去世（死于自杀），他本人单独撰写并与费利克斯·加塔利合著了大量的文本，这些著作的涵盖面十分广阔，几乎涉及了哲学、社会学、心理分析、电影、文学以及绘画各个方面。值得一提的是，其早期著作《差异与重复》（1968）与《意义的逻辑》（1969）被认为是对其哲学的系统阐述。在德勒兹作为哲学家的生涯中，有一个时间点具有特别的意义：1969 年。在这一年，德勒兹与左派理论家、精神分析学家费利克斯·加塔利相遇，从此，他们以独特的方式开始合作，开辟出了另一片洞天。其中，两卷本的《资本主义与精神分裂》（即《反俄狄浦斯》与《千高原》）被认为是当代资本主义批判的独特之作。从这些作品的轨迹来看，我们可以发现德勒兹在不同时期的主要关注点的变迁：他早期的著作大多是关于哲学史的，晚期著作则集中在批判哲学和非传统性的文艺批评领域。如果我们把德勒兹早期关于某些特定哲学家①的专著看作一部有选择地建构的哲学史的话，那么他的这一系列围绕着不同概念（如差异、重复、意义）而写就的文本则可以被当作他整个理论的基本框架。当我这样说的时候，其实已经默认了一个事实，即德勒兹的前后期思想是连贯统一的，不存在断裂，至少在主要问题上如此。因为尽管他的兴趣庞杂，著作涉猎范围极广，但在我看来，它们都有一个共同的关注：如何创新。对德勒兹而言，真正的新才有可能唤醒思维的力量。这种力量不是表现和认可的力量，而是一种完全不同的能力，它可以促使思维运动起来从而赋予它鲜活的生命力。在详细展示了其差异理论的《差异与重复》一书中，德勒兹将差异界定为个体中内在的、基本的因素。不同的个体由无穷的差异组成，这些差异构建了一个具有

---

① 这些哲学家包括斯宾诺莎、尼采、莱布尼茨、休谟、伯格森和福柯。根据德勒兹本人的解读，斯宾诺莎和尼采将哲学理解为一种解放的方式，这对于追求创新至关重要；莱布尼茨肯定了世界上存在着无穷的差异和变化；休谟从经验主义的角度提出了主体的形成问题；伯格森最大的哲学贡献在于他的多样性概念；而福柯则建立了自己具有挑战性的欲望和权力理论。

无限的创新潜能的开放平面。新即是变，是不同，是（新的）差异。新在这里也意味着产生变化的能力；它本身是不同的力之间相遇和改变的结果。正是这种固有的改变的能力使每一个存在（也即德勒兹的生成）作为差异而存在。但新是由什么构成的呢？在德里达看来，就是由他者的侵入所造成的绝对的相异性。① 对于德勒兹而言，新的质素是在上述的开放平面内由肯定性的异质元素之间的相互作用而产生的。这两者其实是一种意思，它肯定了新作为一种与原有完全不同的异质存在。在德勒兹那里，这种他者或异质元素是以虚拟的界外形式出现的。② 与这种开放性相反的是辩证法的封闭螺旋，这种螺旋的伸展只朝向单一的方向。

　　探究德勒兹一生的研究经历，可以清楚地看到他和传统哲学史的距离是怎样一步步地变远的。我们在前面所提到的那些早期的哲学家专题研究就是他与正统的形而上学所做的最初的斗争。对德勒兹而言，旧式的形上哲学妨碍了人类的思维交流。这是因为，作为传统的形而上学之基础和最大特点的本体论正是一切存在归结为一种基始性的同一性，而忽略了差异的意义。在《差异与重复》一书的开始之处，德勒兹就立场鲜明地表示，自己的兴趣在于要找到一种与亚里士多德模式不同的方式来思考差异。他认为，传统的哲学构架以各种不同层级的同一性为基础，对概念进行层级分类，迎合了构建概念性的等级体系对于连贯性的要求。它所导致的结果就是，当人们思考差异的时候，思考的总是个别的、特殊的差异，而后者这种表面上的差异从根本上来讲是从属于某种特定的同一性的。"异"是"同"之上的"异"；缺少了共通性（"同"），一般

---

① ［法］雅克·德里达：《书写与差异》（上），生活·读书·新知三联书店2001年版，第159页。

② Alan Badiou 赞同界外（the outside）对于思维的创新作用，但不同意德勒兹对虚拟（the virtual）和现实（the actual）的两分。他认为不存在任何的标志或标准可以将这两者区别开来。关于这一点可以见他的《存在的喧嚣》（*The Clamor of Being*）中的"虚拟"一节。

性个体之间的"异"就失去了其意义。而当思维以这样一种方式来进行的时候,实际已经被禁锢在所谓的"表现模式"(the pattern of representation)之中了。德勒兹努力与这种表现模式相抗争,他走出了一条相对于当时或多或少追随了黑格尔传统的思想家来说更为非典型的道路。[①] 对于德勒兹而言,他所要与之抗争的不仅仅是黑格尔,而是从柏拉图到笛卡尔的整个哲学史即"逻各斯"的历史。理性哲学传统的基础在于既定的秩序。从这个意义上说,理性(reason)哲学和国家(state)是同源且相互联系的,因为无论是哲学史还是国家都是理性本身的产物,而诸如普遍性、方法、认知和意义等的概念都是理性的衍生物。因此,整个理性哲学史忽略和屏蔽了一切外在于逻各斯的思想,成了一部意义的历史,这种历史本身正意味着同一性的极权主义。当我们使用"历史"或"语言"这样的概念时,我们首先意识到的是履行手段的权力,并且"历史"或"语言"在本质上都要求抑制性。换言之,"历史"或"语言"要有意义,首先就必须以一种有秩序、有组织的连贯方式来思考它,缺少了这一要素,历史就只能是一些杂乱无章的现象的堆积,而语言也充其量是一堆无意义的呓语。因此,对于连贯性和一致性的要求也就影射了某种同一性逻辑。德勒兹所要做的不是彻底摒弃这种必要性,只是他认为,对同一性地位的无限抬高压制了对差异的重视,使其沦为次要的因素,也因此扼杀了创新的可能。他提出,主流的哲学史从本质上来讲其实是权力的代理人在哲学中甚或是在思想中的体现。这种历史地形成的思想映像因其局限性而造

---

① 从20世纪30年代开始,法国哲学界开始对黑格尔表现出了极大的热情。到了第二次世界大战之后,三H(Hegel, Husserl and Heidegger)理论盛极一时。该时期更是一个"黑格尔＝马克思"的时代。众多的学者们致力于将黑格尔与马克思一体化的建构,其中以考杰夫的"马克思化"的黑格尔影响最为深远,即通过马克思的观点来对黑格尔哲学进行诠释。这种理论建构上的取向在今天(无论是从现象学还是解释学的立场)无论如何是不可取的。在这里,马克思成了一个棱镜,它将经由它折射出的黑格尔的映像呈现在人们的眼前。也因此,黑格尔哲学,尤其是其辩证法的革命意义被拔到了一个极高的地位。

成了人们在思考上的匮乏。德勒兹在很大程度上将这种思想的匮乏归咎于形而上学的二元论，或者更准确地说，是归咎于辩证法。

正因为如此，德勒兹对黑格尔的辩证法进行了猛烈的攻击。在《尼采和哲学》中，他将辩证法贬斥为一种拙劣的诡计，指责它通过否定这一步骤遮蔽了差异的肯定性因素，从而将整个生成过程置于同一性原则之下。因为差异不断地通过否定之否定而被转化为同一，并且，这种差异所指向的是与同一完全相反的极端的不同，这事实上只是真实差异的一小部分。在这个预设前提下，原本对立的两端经过关键性的综合，克服了原先的对立状态。在这个过程中，否定所起到的作用其实是将差异简单化。这正是辩证法的秘密和力量所在。换句话说，否定通过设立否定之否定的中介（马克思主义者称之为"扬弃"）将自在的差异消解并同化，从而形成了辩证法的无尽循环。因此，在德勒兹看来，尽管辩证法也谈差异，但是始终是将其置于次要的从属地位。差异，在辩证的螺旋式运动中是要被"扬弃"（sublation）的。虽然"扬弃"一词已经被辩证法学家们赋予了所谓的积极因素，但它作为一种整体的消解作用，其否定意义仍然是毋庸置疑的。德勒兹指出了这种以否定性的思维模式来处理异同关系的错误。他提出，在一个个体与其他个体的关系中，它自身的力所起的作用并非否定其他非我的存在，而是肯定和强调其作为特别个体的差异性，而这种作为本体性存在的差异，才是肯定性的自在的差异（difference-in-itself）。

除了理论层次的批判之外，德勒兹还把他的注意力投向了现实生活。他批评现代社会在各方面对差异的压制，以及由此而造成的对人的异化：人及其思维的开放性被极大地剥夺。而现实本身从本质上来说是变化与差异的不断流动，这些变化不断地对既定秩序形成冲击和颠覆。因此我们完全有能力去深层地挖掘我们的能力所及——尽管我们无法预先知道它的方向和终点是什么，这也是通向自由的实践——创造。不过，这里所说的自由并不是在一定的社会形态或国家内部自由行动或追求某种利益的自主性，相反，它与社会结构本身变化的条件相关。同样是在《差异与重复》中，德勒兹为自由概念做了一系列不同于传统伦理学的界定，使其适应于自己哲学的基本问题，即创新的条件问题。因此，德勒兹式的自由从来就是不断地逃离固定存在和辖域的自由，是从理性所规定的命运中挣脱的自由，是生成的自由。

创造的冲动在德勒兹本人的生命历程和著作中都占有重要的地位。他把哲学描述成"构成、发明和创作概念的艺术"①。他与极权主义的斗争，对辩证法和黑格尔的反对，对差异的强调，以及他先验的经验主义的方法论无不表明了这样一种理论意图：冲破现代社会的束缚，不断地向界外迈近。

第二节 阿多诺及其哲学

作为法兰克福学派的成员之一，阿多诺②将他的批判之矛直接掷向了现代工业社会。他对音乐、文学、艺术、社会学等多方面有着浓厚兴趣，并留下了大量的著作。这些著作尽管涉及不同领域，但都与他的哲学主张一脉相承，对当代批判理论不同流派的发展起

---

① Deleuze, G., & Guattari, F. (1994). *What is Philosophy?* (H. Tomlinton & G. Burchill, Trans.). London: Verso, p. 2.

② 西奥多·阿多诺（Theodor Wistuqrund Adorno, 1903—1969）德国著名哲学家、美学家、社会学家、音乐理论家，法兰克福学派第一代的主要代表人物，社会批判理论的理论奠基者。阿多诺深谙现代音乐，他的音乐批判理论是法兰克福学派社会批判理论中最具特色的部分。阿多诺一生著述甚丰，涉猎广泛，主要的哲学、美学著作有：《启蒙辩证法》（1947）、《新音乐哲学》（1949）、《多棱镜：文化批判与社会》（1955）、《否定的辩证法》（1966）、《美学理论》（1970）等。阿多诺的美学思想是以他独特的"否定的辩证法"为哲学基础的。他强烈反对自黑格尔到卢卡奇以强调"总体性"和"同一性"为特征的辩证法，认为"总体""整体""同一性"都是虚假的，是对个体性、差异性、丰富性的粗暴干预与整合。对抽象、普遍、整体性、同一性的维护，实际上是对侵犯、消灭差异性、个体性的强制性社会结构的虚假辩护。

到了深远的影响。阿多诺晚年出版的重要著作《否定的辩证法》是他一生的哲学思想的集大成。自他与霍克海默合著《启蒙辩证法》一书之后，法兰克福学派的众多学者都从不同角度出发，提出了一个重要的命题，即作为统治工具存在的思想，通过自然和社会的同一化原则，使得所有的客体被屈居于主体的掌控之下；否则，它就会被判定为不真实的存在或概念化的存在。阿多诺的"否定的辩证法"就试图表达一种非统治性的思维，他能清楚地认识到自己的局限性，并接受非同一性的存在以及主体概念无法涵盖一切现实。

《否定的辩证法》一书在写作模式和主旨上都突破了传统的马克思主义的框架。事实上，阿多诺在很大程度上受本雅明对马克思思想应用方式的影响。他批评波普和海德格尔错误地提出了客体的"基始性"，认为从来都不存在独立的客体，所有的客体对象都是经过了主体性的定义和中介。所谓的"基始性"所肯定的实际上正是一种同一性，不管它的具体内容是什么。阿多诺强调主客体之间是相互中介的，并认为之前的所有哲学，不管是唯物主义还是唯心主义，也不管是唯名论还是实在论都忽视了这个事实，而预设了某种同一性作为根基，在其之上形成了一个总体性体系。[①] 对于这个问题，阿多诺的分析是一分为二的。一方面，他承认同一性作为思维基础的重要性，这也就是为什么他会声称"思考本身就是同一化"[②]。这也正是作为理性产物的哲学和思考的本质所在。另一方面，思考所能够理解的东西正是基于某种同一性而构架的，同一性在这里提供了体系总体的可能性。对于构建任何一种哲学的形而上学基础而言，这种理论预设都是思维的开端。然而，哲学家却很容

[①] Adorno, T. W. (1973b). *Negative Dialectics*. (E. B. Ashton, Trans.). New York: The Seabury Press, pp. 146–48.

[②] Ibid., p. 5.

易把实际上是思维本身产物的这种预设当作某种先验的前提，甚至对其所谓的"基始性"加以论证。阿多诺认为这从本质上来说是一种颠倒。

在该书中，阿多诺还通过对盛行在康德哲学和黑格尔哲学中的伪否定的揭露批判了传统形式的肯定哲学。他认为，康德的辩证法批判是在纯粹理性的基础上发展起来的。正如康德自己所说，由于人类理性能力的局限，辩证法所表达的实际上是一种幻想的逻辑。在阿多诺看来，康德所说的辩证法本身是一种错误认识论的方法，因为经验的先验条件并不如康德所声称的那样纯粹，它更多的是经过了人类经验的中介。他认为，康德的辩证法坚持将思维与感性能力截然两分，因而无法领会真正的经验；后者本身就默认了思维与其客体的不同一。与康德相反，黑格尔不但不认为辩证法的逻辑是幻想的，反而认为它是一种通向真理的媒介。按照黑格尔的理论，辩证法以一种积极的方式——否定之否定——实现了思维与其客体之间的辩证同一。而阿多诺则反对这一观点。他指出，所谓的辩证同一就其本质而言其实就是不同一，它只可能以否定性的方式出现。这也就是为什么阿多诺把他自己的辩证法称之为"否定的辩证法"。为了避免传统思维方式的逻辑束缚，阿多诺将自己的哲学旨趣定义为异质性的审美经验。他认为，辩证法反对一切形式的本体论，海德格尔的"此在"的本体论也不例外。阿多诺对海德格尔的批判从海氏对传统本体论的批判入手。在他看来，海氏对传统形而上学的清算虽不乏深刻之处，但他自己的理论努力却只能说是另一种形式的"第一哲学"[①]，是将无法言说的存在物化的一种理论诡计，并且这种对"此在"的绝对性的坚持忽视了现实的历史维度。

[①] 张一兵教授在《无调式的辩证想象》中将海德格尔的这种新形式的第一哲学称为"存在的帝国主义"是不无道理的。在海氏这里，传统本体论的物质第一性不过被置换成了此在，而这一置换在根本上并没有动摇同一性。

阿多诺毫不留情地揭露了海德格尔的旧式本体论本质。根据他本人对辩证法的理解，辩证法在反对第一哲学的同时，也反对主客体截然两分的构架以及同一性的逻辑。因此，他将辩证法的本质定义为对非同一性（异质性）的自觉意识。这一界定与海德格尔对同一与差异的理解大不相同。① 尽管海德格尔也维护差异在逻辑上相对于同一的先在性，但他却未能深入到辩证法的角度来讨论这一点。对于他而言，从柏拉图到黑格尔的辩证法只不过是一种尴尬（embarrassment）的表达。从这个意义上讲，辩证法并不能真正解决差异与同一的关系问题。阿多诺的否定的辩证法的关键在于他提出的"星丛"概念。② 星丛是一种新型的关系模式，它消除了主体与主体之间、主体与客体之间多等级秩序以及奴役。阿多诺用这个强调了成员之间的媒介与互动关系的星丛现象，来象征一种成员之间互不同一的和平共存的关系模式。

在认识论上，虽然阿多诺否定了海德格尔所提出的客体的基始性，但他却坚持客体的优先性。这种客体优先性所针对的是意味着主客体同一的经验主体的先在性。从主客体同一的角度来看，关于客体的知识完全依赖于主体的经验，但这样的结论本身其实已经预设了存在一个完全了解客体的经验主体。对于阿多诺而言，发生在主客体之间的真实情形是不同一的，这根源于两个原因：一方面，主体是由社会和历史条件客观地构成的，不存在一个超脱出客观现实的先验主体；另一方面，即使根据同一性思维的规则和步骤，也

---

① 《阿多诺和海德格尔：哲学问题》（*Adorno and Heidegger: Philosophical Questions*）一书提出了一系列的问题，旨在重新评价两位哲学家之间的差异。在这些问题中，《Ethics and Authenticity: Conscience and Non-Identity in Heidegger and Adorno, with a glance at Hegel（道德和本真：从黑格尔的角度看海德格尔与阿多诺的良心与非同一性）》一文讨论了他们在非同一性问题上的争议。

② "星丛"是阿多诺从本雅明的《德国悲剧的起源》中借用来的一个术语。"因此德国悲剧中没有个体英雄，有的只是英雄的星丛……"（第132页）。本雅明在这里用"星丛"来表示与线性的历史图景不同的辩证的历史图景。

没有客体可能被完全了解。阿多诺认为，在当前条件下，哲学赋予客体优先性的唯一道路就是辩证地思考。因此，他将辩证法描述为一种思辨的努力，它在确认思维与其客体之间的非同一性的同时又能完成概念同一化的工作。从这个角度来讲，我们大可以把阿多诺的否定辩证法理解为建构一个可以以批判的方式来反思现代社会的历史唯物主义的哲学企图。

阿多诺对自由问题的关注是通过对康德的自由概念的批评来完成的。在康德的道德哲学中，自由的张扬是哲学追求的核心，或者说，伦理学的实现以意志的绝对自由为根本前提。阿多诺对这样的自由是鄙弃的。但他的反对与尼采从反基督教价值观角度出发对康德的批判不同，他从根本上对所谓的"自由意志"提出了质疑。他认为，"自由意志"本身是被某些强制性决定的，因而在本质上是不自由的。[①] 真正的自由必须是对包括自由意志在内的被确定性的反省。因此，阿多诺的自由既不是任何一种政体内部的自由，也不是反抗某种具体制度的自由，而是对一切不自由因素的挑战。在这一点上阿多诺无疑是深刻的，但也是绝望的，这就是为什么在他那里永远也找不到一条可实现的政治解放的道路。就这个意义而言，阿多诺从来就不是革命性的，他对否定辩证法的诉诸更像是充满了俄狄浦斯式的宿命论的悲观。然而，这并不意味着他的自由哲学毫无意义。事实上，正是这种拒绝一切束缚的反抗精神为我们对现代社会的反思提供了基础。其实，阿多诺本人也意识到了这个问题。在《文化批评与社会》一书中，阿多诺写道："一个社会的极权程

---

① 这让我联想到尼古拉斯·凯奇的电影《天使之城》（city of Angel）。在影片中，生有双翼的天使可以选择从高楼上坠下变成有死的人类，从而拥有普通人所具有的情感和生活。这一选择的路径看起来似乎是上帝出于对自由意志的尊重而设置的选项，但实际上，这种选择本身是一种被强化的决定：要么带着双翼，成为永生却不能拥有爱情的天使；要么失去双翼，享受有爱情的平凡人生。并且这种选择本身只能从前者到后者，是单向而不可逆的，而实现转换的手段——跳楼——本身则带有强烈的价值预设的暗示：堕落，甚至这种价值观的预设也是被决定性的一个部分。

度越高，心智的物化程度就越严重，其依靠自己本身而逃离物化的尝试也就越自相矛盾……绝对物化本来把知性进步作为自身的前提要素之一，但是如今却有吸收整个心智的架势。持批评精神的知性如果将自己局限于自我满足的沉思，就无法应对这种挑战。"[1] 按照这一精神，真正自由的精神，作为对一切具体化形式的批判和追问必然不会满足于在某种定型物中被石化，而是会不断地迎接新的挑战。

第三节 德勒兹和阿多诺比较研究的可能性空间

在德勒兹和其他哲学家之间做对比研究的工作，已经逐渐地引起了很多当代学者的注意。从所选择的对象来看，这一类型的研究可分为两类：第一类是将德勒兹本人与他的哲学所关系到的哲学家（包括尼采、马克思、福柯、斯宾诺莎等等）做比较，这类研究的主要目的在于探讨德勒兹哲学思想的发展问题。第二类是将德勒兹与其他现当代思想家进行对比研究，从而讨论其思想的独特性及意义所在。我的研究就属于第二个类型。不过，在我的研究中，我不加预设地给予了阿多诺和德勒兹同样的地位，希望能够通过差异逻辑的线索让我们更加接近这两位思想先锋。

差异逻辑是现代反思哲学必然要面对的一个问题，它并不是德勒兹和阿多诺的专属命题。然而最初引起我注意的地方却在于，尽管他们在反对同一性问题上出人意料的一致，但路径和所得出的结论却大相径庭。这种表面上的对立是如此地绝然而炫目，以至于很多人会忽略他们相似的立场：德勒兹对于"差异"

---

[1] 这段译文摘自赵勇先生的重译。转引自 2010 年 6 月 6 日《南方都市报》的《都是翻译惹的祸》。

概念的强调与阿多诺的"非同一性"命题对统治了人类思维的同一性原则的合法性所提出的深刻质疑和对其悲剧性后果的提醒，其声不啻洪钟大吕，振聋发聩。不过，这两个核心概念从字面表述上就能看出显著的不同，这种根本的不同同时也暗示了一个重大的理论差距：肯定的、正面的建构对否定的批判。既然如此，一系列的问题自然就随之而来：在德勒兹和阿多诺都坚持差异逻辑的前提下，为何会最终产生迥异的立场和结论？"差异"和"非同一性"这一对概念在他们各自的思想中起到了什么作用？它们之间的不同又在哪里？二人的理论布展和方法论各有什么特点？如何理解和借鉴他们的独特性和差别？这一连串的问题构成了我这一比较研究的逻辑入口。

正如 Nick Nesbitt 所说的，德勒兹和阿多诺给人的第一印象是"无法调和的针锋相对"。从他们各自的哲学生涯来看，德勒兹很难被归类到任何一个流派或集团中，而阿多诺则是社会研究所（也就是众所周知的法兰克福学派）的奠基者之一，也是该学派最有影响力的成员之一。从哲学主张来看，德勒兹主张内在性和生成的绝对性，坚持存在是单一的（the univocity of being）。而阿多诺则坚定不移地坚持矛盾的必然性和否定的辩证法，声称思维和存在并没有所谓的基础，而是被建构出来的，关于它们的知识与其主客体关系有关。德勒兹一再重申力的"肯定"和"主动"的方面；与之相反，阿多诺则指出辩证法（这里当然不是指黑格尔辩证法，而是他自己的"否定辩证法"）是唯一能指引我们摆脱同一性统治、通向自由的革命道路。Nick Nesbitt 认为，这两位理论家其实都是以否定的方式来表达差异，只是各自的表现形式不一样而已。我却不能赞同这个观点。德勒兹是以凸显差异的肯定性为其最重要的理论任务和基础，并认为自己所面临的挑战和尼采类似。他通过对尼采的德勒兹式的解读，在尼采哲学中找到了对"肯定性"和"主动性"的支持。而 Nesbitt 的问题在于，他将差异本身所具有的排他性的存在误读为一种否定性的方式，这是有问题的。

除此之外，德勒兹和阿多诺之间的另一个巨大差异体现在方法论上。作为批判理论的代表人物之一，阿多诺始终如一地遵循历史辩证法和社会批判的路径。他并不像德勒兹那样热衷于发明各式各样令人瞠目结舌的新名词，他的文本中所使用的术语在绝大多数哲学家的著作中都可以发现。在这一方面，德勒兹表现出了无与伦比的创造力。他将自己定位为一个先验的经验主义哲学家。为了分析经验的先验条件，他构想出一个内在性平面作为理论基础。德勒兹厌弃一切二元论和辩证方式，用力的多元决定说来解释经验。值得一提的是，德勒兹还从很多与哲学无关的其他学科中借用了很多概念来表达自己独特的思想，这种话语方式使得德勒兹的哲学带有了极其鲜明的个人特色。而这种标新立异的背后正是他为了使自己的理论有别于传统哲学的话语所费的苦心。这些不同层次上的对立使得德勒兹和阿多诺仿佛来自不同的星球的生物，他们追随不同的哲学先驱和传统、使用不同的语言，似乎毫不存在交流的可能。

然而，"乱花渐欲迷人眼"。透过这纷繁复杂的表象，德勒兹和阿多诺却有着同样的哲学问题和社会关注。除去我们前面所提到的他们对于同一性与极权主义的反对之外，他们的相通之处并不难找见。虽然他们对辩证法本身有着不同的态度，但他们同时将问题的核心锚定在了黑格尔辩证法中的否定——准确地说是否定之否定——问题上。此外，德、阿二人都反对"表征理论"（the theory of representation）。他们认为，要以表征的模式来表达世界就需要用总体化的方式来使用权力。结果，根源于同一性原则的经验主体就被建构起来了。德勒兹和阿多诺都对以这种主体为主导的主客观关系投了不信任票，坚持认为不能将客体置于主体之下。不过，他们的对应之策却各不相同：德勒兹提出了构成性的主体性，而阿多诺则提出了主客体之间的非同一关系。

阿多诺认识到，客体所蕴含的维度超出一切的现象之外，因而不但在一切个体主体的掌控范围之外，也超出所有主体的知识总和。他将这种永远不可能同一的主客体关系理解为人类历史不可达及的目标，而批判理论作为一种持续的努力，不断在社会现实中对背离目标的认知过程进行批判。关于这一点，O'Connor 在一本关于否定辩证法的书中这样说道："毕竟，如果客体仅仅只是主体性所规定的东西，那么批判理论作为一种纠正关于主体性的错误意识的误解的努力，就失去了其哲学基础。"[①]

德勒兹的路径则完全不同。他反对康德对本体世界和经验世界（现象世界）的二分，在两者之间构想出了一个先验性的场域。这个前个体性的场域就是内在性平面。它作为德勒兹哲学中一个类似本体论的基础，本身是产生性的。内在性平面有无数单独的力组成，它们彼此作用，形成力流。在这个平面上，总是存在着很多互相干预的无穷运动，它们中的每一个都和其他运动相互交叠。德勒兹称这样的状态为"混沌"。在这种状态中，当一个力或一股单独的流与其他力或流相遇时，"事件"（event）就发生了。因为平面上存在着无穷多的力，它们之间的相互影响就会形成无穷多的新事件。主客体关系的形成就是事件之一。德勒兹用这样一种方法成功地回避了传统的主客体二元关系，而构建出了一个多元决定的力场。

最后值得一提的是两位哲学家对艺术的态度。他们都在一定程度上将艺术塑造成通向自由的一条路径。德勒兹对卡夫卡和普鲁斯

---

① O'Connor, B. (2004). *Adorno's Negative Dialectic: Philosophy and the Possibility of Critical Rationality*, Cambridge, MA; London: MIT Press, see preface, p. 10.

特的小说（所谓的"弱势文学"①）以及弗朗西斯·培根的画作投入了极大的关注。阿多诺也同样在文学和音乐方面有所斩获，他特别欣赏勋伯格的无调音乐对传统的十二音阶梯形成的巨大挑战。这些特殊的美学成就都体现了他们希望通过艺术方面的努力来挣脱封闭体系的枷锁，打开更宽阔的开放性空间。

从上面的讨论中，我们可以对德勒兹和阿多诺之间的关系做一个粗略的概括。他们在特定问题上的对立或相似远不是他们之间的全部关系。确切地说，他们就像两条不断缠绕的曲线：在大多数时候，他们呈现出不同距离的背离，但在某些关键点上，却又互相重合。这些交叉点在各自的理论结构中非但不是无关紧要的细枝末节，反而是具有决定性特征的基本立场。这个图景是如此的复杂，以至于我们无法用一个简单的形容词来概括。Nesbitt将这种状况称之为"这两位表面上相互敌对的思想家之间的不和谐关系"②。

那么，我们究竟应该如何准确地定位这两位哲学家之间的这种差异呢？或者说，我们应该以何种态度来面对他们？是二选一的德勒兹或阿多诺，还是差异共存的德勒兹和阿多诺？对这个问题，我并不想提供一个具有排他性的答案。换言之，我的这本小书并没有试图证明谁对谁错。事实是，这两位都坚持根本内在性的思想家在这里彼此邂逅，携手为我们呈现出了不同的方法，对传统的批判模式提出了公然的挑战。而这种有趣的联系正是他们所共同主张的差异逻辑所促成的。我之所以选择了"德勒兹和阿多诺"作为这本小书的标题，正是因为这种无预设的中性化立场本身就蕴含了更多的

---

① 德勒兹所使用的词是 minoritarian，从字面翻译是少数的，但它其实与数量无关，而更多地是指权重因素上的相对边缘化。所以我按照意思将其翻译为"弱势"，同样的 majoritarian 也被我译为"强势"，下同。

② Nesbitt, N. (2005). The Expulsion of the Negative: Deleuze, Adorno, and the Ethics of Internal Difference. *Substance*, 107, p. 75.

可能性：一种异同交错的多元化的差异系统。这样一种避免了二元化的是非判断的理论指认也正是对差异逻辑本身的首肯。

第四节　研究方法及策略

作为一项比较研究，本书并没有涵盖德勒兹和阿多诺哲学的全部内容。原因之一是因为他们的研究领域非常之广，纵使勉力纳入一本书中讨论，也只能是些浮光掠影的片段和皮毛。原因之二在于我个人的研究兴趣，从不同的角度出发来比较德勒兹和阿多诺可能会得出不同的结论，而我所关注的则只是由内在差异逻辑所生发出的一系列问题。在我看来，差异问题在当代欧洲大陆哲学体系中具有核心性的重要地位，它动摇和冲击了以同一性为根基的传统形而上学。在这个问题上，拥护差异与现代社会的批判精神是一致的。在经历了第二次世界大战的悲剧性时代之后，绝大多数西方哲学家都不得不面对自由在晚期资本主义社会中的可能性问题。德勒兹和阿多诺也不例外。他们认识到高度组织化社会的强制性和由此发展出的意识形态，希望能寻找出一种逃离这种压迫的方式，也从根本上逃离根植于日常生活每个方面的同一性。这也就是为什么我在很大程度上将差异逻辑与对自由的追求画上了等号，因为对差异的思考为在政治和现实的意义上反思自由拓展了深度。

从这个意义上说，德勒兹和阿多诺二人的哲学实际上是对同一个问题的不同回答。德勒兹把差异定义为一种生产性的机制，而阿多诺则认为它是单纯的对同一性的否定。这种不同的理解最终导致了他们在方法论上的对立：肯定的建构主义 vs 否定的辩证法。事实上，这种差异贯穿了他们理论的方方面面，我只是选择了其中的六个方面，分别以一章来讨论一个方面。不过，在这种讨论中，读者不要期待我会给出类似于究竟哪一个"更好"的结论，因为我将自己的工作定位在真实地呈现差异并探讨其原因及其意义上。我更感兴趣的是，他们二人彼此对于对方的启示，尽管他们的实践意义大不相同。而正是这种相互观照为我们提供了反思他们每个人的方式，这也是我的研究工作希望达到的目的。

本书分为七章，每章聚焦于德勒兹和阿多诺哲学的一个具体问题的比较上。

第一章主要讨论两位思想家对于辩证法的不同态度。在这一部分，德勒兹的反辩证法立场与阿多诺对辩证法的坚持形成了鲜明的对比。为了解释他们在该问题上的对立，我返回到他们的一个根本哲学观点上：德勒兹的存在的单义性和阿多诺的辩证法。这一章的重点是德、阿二人对于黑格尔辩证法的批判，尤其是他们对于否定的批判。

第二章所关注的是德、阿二人在经验主义立场上的相似与区别。这两位哲学家都赞同经验主义，但却是在不同的意义上。他们对传统的主客体关系的批判也是基于这个立场。不过，他们的解决方法却是不同的。在本章中，我将德勒兹建构的主体性[①]概念与阿多诺的客体优先性进行了比较，力图揭示它们各自的革命性体现在何处。

第三章讨论的是"差异"和"非同一性"这一对概念。它们在强调同一性方面有着某种程度的相似，但在程度上却有所不同。我将重点放在了"差异"的主动特征与"非同一性"的被动特征的对照上，这一点区别为德勒兹和阿多诺各自的哲学

[①] 德勒兹的"建构的主体性"与哈德特和纳格瑞的同一概念有着很大的区别。其中最关键的地方在于：德勒兹用这个语词表现内在力的运动特征，它本身并不指向任何人格化的对象。主体是以被建构的纯粹的"事件"的形式出现在内在性平面之上的。而哈德特和纳格瑞则用它来指征一种去中心化的网络，该网络由不同的群体和行动共同组成，它还有另一个名称：大众。在哈德特和纳格瑞那里，这种被建构的主体性作为阶级构成理论，直接指向工人阶级。

奠定了基调。

第四章讨论的是另一对概念，"根茎"和"星丛"。德勒兹和阿多诺分别用这两个概念来象征两种用来取代封闭体系的关系模式类型。这两种模式的侧重点有所不同："根茎"强调无所不在的逃逸路线，而"星丛"则强调成员的共存状态和相互中介。我讨论的重点落在它们的生产性以及在创新过程中的功能问题。

第五章主要讨论两位哲学家各自的总体理论逻辑：德勒兹的积极建构主义 vs 阿多诺的瓦解的逻辑。这种立场上的根本对立其实是由于对差异实现方式的不同观点。与德勒兹相对积极的斗争方式相比，阿多诺则由于其反实践的态度而不可避免地陷入了一种政治困境。

第六章聚焦在他们对自由概念的不同理解上。德勒兹所讨论的自由与变化的条件和可能性空间相关。这种自由既不是行为的自由选择权，也不是攫取的权力；它是一种创造新关系的能力或潜力。与之相反，阿多诺所主张的主客体之间的非同一性使他的理论在某种程度上呈现出政治上的无力：他无法设想出一条通向自由的实践性道路，只好通过审美经验实现救赎。尽管存在这样重大的差异，但他们的自由理想在一点上是相通的：他们都希望能够实现一种非主体性的创新的自由。我从理论和现实两个维度上讨论了这两种不同形式自由的可行性。

第七章是从政治实践的角度对德勒兹和阿多诺争取自由的斗争的反思。我的观点是：他们所提供的逃脱同一化的路径并没有能够避免现代社会的总体化功能。但即便如此，德勒兹的自由作为一种开放的生成过程，其现实意义在于它不断地扩大了社会对于差异的包容力度，对今天的激进政治学研究仍然有极大的借鉴意义。

结论部分讨论了这两种截然不同的哲学在反思现代性的局限性

问题中的意义。德勒兹和阿多诺所提供的对当代社会的批判性分析，对于在全球化的时代中理解现代性和后现代性的关系问题意义重大。[1][2]

---

[1] 由于德勒兹和阿多诺都有与他人合著的文本，所以当我在书中一般性地提及德勒兹或阿多诺的时候，有时也意味着德勒兹和加塔利或阿多诺和霍克海默。但当我明确地提及合著文本时，我会清楚地标明，这一点在后文中不再特别提及。另外，按照我的判断，在差异问题上，德勒兹一生的思想是具有连续性的，不存在断裂或突变。因此他不同时期的文本间是相互呼应、印证的关系，我对它们同时的引用也因此具有合法性。

[2] 本书并不涉及德勒兹和阿多诺两人在艺术和文学方面的专著。但在文中，我对阿多诺的《美学理论》有所引用。

第 一 章

反辩证法 vs 辩证法：与本体论的抗争

> 狄奥尼索斯和阿波罗的对立并不是矛盾的两项，而是两种互相对立的解决矛盾的方式。日神在造型艺术的观照中间接解决矛盾，酒神则在意志的音乐符号中，在痛苦的复生中，直接解决矛盾。
>
> ——德勒兹

德勒兹和阿多诺哲学的一个重大不同在于他们对辩证法的态度。这里所显示的并不纯粹是一个方法论问题，而是体现了他们对一个哲学根本问题的不同思考，即存在的本质问题。在我看来，在这个问题上德勒兹和阿多诺的关系，就类似于德勒兹笔下（更准确地说，是尼采笔下）的狄奥尼索斯和阿波罗的关系。德勒兹的工作看起来更像是在一片开阔的空白场域上进行的探索性工作。作为一个探险家，他努力将该场域的地质结构向人们解释清楚，再以自发性的现存条件为基础构建新的建筑。德勒兹的兴趣不在于寻访现象的历史根源，相反，他一直致力于发现构成经验的条件。对于他而言，一切固定的封闭体系都是虚假的。他赋予自己的使命是利用所有可能的条件——平面、力或线条等——创造出全新的质素来。相比之下，阿多诺就更像是一个历史学家（在同样的意义上马克思也是如此）：他将历史看作是一个线性的进程，而自己的任务则是对历史进行元批判从而判断它到底是一个进化过程还是退化过程。这种工作与旷野上的创造性建构不同。线性的历史总是有终结的，而这种终结本身实际上是一个预设，它在某种程度上决定了历史学家的判断。不过，历史不会直接地将自己的本质展现出来；作为一个客体，历史和历史学家之间也是互为中介，相互干预的。因此，历史学家对历史的反思是在获取知识的过程中进行的。正因为这样的区别，我借用了日神和酒神之间的对立来形容两位思想家之间的理论差异：德勒兹的直接的生产和阿多诺的间接的观照。

德勒兹和阿多诺对于辩证法的不同态度显示了他们对于传统哲学中的存在问题的截然不同的理解。德勒兹反对柏拉图式的二元论，坚持存在的单义性。与他同时代哲学家对黑格尔的青睐相反，他拒绝接受以否定方式来界定存在的"矛盾"概念。他试图以一种肯定性的单义性来定义存在。但与传统本体论的不同在于，这种单义的存在既不是物质性的本质，也不是形而上学式的抽象，而是自在的差异。在这个问题上，阿多诺则站在与德勒兹完全对立的立场上。阿多诺沿袭了从黑格尔到马克思的传统，对辩证方式本身进行了毫无保留的赞扬。他最著名的哲学成就就是两个以"辩证法"为题的文本（《启蒙的辩证法》和《否定的辩证法》）。

第一节 德勒兹的反辩证法：存在的单一性

从早期的《尼采和哲学》到晚期的《什么是哲学？》，德勒兹反辩证法的态度自始至终地贯彻在他的绝大多数文本当中。在他的笔下，黑格尔及辩证法（不仅仅是黑格尔的辩证法）常常被当作潜在的敌人而被加以批判。德勒兹在《差异与重复》中将现代哲学的任务定义为"克服有限/无限、历史/永恒以及特殊/普遍的二元选择"①的不断努力。从表面上看来,这一声明与传统哲学所说的矛盾的统一并无二致,但事实上,德勒兹却反驳了这种判断。他认为哲学最深刻的地方不在于它的历史性和永恒性,而在于尼采所说的"不合时宜"。哲学的意义在于它必须"永远不合时宜,而且只能不合时宜"②。在他看来,克服了有限/无限、历史/永恒以及特殊/普遍这些二元选择的不是"统一"这个超验概念,而是一种外在于时间或历史的条件:不合时宜性。这一界定与马克思所谓的哲学的"时代精神"说正好相反。它是德勒兹对自己理论提出的一个要求:超越时间和历史性。这种超越并非意味着哲学思想的普适性(这或许可以被称之为"总合时宜"),而是指出了哲学作为思维的集大成者,需要外在于一切的时代。哲学的不合时宜也就是它的不趋时,是游离于一切既定之外的疏离。这种孤独的距离恰恰是思考所需要的冷静的距离。从这个意义上说,不合时宜的哲学所体现的是哲学桀骜的本性,是不臣服于一切时代的独立性。哲学被德勒兹定义为"形成、发明和构造概念的艺术……它必须决定概念的要素、时机和环境,决定其地形和角色,决定其条件和未知"③。这段说明性的文字将哲学拉出了本体论和传统认识论的框架:它将哲学定义为与存在的条件相关的艺术。确切地说,对于德勒兹而言,哲学不是一种简单的推理或思辨,而是一种创造性的行为,它决定了概念之所以成为概念的各种要素和条件,从而使概念得以形成。而概念本身,作为存在的本体性范畴,是由多元因素决定的。概念的创造与决定存在的条件密切相关。

---

① Deleuze, G. (1994). *Difference and Repetition*. (P. Patton, Trans.). New York: Columbia University Press, p. xxi.

② Ibid..

③ Deleuze, G., & Guattari, F. (1994). *What is Philosophy?* (H. Tomlinton & G. Burchill, Trans.). London: Verso, p. 2.

因此，我们不难理解为什么德勒兹在哲学研究的初期阶段对哲学史进行了有选择的研究。按照他的观点，主流的哲学史从本质上来讲其实是权力的代理人在哲学中甚或是思想中的体现。这种历史地形成的思想映像因其局限性而造成了人们在思考上的匮乏。二元论就是这些代表性映像之一，而辩证法则是对二元论的彻底贯彻。这也就是德勒兹对笛卡尔（"我思"与存在的二元论）和黑格尔（否定的三重态和相互转化）特别关注的原因。同时，他也深深地为斯宾诺莎、休谟、尼采和伯格森所着迷。因为在他看来，这样一些哲学家虽然从来都是正统的经院哲学所重点关注的人物，是哲学史的重要组成部分，但他们却都不约而同在某些方面超脱了哲学史学统。不过，德勒兹对这些哲学家的解读明显经过了自己的加工：在他的笔下，这些前辈们的重要哲学命题变成了反黑格尔辩证法的武器。因此，我们可以说，德勒兹早期的哲学史研究实际上是对他自己理论的思想史正源。在这个系列中，所有的思想家都变成了德勒兹式的哲学家。在德勒兹本人的话语中，斯宾诺莎等人的真正贡献在于他们既提供了从由否定和被动力所主导的历史中摆脱出来的方式，也创造出了新的生存方式。他把这些人都评价为坚持肯定性和多样性的哲学家。这样一种解读方式的主观性不言而喻。然而从解释学的角度来看，我们却不能完全将它认定为非法。借用阿尔都塞的话说，从来没有"无辜的"阅读，阅读的"原罪"在于负载了其经验历史的阅读主体总是通过问题式来进行解读的。而德勒兹所做的，正是以哲学史研究的方式将自己的问题呈现在后来者面前，同时也为我们阅读正统哲学史提供了新的角度和视点。

德勒兹为自己赋予了和以上哲学家相同的理论任务。他就像一个高超的建筑家，利用从这些前辈那里借用来的概念、语词和命题等已有的原材料，构建出了一个原创性的反辩证法的平台。

从早期的哲学史专题研究开始，德勒兹就已经开始显示出他的经验主义立场。他以此作为必杀技，用来对抗传统的意识哲学。他对哲学史进行的有目的的筛选为他的"单义的存在"预备了不可缺少的几个关键性元素。同时，他发展了休谟的"先验的经验主义"，并直接将其导入了一个非主体性经验的领域。

德勒兹的反辩证法立场与他的存在的单义性直接相关，因为前者预设了主客体二分。而德勒兹则认为，存在是单义的（univoque/univocal），既没有传统的主体和客体的区分，也没有所谓的认知客体。思维的发生只是在一个前个体平面上的单纯的事件（Evènement/event）而已。这样的一种全新的理论框架完全摈弃了康德、黑格尔乃至马克思的概念群和认知模式，体现了德勒兹的创造性所在。

这种单义存在的本质不是某种精神或物质，而是单一的内在性差异。差异作为具体存在背后的"一"，本身就是对多样性的积极肯定。"具体的存在是多样而不同的，它们总是通过析取式综合（disjunctive synthesis）生产出来的，因而它们彼此互不相关，没有交集。"[1] 由此可以看出，单义的存在的本体性命题预设了差异的多元性来克服辩证法的二元论。首先，德勒兹指出，一切形式的辩证法都毫不例外地预先假设了一个神学式的前提，即存在一个统一体。即使是黑格尔的矛盾概念，也仍然没有逃出矛盾中的统一这样的综合。它不过是将一切置于两分法的模式当中，然后通过否定之否定的力量来达到一个错误的本体论上的统一。从这个意义上说，要反对辩证法，首先必须反对二元论。斯宾诺莎的"物质"（Substance）概念在这个问题上为德勒兹提供了一个特别的参照。斯宾诺莎的单一的物质指的是上帝或自然，而德勒兹则从这里发展出了

---

[1] Deleuze, G. (1990). *The Logic of Sense*. (M. Lester, Trans.). New York: Columbia University Press, p. 179.

连续的内在性平面。① 这个平面既不是超出物质之外，也不是内在于物质；它就是物质本身。这个虚拟性的方案为从"一"到"多"的转化提供了一个准本体性的场域。德勒兹在对斯宾诺莎的无限属性的批判中确立了内在性平面的特质："因此，实在地（形式地）有区别的诸属性一定属于一个绝对单独的实体，它拥有这些属性，更不用说还具有自因性、无限性和必然存在性诸特质。在表现它们的诸属性中从形式上互相区别开来的无限的诸本质，在实体中从本体上互相融合。"② 对此，阿姆斯特朗是这样解释的："这一类平面的主要特点在于它引导形式的发展和主体的形成……它是一个隐蔽的结构原则和（/或）发生原则，它从形式方面对身体进行组织和界定，并根据身体所希望达到的目的来组织和界定其功能。"③ 可见，与传统的形而上学的根基不同，先验的内在性平面具有发生学的基础意义。这种基础不是某种根源，而是前哲学的。一切哲学事件在这个平面上形成，而平面本身却没有任何的价值和目的论预设。这个平面，在德勒兹的生成理论中，是一个具有原创性的基础性建构，对于论证存在的单义性具有关键的作用。

存在是单义的，这是德勒兹哲学的根本命题。但和传统本体论中的物质一元论不同，这里的单义的存在并不指向任何实体。和斯

---

① 在斯宾诺莎哲学中，不仅设定了作为单一存在的物质，同时规定了"属性"（attributes）和"样式"（modes）这两个范畴。它们的无限多样性解决了本体性的"一"的生发问题以及有限与无限的关系问题。德勒兹在继承了存在的单义性的同时却放弃了这两个概念，他认为无限多的属性和样式在本质上仍然是单义的。"诸属性严格地说是同样的东西，只要它们构成实体之本质，而且只要它们被样式之诸本质所涵盖并且包含样式之诸本质。例如，正是在同样的形式下，身体意味着广延，而广延是神的实体之属性。……所以斯宾诺莎所主张的内在固有性像反对创造一样反对流溢。而内在固有性首先意味诸属性之单义性：相同的诸属性意指它们所组合的实体，和它们所包含的诸样式"（[法] 吉尔·德勒兹：《斯宾诺莎的实践哲学》，商务印书馆 2005 年版，第 61 页）。从这里我们可以看出德勒兹为什么选择舍弃斯宾诺莎的后两个范畴，而是用内在性平面作为单义的存在基础。

② [法] 吉尔·德勒兹：《斯宾诺莎的实践哲学》，商务印书馆 2005 年版，第 133 页。

③ Armstrong, A. (1997). Some Reflections on Deleuze's Spinoza: Composition and Agency. In K. A. Pearson (ed.), *Deleuze and Philosophy: The Difference Engineer*. London: Routledge, p. 47.

宾诺莎的单一的物质一样，德勒兹的这个命题拒绝一切形式的中介，而中介正是辩证法中的关键性步骤。因此，他认为黑格尔的辩证法之所以有问题原因在于他没有能够认清"中介"（mediation）置换的非法性。在《差异与重复》中，他这样说："反对黑格尔是因为他没能跳出错误的运动——换言之，即'中介'的抽象逻辑运动。他们[黑格尔式的辩证法学者们]想让形而上学运动起来。他们想让它动起来，并且能够执行直接性的行动。"[①] 中介的作用，对于自称为经验主义哲学家的德勒兹来说，是将第一手的、直接的记号替换成了间接的表达。辩证法的问题正在于中介的这种替换将肯定性的存在变成了否定性的关系。

然而，单义的存在不是对本原的"一"的肯定，它以强调异质性的差异肯定了多样性。"存在的单义性并不意味着只有一个相同的存在；相反，具体的存在是多样而不同的，它们总是通过析取式综合（disjunctive synthesis）生产出来的。"[②] 析取式综合是在处于同等层级的多个并列项中进行的，它是对多种具体差异进行析取的结果。自在的差异并不是如细胞分化般繁殖开来，通过析取不同的项，单义的大写的存在——自在的差异——产生出了众多的具体的差异。这种从一到多的过程与传统一元本体论的树形进化过程是不同的，这一点我在后面关于"块茎"的章节中会具体地谈到。用这种方式，德勒兹成功地解决了"一"和"二"、甚至"一"和"多"的关系。多样性是内在于存在的；它就是存在本身。

但其实，"一"和"二"甚至和"多"的关系从来就不是一个新鲜的问题。从哲学史的溯源来看，这是所有的一元论思想必须解决的一个问题。因此，无论是毕达哥拉斯的"一"的演变，还是柏拉图的相论，其实解决的都是"一"和"多"的对立与演化的关

---

① *Difference and Repetition*, p. 4.
② *The Logic of Sense*, p. 179.

系问题。在毕达哥拉斯那里，数及其间的关系是存在的基础，"一"① 是万物之源。这是古希腊哲学史上第一次将世界的起源界定为一个非感性的抽象物，这其实正是对存在本质的一种本体化归纳。当"一"组合为"二"的时候，依照毕达哥拉斯的学说就不仅仅是数的叠加，而是从统一开始出现了差别和对立。根据这一思路发展下去，"后期毕达哥拉斯学派把'一'称作神，把'二'称作物质，'三'赋有很大的意义。'一'通过'二'重新在'三'里面到达它的圆满阶段。对'三'的崇拜从毕达哥拉斯学派传到了基督教"②。关于统一、对立、扬弃乃至三段论等第一批也是最重要的辩证法概念在这里隐约地有了它们的雏形。但同时，这个过程也正是差异所衍生的过程。然而，毕达哥拉斯及其门徒注意到的只是作为基底的世界的终极统一性，尽管他们已经开始认为"一"到"三"是一个循环发展（当然，这不是他们的措辞）的过程，但对于作为中介的"二"却语焉不详。

而到了爱利亚学派，他们断言感性世界的事物是不真实的，即他们否认变化和多样性的真实性，并认为唯一的真实是"有"（因此巴门尼德证明了"无"不存在，只有"有"是存在的）。他们将这种"有"描述为无法被感官所感知的，因为它既不能被看到，也不能被摸到或感觉到，不在任何地方，没有过去也没有未来，只有理性才能触及它。这样的"有"其实是取消了一切具体存在的规定性，最根本的就是时间性和空间性。实际上，这也就意味着，爱利亚学派所提出的"有"不过是一个抽象的概念，只是哲学史的发展还没有成熟到能使他们认识到这一点。在这里，"有"第一次被当作一种脱离了具体事物和现象的"纯在"提了出来，因为在爱利亚

---

① 数词"一"（die Eins）在德语中是阴性词，黑格尔为了区别它和毕达哥拉斯作为世界本原的"一"，特意使用了中性用法（das Eins）。

② 阿尔森·古留加：《黑格尔小传》，商务印书馆1978年版，第155页。

学派的思想中,"有"是被当作"一"、当作唯一的真实,所以其对立面是"多"。但是,由于爱利亚学派所证明的"有"的无规定性(由于抽象概念的范畴当时还未形成,这种无规定性也给他们自己造成了极大的困惑),作为其对立面的"多"自然也就变成了一个暧昧不明的命题。它们之间的对立因而成了一种无法沟通的巨大隔阂。

爱利亚学派对"有"这一范畴的设定和由此产生的困惑,在柏拉图那里得到了澄清。他认识到,"有"之所以既是唯一的存在,又没有任何规定性,因而根本不存在的最终原因就在于"有"本身是一个共相,它是一切"在者"所共同具有的,即存在本身,也就是海德格尔所说的"在"。并且,这种共相其实是一种绝对,它与自身同一,自我规定。"它的生成[发展]即是它自己的潜在性的实现,它所变成的东西,即是它原先就已经是的东西。它是它自己运动的起点,但它在运动的过程中决不走出自身之外。"① 这种极具思辨色彩的界说是一个重要的理论命题,后世哲学家无一例外地将其作为世界理由(无论这理由是什么)的本质属性。因为只有自我规定的存在才能成为世界的"第一推动力",它就是绝对的"一"!而与这种本原性的"义"("共相")相对的则是事物的多样性。各种类别的事物由于分享了这个本质的东西,即分享了这个相,所以才具有同类的性质,并以不完全的方式存在。在这里,柏拉图用"分享"的方式解决了"一"与"多"的对立问题。他的学生亚里士多德的"实体—属性"的学说更是这种"一"与"多"的辩证关系在逻辑层次上的发挥。

但是,这些对"一"的本原性的设定与德勒兹的存在的单义性之间具有本质的不同。它其实反映了两种相互对立的世界观。前者

---

① [德]黑格尔:《哲学史讲演录》第2卷,商务印书馆1960年版,第183页。

是在对世界进行总结的基础上所确定的"一",这种"一"本身正是思维同一化的结果,是剥离了一切差异之后的单质的肯定。在他们那里,"一"与"多"本身是呈辩证对立关系的。而德勒兹则将单义的存在本身定位在对差异的承认之上,因而这个"一"本质上已经将"多"内含在自身之中,因此他所要解决的"一"与"多"的问题,实际上是自在的差异与具体的差异(specific differences)之间的关系问题。这和柏拉图的"相论"表面上看起来有相似之处,但其实是有着极大区别的。在柏拉图那里,作为"多"的个别事物背后的"共相"其实是一种种属范畴,它将被概括出来的普遍概念视为唯一真实的东西。但德勒兹则不同,他将差异本体化,肯定作为本体存在的差异和具体差异的真实性。他借用尼采的"永恒回归"(他称之为"重复")来诠释自在差异的存在方式。差异是"一"中的"多",回归或重复的也是一种"一",但它却肯定了多样性。①

德勒兹从他的"先验的经验主义"方法论出发,论证了具体的差异的多样性是如何被创造出来的。内在性平面本身包含了无限多的元素,它们彼此间不停的相互作用生产出了新的质素,也就是差异。从这个意义上说,德勒兹所设想的这个先验的平台并不是某种固定的存在,而是一个生产系统。他从根本上摒弃了意识和本质的二元论,而仅仅把它们定义成内在性平面的两个方面,这两个方面的相互作用创造出了无限的运动。"这就是为什么总是有无限的运动形成彼此间的碰撞,它们相互交叠,一个运动的返回瞬间就能重新激发另一个运动。它们像一个巨大的梭子,就这样不停地在内

---

① 其实,从这里我们也就可以理解德勒兹对传统本体论的颠覆。他将原有的"一"与"多"(差异)的关系完全颠倒了过来,认为差异才是本质性的真实。在我看来,这种哲学上的理论认定与他在审美上强调感觉(震惊)先于思考的理念(见《差异与重复》和《感觉的逻辑》)是一致的。感性的相遇(震惊)作为一个强度反应链的开始,才能激发出对感觉的探索欲望,从而带动思维的运动。在此,感觉不再是一种肤浅的表面,而是对力的一种捕捉。

性平面上往返编织。"① 从这里可以得出一个结论，内在性平面不是一个固定的、封闭的本质，而是一个永恒流变中的生产场域，事件在这个场域上得以被生产出来。在《斯宾诺莎的实践哲学》中，德勒兹把这个内在性平面解释成一个由经线（运动的速度或状态）和纬线（强度）交织而成的网络，它不断被个体和群体构成和重组，具有不同速度的粒子间的相互运动和嵌入创造出了各种不同的生活方式。这个生产系统克服了辩证矛盾在事物发展中的应用，以一种开放式的生产领域代替了黑格尔的综合。

伯格森是另一个在很大程度上影响了德勒兹的思想源泉：后者赞同前者将"绵延"（duration）与"流动性"（mobility）相联系的主张，并将这个过程解释为一个永不停止的生成，新的质素正是在这个生成过程中不断地被创造出来。在伯格森的理论中，绵延与空间化的时间相对，是平滑的、流动的时间。在他看来，传统的时间概念是用固定的时间概念来说明时间，把时间当作和空间一样的对象，将其看作各个时刻依次延伸、环环相衔而至无限的一根同质的长链，认为它是静止的、不连续的，而忽略了真正的时间的流变性和异质性。而绵延作为真正的时间，既不是同质的，又是不可分割的。它唯有在记忆中方有可能存在，因为记忆中过去的时刻是在不断积累的。因此，绵延作为一种"心理时间"，它既不是一种现象的多样性，也不是一个超验的统一体；它是一个处在不断地变化中的过程。在这个过程中，新的经验不断地被生成。这个生产过程不是通过旧有经验连续累加的方式来获得，而是通过不断据有现存经验的方式。换言之，绵延中的现存经验是新经验的素材，这些素材经过直觉体验和想象而被生产加工成新的经验，而不仅仅是一个简单的累加所得。因此，新的经验实际上是对经验的记忆的一个积累

---

① *What Is Philosophy?*, p. 38.

加工的过程。在伯格森所提出的三种绵延图景中，第三种说的是将一段有弹性的带子收缩成一个点，再将它无限地拉长，创造出一条不断增长的线条。① 这其实已经暗示了一个永不止息的创新过程，它也就是德勒兹所说的作为存在的生成。在绵延中，一切不再是"存在"（being）着，而是在"生成"（becoming）着。于是，绵延的主题就这样变成了生成、差异以及多样性共存的理论和实践。它完全放弃了辩证法的二元论，而提出了一个运动中的生产平面。

接下来，尼采则帮助德勒兹解决了单义存在的运动问题。德勒兹采用了尼采的"永恒回归"的学说来刻画作为单义存在的自在差异是如何不断地生成新的异质性的。海德格尔指出，事实上，尼采从来没有详细阐述过究竟是什么在永恒地"回归"着；他仅仅是谈到了"永恒回归的思想"②。海氏将这种"永恒回归"解释为存在的构成③，但其前提条件是世界总体处于不断的生成中。这其实还是将"永恒回归"与生成相互联系在了一起。德勒兹则直接肯定了这种关系。他认为，永恒回归的正是差异本身，每一次异质性的凸显，就是差异的回归。因此虽然是回归，却不是同质性的重复，而是永不止息的流变，永不止息的生成。这种生成的运动过程就是德勒兹所定义的重复。重复的不是相似性或同种元素，而是自在的差异，它是对同一性的一种抗议和进犯。在被重复的差异背后，发挥作用的正是"权力意志"，这种意志所希望的就是体现自己的差异，它在每一次的回归中重复。因为"回归就是存在，但仅仅是生成的存在……因此回归是唯一的同一性，但这种同一性是次要的力量，是差异的同一性。这种同一从属于差异，或者说要回转为差异"④。

---

① Bergson, H. (1961). *Introduction to Metaphysics.* (M. L. Andison, Trans.). New York: Philosophical Library, pp. 163 – 168.

② Heidegger, M. (1992). *Nietzsche.* San Francisco, CA: HarperCollins, p. 110.

③ Ibid., p. 163。

④ *Difference and Repetition*, p. 41.

在这里，黑格尔的中心范畴矛盾毫无用武之地。德勒兹正是用这种方法强调了运动而回避了辩证法。

黑格尔哲学将存在的本质总结为真正的矛盾，即矛盾之矛盾，也就是综合。所谓的辩证运动，其实只不过是将矛盾带入更高的所谓的真正矛盾的层面上，从而使其可以被综合消弭。从整个过程来看，我们可以发现三个置换：对差异的肯定变成了对自我的否定，对自我的肯定变成了对他者的否定，以及最著名的，肯定变成了否定之否定。德勒兹省略了这个过程，但他所提出的否定在辩证法中的滥用其实正导致了这三个置换的非法性。在这些置换中，当对"他者"被认为是对"自我"的否定的时候，肯定立刻就变成了对"他者"的否定。差异正是被同一性以这样的方式摈弃的，否定所形成的螺旋式运动被推向无穷。

通过这种方式，辩证法将一切事物卷入了一个巨大的同化作用中，并最终将其转化成同一性。这就是扬弃（sublaion/Aufhebung）。扬弃是一个留中有变的过程。黑格尔为"扬弃"赋予了一种特质，即它是改变与不变之间的一种张力，并利用这个概念解决了辩证法中的发展问题。因为在康德那里，矛盾只有对立而无统一，它是事物发展的障碍而非动力。因此，批判是被当作纯粹的否定来看待的。事物以及知识的局限不是由它内含的矛盾的否定性一面所揭示的，相反却是一种只能为纯粹理性所把握的先验知识。这是一种绝对分离的基础性二元论。而黑格尔则借助"否定"的巨大力量，它解决了两种空洞的纯粹之间无法统一的问题，使虚无变成了存在，从而抛弃了先验论。但在德勒兹看来，"扬弃"中的"弃"（改变）本身并不是一种正面的、肯定的改变；相反，它是从属于某种既定秩序的（即它只能抛弃旧有）。因而，这个概念表达的并不是一种积极主动的行为，从而无法产生出真正的新元素来。德勒兹认为，黑格尔在这里将差异置于同一性之下，因而他所谓的差异只能是对差异的一个概念性解释，是矛盾的最终会被吸收或"扬弃"的一端。在这个意义上，德勒兹拒绝了黑格尔的辩证法，因为辩证法的核心正在于不断地通过否定的运动使差异从属于同一性。①

批判进行到这里，德勒兹又援引了尼采的说法。他将辩证法比喻为"傻子的赞同"。傻子会对任何人说"好的"，却不会说"不"，因为他根本不知道事物的反面是什么。与其相对的是狄奥尼索斯的赞同，他赞同是因为他知道事物的对立面如何，也知道反对的结果是什么。在衡量之后，他自由而主动地选择了赞同。这两种赞同大相径庭。前者排除了一切差异，也杜绝了差异的可能，因此他除了接受之外别无选择；而后者则在面对差异时出于自愿选择了赞同。辩证法的否定性所做的正是消除差异的工作。

在德勒兹看来，尼采的哲学是建立在对柏拉图、康德和黑格尔的批判之上。一方面，他拒绝柏拉图主义，并以"力"的概念为基础建立了一种生成哲学；另一方面，他对康德的批判哲学进行了批判，并以此为武器来反对传统的理性主义哲学。德勒兹指出，尼采对于哲学的最重大的贡献在于他将"价值"观念引入哲学，他的系谱学既是对起源的价值研究，也是对价值的起源研究。在尼采的这一部分理论中，其中一个重要的主题就是对康德的批判，因为他的批判哲学没有能够提出对价值的批判。在康德那里，价值从来都没有进入过他的批判视野，他仅仅是将真、善、美认定为先验价值，他的其他批判都是以默认这些先验价值为前提的。但尼采和德勒兹

---

① Ian Buchanan 认为德勒兹在这里对黑格尔的反对其实是建立在假想的基础上的。Ian 认为德勒兹把法国哲学对黑格尔的敌意演绎到了一个极端化的地步。他指出，事实上，德勒兹本人对黑格尔并没有进行直接的分析，而是毫无保留地使用了尼采对黑格尔的批判。于是在这里，黑格尔的辩证法被简单化了。这种情况在德勒兹的文本中确实存在，但尽管如此，并不能改变德勒兹对以综合为目的的辩证式矛盾反感的事实。因此，我在这里仍然采用和分析德勒兹本人对黑格尔辩证法的描述。

都反对这种没有经过证明的先验设定。"系谱学反对一切绝对的价值，因为它们实际上是相对的或功利主义的。系谱学肯定了价值的区别性元素，价值的价值正是来源于这区别性元素。"① 这也就是为什么德勒兹反对黑格尔乃至马克思的线性历史的进步论，而支持尼采的系谱学。在他看来，历史是"据有它［历史］的不同力量的演替以及试图取得主导权的不同力量的共存"②。系谱学的任务正是探索形成不同价值的构成性因素。而从发生学角度来看，对价值的评估首先要看价值的不同起源。价值是由生活方式决定的，生活方式的差异导致了价值的不同。另一方面，尼采对康德的"自由意志"也进行了毫不留情的嘲讽和批判。他认为，作为康德伦理学核心的"自由意志"更多的是一种道德预设，而这种预设本身是软弱无力的。尼采本人所青睐的是充满力量的、进取性的意志，他的"权力意志"的概念正是对康德的"自由意志"的一个反照。德勒兹继承了这个立场③，并将它应用在主、被动力的分析中。同时，他还比较了正面的、肯定性的差异与否定性的差异的区别。他指出，肯定或否定的方式都可以生产出差异。黑格尔的主仆关系实际上是以一种否定的方式来表达差异。在主人与奴隶这样一对看似对立的矛盾中，奴隶看起来是对主人的否定，但实际上，情形要比这复杂得多。

首先，主人与奴隶之间的辩证关系人为地赋予了奴隶与主人相对立的特质，从而形成了一对伪矛盾。因此，奴隶在这里不是一种自在的存在，他的特质也不是自发形成的，而是完全由否定的方式来决定的。否定变成了达及肯定的方式。德勒兹这样界定辩证法的

---

① Deleuze, G. (1981). *Nietzsche and Philosophy*. (H. Tomlinson, Trans.). London: Athlone, p. 2.
② Gilles Deleuze. *Nietzsche and Philosophy*, Athlone, 1981, p. 3.
③ 在第六章关于德勒兹的自由部分，我将其概括为"进取性的自由"，也正是对德勒兹对尼采青睐的一个肯定。

核心问题，他说："不是所有的异同关系都足以形成一个辩证法，哪怕是本质性的异同关系也是如此。要形成辩证法依靠的是否定在这一异同关系中的作用。"① 但事实上，主人与奴隶并不是二元对立的，他们两者之间的不同是由很多非对立性的异质性构成的。而黑格尔所谓的主仆之间的辩证关系之所以是错的，就在于他错误地把这两种不同的立场之间的异质性简化为了二元对立。所以，从根本上说，尽管主仆之间在某些方面确实存在着对立，但他们的联系从总体上不能形成相互否定的对立。在这一点上，当德勒兹在高度肯定了主仆之间所存在的实际上是一种多元化的差异系统的时候，其实是对尼采关于主人道德与奴隶道德的对立的一个补充。也就是说，主仆之间的不同更多的是正面的、肯定性的差异，而不是由相互对立的否定形成的。在德勒兹看来，辩证法所内含的二元关系是对差异的多样性的简单且错误的表达。其次，黑格尔主仆辩证关系是对两者之间差异的一种被动、否定的表达。德勒兹指出，这种否定性的形式正是辩证法的核心秘密。而事实上，差异之所以成为差异，取决于它所内含的体现个体的特殊性质的因素。这种特质并不是在对立的关系中以否定其他个体的方式出现，而是对自身的特异性的肯定。在德勒兹看来，这两种方式之间存在着重大的区别。前者体现的是一种被动的、反抗性的力，而后者则是一种积极主动的力。被动的力是对条件和环境的一种反馈，而主动的力则是出自个体自身的意愿。德勒兹更进一步地将此与尼采的"权力意志"的概念做了连接。他指出，权力意志正是差异的内驱力所在，因此，差异所体现的应当是权力意志对自我的肯定。相反，在辩证法中，差异从来就不是独立的存在，它总是在比照

---

① *Nietzsche and Philosophy*, p. 8.

中作为对他者的否定而存在。并且，辩证的综合也不是发展所得出的积极的结果，而是由扬弃（否定的作用）所实现的一种总体性。

德勒兹坚持认为，由否定原则所主导的辩证法所表达的实际上是一种奴性思维。因为否定所代表的被动力是对某种压迫的反应（例如，奴隶的否定是由于他所感受到的主人的压迫），它不可能自发地在没有外在压力的情况下发生作用。而"肯定则是创造，不是忍受、容忍或接受"①。从这个观点来看，也就意味着正是外在的压力决定了被动力发生作用的方式（"哪里有压迫，哪里就有反抗"）。于是，主动力丧失了其自主性，不再成为一种具有主导权的自为的、肯定性存在，它们的自我认同不得不通过对某种压力或压迫的反馈来实现，而这种压迫也就是马克思主义哲学家们所说的异化。换言之，在德勒兹看来，辩证法误读了差异的肯定性特质，而将其当作一种异化了的否定性存在。② 因此，从生产角度来讲，辩证法根本无力产生新的特质，这对于将创新当作哲学根本任务的德勒兹来说，是不能接受的。

第二节　阿多诺的否定辩证法③

在阿多诺的两本以"辩证法"为题的文本中，第一本《启蒙的辩证法》（1947，与霍克海默合著）主要从启蒙与神话的关系入

---

① *Nietzsche and Philosophy*, p. 186.
② 从这个意义上说，德勒兹不仅反对黑格尔通过否定之否定将否定肯定化的努力，也反对斯宾诺莎关于"一切肯定都是否定"的断言，因为后者的论断是在对概念的内涵与范畴关系思考的基础上做出的。而德勒兹的肯定则是对作为纯粹"事件"的"多"的肯定，是尼采式的肯定，是狄奥尼索斯的肯定，是对生活的肯定。
③ 对于阿多诺的《否定的辩证法》，张一兵的《无调式的辩证想象》从文本学的角度做了深入的剖析。我在这一部分主要讨论对象是阿多诺对黑格尔的批判，以期与德勒兹对黑格尔辩证法的反对形成对照。

手，对自理性启蒙以来的西方历史进行了批判。第二本《否定的辩证法》（1966），作为他最有影响力的哲学著作，则将否定的辩证法当作自己的认识论模型大张旗鼓地提了出来。

在《否定的辩证法》的序言中，阿多诺这样阐述他的初衷："……这本《否定的辩证法》回避了一切美学主题，它或许可以被称为一个'反体系'"①。"体系"这个词在这里并不指向任何具体的哲学体系，而指的是哲学史主流的理性哲学的系统性建构。对于阿多诺而言，体系最重要的特征，就是以同一性为根本原则。因此，为了实现"反体系"的目标，他将论证主客体之间以及思维与对象之间的"非同一性"作为根本性的任务。在这个意义上，他批判黑格尔的辩证法实际上是以同一性（矛盾的综合）来终结矛盾的运动。这与德勒兹对黑格尔辩证法中的"否定之否定等于肯定"的批判在某种程度上达成了一致，这种一致性在于他们都敏锐地看到了黑格尔式的矛盾的综合（扬弃）仍然是张扬一定意义之上的居于第一位的同一性。分歧之处则在于，德勒兹是从反对否定入手，而阿多诺则是对于"否定之否定"与"肯定"之间的等号提出了质疑。在他看来，这个非法的等式取消了否定的批判意义，以肯定的同一性取代了否定本身的批判性，而这正是通过"中介"达成的。阿多诺认为，黑格尔对"中介"的倚重到了极其过分的地步。"因此，对黑格尔而言，中介从来不是两极之间的中间性因素，从克尔凯郭尔那里开始，它就已经被错误地描述成了存在本身；相反，中介是发生在两极之内并始终贯穿它们，它存在于两极本身之中。这正是黑格尔哲学激进的方面，它与任何一种鼓吹适度的观点都是不相容的。"② 事实上，"中介"所强调和彰显的正是对立面之间相互

---

① Adorno, T. W. (1973). *Negative Dialectics*. (E. B. Ashton, Trans.). New York: The Seabury Press, p. xx.

② Adorno, Theodor W. (1993). *Hegel: Three Studies*, (Shierry Weber Nicholsen, Trans.). Cambridge & London: MIT Press, p. 9.

联系的需要和必然性。这种界定打破了传统的、静止的本体论，在过程之中强调关系的相互转化，而这正是辩证法的逻辑所在。在阿多诺看来，黑格尔正是通过这种方式赋予了"矛盾""否定"等概念关键性的地位，并以此挑战了康德的"先验主体"的肇始性地位，证明了将世界还原为一种固定的主观性原则的不可能性，从而"从方法论上追求一种主客体因素之间的交互否定和生产"①。但黑格尔的这种努力最终仍然是唯心主义的。他的辩证法一方面展现了一种批判性、否定性的发展运动的思维形式，另一方面却又没有离开"绝对精神"这个始发性的根源，通过中介而达成综合的思维模式最终战胜了这种批判性的视角。

在对黑格尔批判的基础上，阿多诺还将他之前的所有哲学都总结为"同一性哲学"，因为它们无一例外都以作为思维本质的体系的总体性为基础。而思维与同一化之间的等号无疑道出了一切哲学理论的一个假设性前提：同一性是人类理性思维不可缺少的基础。因为思维所能够理解的东西正是根据同一性（它为体系的总体性提供了可能性）而结构化的东西。但事实上，该前提的非法之处在于它本身并不是一种自在的存在，而是思维的路径，或者说，是思维为了使自己得以进行下去而设想出来的条件。这是阿多诺在他的归谬性论争中所反对的第一个本质性的颠倒，可以看作是他力图在批判理论中克服形式逻辑思维方式中的因果必然性与黑格尔哲学中的精神同一性的努力。

阿多诺在导论部分就对否定辩证法给出了一个清晰的描述，然而，该描述却不能被称之为一个确定性的定义，它更像是一个以"遮诠"的方式进行的特性刻画。事实上，当他为否定辩证法赋予了嘲弄传统的使命时，不过是重复了自己在序言中所宣称的哲学意

---

① Adorno, Theodor W. (1993). *Hegel: Three Studies*, (Shierry Weber Nicholsen, Trans.). Cambridge & London: MIT Press, p. 10.

图。原因在于，在从苏格拉底到青年卢卡奇的哲学史传统中，辩证法意味着"以否定的方式达到某种肯定的东西"①，而阿多诺所做的就是"将辩证法从这种肯定性的特质中拯救出来却不减少它的确定性"②。这也就意味着他需要克服理性的局限性，克服以二元性、对立、本质、现象等概念为代表的还原性思维，因为它们所表征的正是由理性所建立的、由同一性主导的等级秩序。阿多诺意识到，自己的使命是以一种真正辩证的方法来证明此种方式的错误所在，而这种新方法需要建设一种新型的主客体关系，该关系所产生的批判性意识能够在不使概念的真正客体同一化的前提下理解一个概念。

从《否定的辩证法》的目录中，我们可以很清晰地看到这样一个事实：阿多诺自述理论的基础是对康德、黑格尔和海德格尔的批判。他将自己的论证依次瞄准了三个敌人：康德的先验主体，黑格尔辩证法的肯定和海德格尔本体性的"定在"（Dasein）的概念性。在阿多诺看来，这三个概念都是同一性思维所主导的，它们妨碍了思想自由地思考和想象客体。阿多诺为同一性思维这个理论专制主义所提供的唯一解放路径就是他所谓的否定的辩证法。错的从来都不是辩证法，而是辩证法的"被肯定化"，肯定所默认的主客体同一屏蔽了一切的异质性，而辩证法的功能是"将理性本身的批判意识和客体的批判性经验结合在一起"③。在阿多诺看来，黑格尔的问题就在于，具有强大同化作用的综合再排除异质性的同时将这种批判性也丢失了。

不过，阿多诺并没有否认黑格尔辩证法中也存在着非同一性概念。他认为，黑格尔其实也承认矛盾在非同一性中的有效性，但他

---

① *Negative Dialectics*, p. xix.

② Ibid..

③ Hegel, G. W. F. (1959a). *Encyclopedia of Philosophy*. (Gustav Emil Mueller, Trans.). New York: Philosophical Library, p. 10.

的"否定之否定等于肯定"的等式却从根本上消除了一切的非同一性。于是，作为辩证法核心的矛盾也消失在了同一性中，"肯定—否定—否定之否定"的三部曲形成了一个完整的逻辑循环。尽管这个循环的完结会成为新的矛盾的起点，但作为一个单独的单元，它的终结是由带有同一化作用的综合来实现的。因此，黑格尔式的矛盾的无所不在只能被理解为平面上的，"无所不在"的矛盾终究要被扬弃。单就这一点而言，黑格尔实在像是一个有完美主义倾向的强迫症患者：他不能设想没有被解决的矛盾。他从代数中借来"负负得正"的经验原则，直接将其形而上学化，发展出了著名的"双重否定等于肯定"，而这一等式除了其形式逻辑方面的意义外，本身没有经过任何有效的论证。黑格尔自己说，否定之否定的结果就是，"某物变成了一个他者；这个他者相当于它自身；因此它同样也是一个他者，以此类推以至无穷"[①]。正因为如此，阿多诺认为黑格尔的矛盾概念实际上显示了隐藏在非同一性表象之下的同一性，因为"矛盾原则的辩证基始性使得统一思想成为衡量异质性的工具"[②]。换句话说，在黑格尔辩证法中，以非同一性形象出现的矛盾确实起到了推动概念运动的作用，但它的每一步发展都是以统一来实现的。虽然黑格尔为了解释和解决这种悖论，发明了"扬弃"这个将矛盾内化的术语，但这并没有改变同一性占主导地位的本质。阿多诺将这种同一性居上位的中介称之为不完全的中介，因为这种中介的过程在很大程度上取决于主观性的前提。在他的《黑格尔：三篇研究》的第一部分，他讨论了客观性的完全中介的功能。他指出，黑格尔哲学的中介之所以是有问题的，原因就在于它导致了目的和实际情况相背离。在阿多诺看来，由于这种不完全中介的作

[①] Hegel, G. W. F. (1959b). *The Logic of Hegel.* (William Wallace, Trans.). London: Oxford University Press, p. 93.

[②] *Negative Dialectics*, p. 5.

用，知识的获取变成了一个主观建构的过程，而在这个过程中，否定性思维根本不起作用，因为"根据[黑格尔的——本书作者加]这一体系，现成的东西指的就是与绝对主体的同一"。① 所以，"扬弃"不但没有解决矛盾"被同一"的状况，反而是默认并肯定了绝对主体以及由它所建立的同一性。阿多诺认为，在这个问题上，黑格尔的精神哲学纯粹是一种唯心主义。但阿多诺同时也肯定了黑格尔哲学的非目的论倾向。他说，"如果唯心主义辩证法反对了唯心主义，那它这样做是因为它自身的原则，它的唯心主义主张的过分扩展同时是反唯心主义的。辩证法在真理的内在性方面以及意识的行动方面是一种过程：过程也就是真理本身"②。在这里，黑格尔将过程上升到了极高的位置。在阿多诺看来，他对过程本身的意义的认定已经超过了带有目的论色彩的综合，而这正是辩证法的内在要求所导致的结果。因为辩证法本身所蕴含的对非同一性的自觉意识作为一种批判性的力量，必然最终导向对以同一性为前提的唯心主义的反面。

不过，值得特别注意的地方在于，阿多诺所反对的并不是绝对的同一性，而是作为理论暴政存在的同一性。他清楚地意识到，如果没有纷繁复杂的现象之后的同一，或者更准确地说，没有概括出同一的能力，就不会有概念或认知，也不会有知识或理论。因为这种能力既是思维本身，也是思考和推理的条件。因此，同一性是内在于人类思维的。阿多诺从来没有打算彻底地否定同一性的积极作用，他的目的只在于将被颠倒的东西再颠倒回来：非同一性才是世界的真相，而之前它一直都被误认为隶属于同一性。因此，我们可

---

① 原文为"Hegel is able to think from the thing itself out, to surrender passively, as it were, to its authentic substance, only because by virtue of the system the matter at hand is referred to its identity with absolute subject"。Adorno, T. W. (1993). *Hegel: Three Studies*. (S. W. Nicholsen, Trans.). Cambridge, MA: MIT Press, p. 6.

② Ibid., p. 37.

以这样说，阿多诺所奋力抗争的不是同一性，而是作为基始性、第一性的同一性。这就使得他不得不立刻面对一个两难的问题：同一性使人类思维成为可能，而作为基始性的同一性却禁锢了思维，剥夺了它开辟可能空间的能力。康德和黑格尔哲学都只是从不同角度和方法上首先设定了一种和解的状态，即以主客体之间的同一为理论前提，而这种前提又成为他们的论证所追求的目标。阿多诺认为，辩证法在这种论证中所担负的不是批判性地审视主客体之间的真正关系，而是一个"正名"和"背书"的肯定过程。他因此提出要让辩证法真正地面对非同一性。在这里我们可以发现，阿多诺并没有打算抛弃辩证法，只是要以否定性来恢复它批判的力量。在他看来，以排除矛盾的方式思考问题，根本就谈不上思考，因为这只能算得上是制造神话或意识形态的行为。在这个意义上，阿多诺和马克思一样，可以被看作一个黑格尔式的哲学家：他充分承认辩证法是思考的正确方式。但区别在于，黑格尔着重的是矛盾中的同一，而阿多诺则认为实现内在差异，即非同一性，才是辩证法的使命所在。而这只能借助于否定的力量，并且是走向极致的否定。

因此，无论是非同一性也好，还是否定的辩证法也好，它们都不是阿多诺的理论目的，而只是通向自由的路径。他真正要的，是一个差异之花可以自由绽放的世界。这也就是为什么他将哲学解释为一种不能被还原为绝对精神的、特殊的异质性经验。这种经验不是直接的感性经验，而是经过概念中介的经验，换言之，是概念中的经验。这种鲜活经验既摈弃了感性知觉的肤浅，又保存了内在于它的异质性。阿多诺要求否定辩证法做到的就是紧紧把握住异质性的元素。

这些异质性的哲学经验所展现的是一个差异的世界，也是一个可能性的世界。这种可能性远超过日常生活所能提供的选择。阿多诺将日常生活概括为"从被标注的对或错的选项之间进行选择"①。这种选择表面上看起来是一种自由自主的行为，但实际上和资本主义社会的自由市场一样，是在给定的选项之间进行的被迫选择。是或者不是，对或者错都是对既定结构的回应，答案本身都在预期之内，做什么选择都无法逃脱同一性的强制。这也就是为什么阿多诺在阐述自己的哲学主张的时候，他没有对任何确定的概念说是或者不是，只以一个"非"（non-）的前缀来凸显自己选择的悬置和批判性的根本立场。这也就必然决定了阿多诺肯定不会以正面建构的方式来经营自己的理论②，因为，体系终将腐朽，长存的只有批判。

第三节 肯定与否定的角力③

德勒兹和阿多诺分别表达了两种不同的哲学传统：单义的存在（代表人物伯格森、尼采、斯宾诺莎等）和认识论元批判/历史唯物主义（代表人物马克思和法兰克福学派）。这两种哲学立场的不同很大程度上表现在他们对辩证法的态度上。

德勒兹和阿多诺的相似之处在于他们都认为否定之否定是辩证法问题的关键，但在辩证法的问题上，他们的想法却针锋相对。更准确地说，他们所反对的正是双重否定截然相反的两个特征：德勒

---

① *Negative Dialectics*, p. 32.

② 从这一点上而言，positivity/positive 这个词本身对于阿多诺而言就是可疑的，这根源于他对实践的不信任态度。在《批判模式》（Critical Models）中的"Resignation"一篇中，他坚定地表达了对所谓"伪行动"（pseudo-activity）的反对。而我之所以在本书的标题中将德勒兹概括为"积极的建构主义"（positive constructivism），是为了与阿多诺形成对照。但这并不意味着阿多诺忽视了建构性的问题，而是从他的角度来看，建构本身是不可能的。或者更准确地说，一切具体的被建构出来的东西，都是他所要打破的枷锁。

③ 这一节的英文题目是 Deleuzian Affirmative Forces and Adorno's Negative Power。在翻译成中文时，我将 force 译成"力"，而将 power 译成"力量"。下同。这两个词是在完全不同的意义上使用。德勒兹"力"的概念的使用接近于尼采和福柯，而 power 则意味着抽象的权力。德勒

兹反对它的否定性，而阿多诺反对它的肯定性。

对辩证法态度的这种巨大差异源自于他们对矛盾——更准确地说是黑格尔矛盾——的不同观点，因为矛盾实际上正是他性（otherness）或差异（difference）表达自己的方式。因此，也可以说，正是德勒兹和阿多诺在差异概念上的分歧导致了他们在辩证法问题上的对立。换言之，他们每个人的理论都对黑格尔辩证法做出了反驳，但这些反驳却是在不同的平面和水平上的，因此，如果简单地说德勒兹强调肯定而阿多诺强调否定是不准确的。他们在建构自己的理论时并没有将对方设置为论战的对象，也就是说，德勒兹所说的肯定并不是阿多诺所反对的肯定，同样地，阿多诺所力图恢复的否定也不完全是德勒兹所反对的否定。这样，可能就会有一个疑问：我们所谈及的他们的对立是否还有意义？答案毋庸置疑是肯定的。首先，他们的相互观照为我们提供了审视辩证法的多元的角度。其次，尽管他们的问题并不是完全重合，但从某种意义上说，一者是对另一者进行反思的最好角度。再次，也是我在导论中谈到的最为有趣的一点，即在他们表面上的对立之下，是他们都试图最大限度地保存异质性元素的共同初衷。

不过，德勒兹和阿多诺使用了不同的概念来表述这些异质性元素：差异（difference）和非同一性（nonidentity）。在这里，他们所希望彰显的是作为第一性的差异，以此来对抗传统哲学所形成的同一性的绝对统治。但从本质上来说，这两个概念就像两颗不同树上结出的果实，无论从形式到内涵都是非常不同的。

在黑格尔辩证法中，否定的冲动是一个存在在其自我实现的每个阶段的一种内在欲望，因为只有这样才能不断地突破自我的极限，达及他性。因此，辩证法的螺旋运动实际上也就是一个永不止息的克服极限、实现自我统一的过程。这种黑格尔式的表述方式从根本上暗示了自我和他者的二分。在这种二分中，差异被定义自我的对立面——他性。以这种预设为起点,自然地衍生出了主客体的二分法。德勒兹的反辩证法是从起点上对这种预设的拒绝。首先,他反对将差异定义为他性,宣称自在的差异才是真正唯一的存在。其次,从认识论的角度,他反对对主客体进行截然二分的做法。在他看来,不但先验主体是不存在的,也不存在传统哲学中固定的主客体(不管是什么),更没有所谓的主体形成知识的过程,思维只是发生在一个前个体平面上的纯粹的"事件"而已。这种观念与存在的单义性是一致的。它是对康德和黑格尔的知识形成模式的一种颠覆,也体现了德勒兹对主客体二元论以及由此生发出的表征理论的彻底拒绝。

阿多诺和德勒兹一样,也拒绝思维的表征模型,认为这种所谓的表征只可能是带有主观性建构的不完全影像,完全的、客观的表征是根本不存在的。但是,他反对将思维还原成一种存在的模式。在他看来,一切所谓的本体性的物质(包括德勒兹的自在的差异)都只是人们在同一性思维的辖制下概念化的结果。从这一点来讲,阿多诺走得比德勒兹更远,因为德勒兹对差异的本体化仍然没有逃出阿多诺所谓的同一化的陷阱,后者只是将蕴含了多样性差异概念化。这和黑格尔发明"扬弃"概念在性质上是一样的。阿多诺认为,试图寻找任何形式的一元物质本体化的做法其实都只是一种向古希腊哲学的倒退,而要以这种一元物质来解释历史,就必然要忽视思维主体的主观能动性。按照经典的黑格尔哲学,一个纯粹的存在,如果它本身不是本体性的或基础性的,就必然只能是被中介和建构的概念。那么,在对客体进行理解的认知过程中,起到中介作用的实际上不是一种自在存在,而是一个被建构起来的主体。与德勒兹不同,阿多诺并不相信黑格尔辩证法中的同一性问题可以被意志或概念的运动克服。同样地,启蒙也不可能通过批判而被克服,相反,批判只是不断地促使它进行反思的条件。而辩证思维是唯一能够达及界外（非同一性）的途径，当然，这得是避免了黑格尔的矛盾综合的否定辩证法。

德勒兹反对辩证法的另一个原因在于他对虚假的和解的拒绝。前面我提到过德勒兹反对理论中的一切预设，他认为这样的做法要么缺乏有效论证，要么带有强烈的目的论色彩。在他眼中，辩证法中的矛盾综合就是一个被预设的理论综合。首先，在德勒兹看来，矛盾已经是一个可疑的概念，更不要说矛盾的综合了。这种综合是一个被事先就设定好方式和结果的和解，存在的两个对立面之间的张力在综合中消弭不见。他认为，力是指向各个方向的，没法忽视力的这种复杂情况，它的所谓矛盾运动的形式只不过是一种对力的相互作用的过分简单的假设。因而，辩证法中的否定事实上是对其他力的干涉作用的一种错误的镜像。并且，作为和解的综合其实并没有站得住脚的根基，它类似于基督教教义中上帝和人类的和解，都是从起初就被决定了的结果。从这个意义上说，除了黑格尔的"绝对精神"学说，他的辩证法也是带有神学色彩的。

其次，是辩证的螺旋运动以否定作为其运行方式的合法问题。德勒兹从来没有将历史（或用一个马克思主义理论家更中意的术语：发展）看作一个通过不断否定自己而达到下一个台阶的线性过程。相反，历史是"据有它［历史］的不同力量的演替以及试图取得主导权的不同力量的共存"[1]。他反对传统的历史观而拥护尼采的系谱学，原因在于系谱学的任务正是探索形成不同价值的构成性（异质）因素。与此相反的是，辩证思维中将力的复杂作用简化的做法则必然导致对这些构成性（异质）因素的忽视。

德勒兹认为，尼采令人瞩目的地方之一就是为我们呈现出了力与力之间相互作用的全面性。当力与力之间彼此出现相遇和干涉的

---

[1] *Nietzsche and Philosophy*, p. 3.

时候，否定根本就不是它们的目的。原方向的力流虽然被截断，但却生成新的力流，这是异质性因素进入生产，产生出差异的过程。"在一个力与其他力发生关联的时候，使它顺从的力量并没有否定其他力或那些非我因素，它只是肯定自己的差异并且享受这种差异。"① 在这里，德勒兹将否定的角色颠倒了过来，把它变成了对差异的肯定。这种改造体现了德勒兹和阿多诺之间的一个非常重要的区别，或者从更原创性的角度说是尼采和黑格尔之间的区别。秉承着狄奥尼索斯的精神，德勒兹将否定自我的痛苦变成了肯定差异的快乐，这是一种面对新生事物被创造出来而萌发的快乐。从这一点上，我们可以试着理解德勒兹为尼采笔下的狄奥尼索斯和阿波罗的鲜明对比所做的评论："狄奥尼索斯和阿波罗的对立并不是矛盾的两项，而是两种互相对立的解决矛盾的方式。日神在造型艺术的观照中间接解决矛盾，酒神则在意志的音乐符号中，在痛苦的复生中，直接解决矛盾"。② 在这两种迥然不同的方式中，阿波罗并没有错，只不过生产远比观照更重要、更快乐也更接近生活的真相。

但是，什么是生产呢？它实际上是新特点和新因素的创造和诞生。那么，辩证法是否是一种生产？如果是，它又生产了什么呢？正是在这个问题上，德勒兹和阿多诺旗帜鲜明地分道扬镳了。

为了解释为什么辩证思维不足以生产出差异和新元素，德勒兹将它比喻为奴隶的思维方式：因为它是被动的、消极的。它无法自主自发地产生或创造出新的特征，而只是带着怨恨的情绪（ressentiment）被动地对主人的属性做出反应。从这个意义上而言，被动的反应不能肯定积极性，它仅仅是一种报复。主人的特质勾勒出的正是奴隶的局限性，而奴隶则将主人的属性当成了他自己想要据有的形象：他想要做的不是把主人变成自己的奴隶，而是把自己变成

---

① *Nietzsche and Philosophy*, pp. 8–9.
② Ibid., p. 12.

主人——一个和他的主人一样的人。在我看来,撇开这种报复性的模仿不谈,奴隶真正的反面其实不应该是主人,而是尼采式的超人(overman)。这个超人不是 superman,不是超出常人的人,而是不断跨越自己局限性的人。奴隶则无法做到这一点,他甚至没有办法在他主人之外再自己设想出一个全新的主人形象。关于这一点,太平天国缔造者们在建立政权之后在政治和私人生活上的表现可谓明证。这是被动思维本身的贫乏和无力。

德勒兹将力也分成了主动和被动两类。"只有主动的力会坚持自己,它肯定自己的独特性,并使自己的差异成为欣赏和肯定的对象。而被动的力,即使是在服从或限制主动力的时候,也将局限性和局部的约束强加在它头上,并且为否定的精神所控制。"[1]

只有主动的力可以肯定差异,它摈弃否定或拒绝的方式,提出了积极的、区别性的因素,从而生产出新的质素。对于主动力而言,超越自身局限的要求是来自于本身的、自发的愿望,而不是出于外界的他性的压力。因此,这种力是创造性和生产性的。这种不断超越的愿望也就是生产的愿望,是权力意志。

相反,德勒兹认为历史辩证法则是一种被动的模式运作。它预设了一种压迫——异化——作为前提条件,并由此形成了它的实际矛盾和解决方式:异化和重新据有。不过,这仍然是一种假象性的图景,因为辩证法已经用这种方式剥夺了主动力的创造能力,它把能力从主动力身上剥离,并以矛盾及其综合使它们变得被动。

德勒兹认为辩证法的错误之一在于它对必然性的肯定。在讨论力的相遇所引发的生产机制时,德勒兹强调了"偶然性"在其中发挥的作用以反对辩证法中的绝对的必然性。在德勒兹看来,由于矛盾的综合(和解)的不合法性,导致了矛盾作为推动辩证螺旋运动

---

[1] *Nietzsche and Philosophy*, pp. 56–57.

的内驱力的不合法性，因此，也无法证明否定和否定之否定是辩证法必然的发展方向。可见，所谓的辩证法的必然性仍然是根源于被预设的和解前提的，而既然证明了该前提的非法性，必然性也就不攻自破了。不过，德勒兹并没有全盘地抛弃否定概念，他仅仅是论证了辩证法中的伪必然性。相反，他本人也承认现实中存在着某种必然性，并将偶然性概念引入了必然性：必然性中的偶然性。德勒兹借用掷骰子的比喻来说明这种"必然性中的偶然性"：骰子每次落下所呈现的数字是一种偶然性，但这种偶然性却是存在于某种必然性之内——因为骰子所能决定的数字组合是有限的。从这个意义上，德勒兹论证了作为生成的存在，和呈现为多样性的统一。

阿多诺面对的问题则完全不同。他的非同一性所意味的并不是与相同相对的差异，相反，它更接近于黑格尔的"矛盾"概念。"非同一性"这个术语，所指出的是主客体之间的不一致，它仍然是以主客体二分为基础的。这种不一致显现为在认知关系中主体的认知与客体之间存在着区别性因素。在对这个概念进行定义的过程中，阿多诺将否定的作用合法化，这显然与他力图恢复辩证法的批判性的初衷是一致的。作为法兰克福学派的一员，阿多诺在辩证法问题上的态度在很大程度上受到黑格尔和卢卡奇的正面态度的影响，但是，他在这一问题上的态度仍然与卢卡奇有着很大的距离。后者在《历史与阶级意识》中说："作为第一性的总体性范畴是科学中革命原则的载体。"[1] 阿多诺毫不留情地批评了卢卡奇对于总体性的这种同情态度，因为在他看来所谓的总体性体现的正是哲学和历史中的占主导地位的同一性。同样，阿多诺反对卢卡奇的总体的辩证法，他认为，辩证法的内在矛盾所暗示的本应当是思维与其客体之间的非同一性，而这种非同一性是对总体性的最大挑战。因为

---

[1] Lukács, G. (1971). *History and Class Consciousness: Studies in Marxist Dialectics*. (R. Livingstone, Trans.). London: Merlin Press, p. 75.

总体性从本质上而言是主体意识对于客体的某种矛盾的差异。当然，这一点根源于阿多诺和卢卡奇对于总体性的根本性特征的不同认定。在卢卡奇那里，总体性作为揭露矛盾的批判性武器，只能为辩证法所具有。阿多诺则对这一理论基础表达了极大的异议。在他眼中，总体性，以其目的论式的行进方式，必然压制以及湮灭差异，从而不能揭示作为非同一性存在的真正的矛盾，是辩证法批判和反对的对象。卢卡奇的总体性概念已经被他自己"非总体化"了，因为他抓住了工业化本身的一个方面——即人的总体性（主观方面）——来反对另一个方面——资本主义社会的客观总体性。而阿多诺对这种总体性的反对不仅是对卢卡奇的片面性的矫正，同时也是对曼海姆的悲观主义态度的一个回击。

阿多诺和德勒兹同样认为差异并不是作为相同的绝对反面出现的；德勒兹的差异是先验性平面内的单个体。不过，从德勒兹对差异的界定来看，他并不赞同阿多诺的非同一性概念，因为在他的信念中，真正的差异是不应当由否定性因素来确定的，它们是正面的、肯定的、绝对的差异。另外，德勒兹对差异的使用与认识论层面无关：它是准本体性的。也就是说，德勒兹的差异并不是对经验世界的现象的描述，它与物体 A 与物体 B 之间的矛盾或差别无关。

要讨论阿多诺的非同一性概念，就不可避免地要回到认识论层次，因为否定辩证法的关键不仅仅在于客体与其自身（客体概念）的非同一，也在于它与认知主体之间的非同一状态。在这个问题上，我们不难发现康德哲学对阿多诺的影响。在康德的先验唯心主义哲学中，主动的理性主体是不可能穿越他自身的意识的边界，也就是说，它没有办法真正达及物自体（ding an sich/thing-in-itself）。康德认为，人类的理解力总是试图以抽象的方式从感性条件中设想出客体的概念。阿多诺正是以非同一性肯定和强调了认知主体在这个方面的局限性。尽管如此，康德却并没有打算指出同样存在于认知行为中的局限性。而在阿多诺看来，主客体之间的差距并不是源自于康德对"两个世界"的划分，而是根源于认知的条件。Hauke Brunkhorst 敏锐地观察到了这一点，他评论说，"康德的辩证法版本更接近于阿多诺而不是黑格尔，因为黑格尔企图将康德关于'物自体'的怀疑主义改造成肯定性的历史哲学"①。

前面我们谈道，阿多诺也承认同一性，承认同一化过程在思维和认知过程中不可或缺的作用，但这并不意味着他承认这是主客体关系的本质。客体的无限性始终超出认知主体的掌握。尽管从理论上来说，理性在对客体及其历史条件的认识上可以不断地趋向无穷大，但每一个具体的主体认识客体的过程总是发生在特定的历史语境和特殊的认知结构中的。因此，知识的形成必然是历史的和特定的，这种知识本身也必然是有限的，在特殊的情境中才有其意义。

不过，对于德勒兹的反辩证法立场，齐泽克却有不同的看法。②他认为，尽管在德勒兹的文本中有很多表示这种倾向的文字，但实际却远非如此。从字面上看，德勒兹沿用了很多尼采的概念和方式来表达自己对黑格尔辩证法的反对（尤其是在《尼采和哲学》和《差异与重复》两个文本中），但他的论证却是以一种辩证方式展开的：他设置一系列的二分法以及矛盾——差异与重复的矛盾，弱势与强势的矛盾，"一"（单义的存在）与多样性的矛盾。齐泽克认为，这些二元逻辑重复了传统的唯心主义与唯物主义的哲学对立

---

① Brunkhorst, H. (1999). *Adorno and Critical Theory*. Cardiff: University of Wales Press, p. 5.
② 对于德勒兹哲学到底是否真的反辩证法，很多研究者表示认可，这类著作包括 Claire Colebrook, *Understanding Deleuze*, 2002; Philip Goodchild, *Deleuze and Guattari: An Introduction to the Politics of Desire*, 1996; Paul Patton, *Deleuze and the Political*, 2000. 但齐泽克却在 *Organs without Bodies: Deleuze and Consequences* (2004) 中提出了完全相反的观点。他认为德勒兹自己的论证过程与他所声称的立场背道而驰。齐泽克的书名《无器官的身体》(*Organs without Bodies*) 是对德勒兹的"无器官身体"(Body without Organs) 的反讽。

的不稳定性。因此，他最终给出了"德勒兹等于黑格尔"的结论。①

但是，齐泽克的这一论点被 Robert Sinnerbrink 批评为"黑格尔—拉康主义"倾向。② Sinnerbrink 指出，齐泽克的问题在于他误读了德勒兹的差异概念。首先，齐泽克没有能够清楚地区分差异概念和概念性差异。他把概念当作一种解决矛盾的统一，也就是说，齐泽克没有能从根本上厘清德勒兹用差异概念反对黑格尔哲学的实质。差异，在他那里成了类似于黑格尔的"基本的普遍性"的东西，这种普遍性的根基正是"差异与同一之间的同一"，而这仍然是德勒兹所反对的隶属于同一的差异，即次要的、非根本性的差异。这一混淆最惊人的地方在于齐泽克始终是在正统的统一范畴之内来考虑德勒兹的差异与相同的关系的。换句话说，对于齐泽克而言，差异并不是一种独立的多样性，而是从属于差异与同一之间的同一性的区分性因素。这是因为齐泽克在思考这个问题时，始终没有超越二元论逻辑，没有能够从德勒兹的"先验的经验主义"方法论角度出发。实际上，德勒兹从来不寻求一个抽象的总体性或普遍性或其他什么东西来作为传统哲学中的本体论平面。可以说，齐泽克所忽视的是作为休谟和斯宾诺莎经验主义门徒的德勒兹，后者的根本原则是"根据身体的目的来确定身体的形式和功能，再根据这些形式和功能来组织和定义身体"③。

---

① Žižek, S. (2004). *Organs without Bodies: Deleuze and Consequences*. London: Routledge, p. 94.

② Sinnerbrink, R. (2006). Nomadology or Ideology? Žižek's Critique of Deleuze. *Parrhesia*, No. 1, pp. 62 – 87. 在 Sinnerbrink 的文章中，他将齐泽克对德勒兹哲学的准确理解评价为是一种打开了以新的方式思考可能性的努力。但是，他认为，在讨论差异概念时，齐泽克误解了德勒兹，而德勒兹也误解了黑格尔。而齐泽克产生这种误读的原因在于他希望通过在黑格尔—拉康主义的框架来整合德勒兹的非辩证性的差异的做法，使德勒兹哲学通俗化。

③ Armstrong, A. (1997). Some Reflections on Deleuze's Spinoza: Composition and Agency. In K. A. Pearson (ed.), *Deleuze and Philosophy: The Difference Engineer*. London: Routledge.

齐泽克同样认为，对于德勒兹而言，黑格尔的否定是使差异从属于同一的手段。① 但当他自己在解读德勒兹的时候，又根据"否定之否定"的原则将德勒兹的绝对差异还原成了一个辩证性的概念："差异与同一之间的同一。"因为，在齐泽克眼中，一对相互矛盾的概念之间必须要有一种解决或和解，才能推动这两者进行运动。然而，德勒兹却根本不这样认为。他从不曾试图构思一种抽象的普遍性去中介所有对立的东西，因为内在性平面上的不同的力之间的相互作用构成了众多的流，它们可以朝向各个方向，既不仅仅是线性的，也不完全是螺旋的；它们是真正的多样性。正因为这样，力与力之间的冲突并不必然地提出矛盾，而只是阻滞和干扰了其他的力的自主流动，而创造出了新的力流。

因此，当齐泽克认为德勒兹的非辩证式的创新生产终将变成一种对同一性的特殊的、辩证的重复时，他完完全全地站在了德勒兹的对立面上。而产生这一误解的原因就在于他错误地将德勒兹哲学中酒神的生产当成了日神的沉思。

很明显，德勒兹和阿多诺都希望能够克服传统哲学对于差异与同一关系的理解中的同一性占统治地位的状况，他们都是从这个角度出发而对否定辩证法中的否定原则进行了批判分析。然而，在哲学如何能够实现真正差异的岔路口，他们分道扬镳了。阿多诺对于否定的坚持来源于他对一种否定性的他性——非同一性——的信念。相反，德勒兹则将差异的创生机制定义为不同的力相互作用的结果。另外，他们对否定也有着截然不同的观点。阿多诺认为黑格尔辩证法没能够真正地实现否定，而德勒兹则主张否定本身是定义差异的一种错误方法。因此，阿多诺希望寻找的是使否定的作用能够被充分发挥的途径——否定的辩证法，德勒兹则更愿意探索创造

---

① *Organs without Bodies: Deleuze and Consequences*, p.52.

出差异的条件。就这个意义而言，两位哲学家对辩证法的不同立场只不过是一个被凸显出来的表征，在它的表层之下显示的是他们方法论的巨大差异。这，将在第二章里讨论。

第 二 章

先验的经验主义 vs 历史经验主义：
消失的主客体对立

> "如果思想不是用那种躲避极端性的概念来衡量的，那么从一开始它就具有一种音乐伴奏的性质。"

——德勒兹

与主张知识独立于感觉的唯理论哲学相反，经验主义理论强调一切知识都来源于感觉经验。德勒兹和阿多诺都不属于传统意义上的经验主义者；并且，他们各自的哲学也都是在不同的意义上被称为经验主义哲学。与洛克和休谟这样经典的经验主义学者不同，德勒兹把自己的方法论概括为"先验的经验主义"[①]。"先验的经验主义"这个术语标注出了两个方法论维度：用经验主义反对传统的本体论和形而上学，用先验的方法反对传统的经验主义。这样一种方法论是由德勒兹哲学的目标所决定的。他本人在《差异与重复》一书中对这个看似有些矛盾的术语的两部分做出了明确的解释：经验主义使德勒兹理论有别于理性主义哲学，因为前者所关注的主要问

[①] 德勒兹在不同的文本和场合都曾讨论过自己的方法论。"先验的经验主义"这个术语出现的最多的文本是《差异与重复》和《纯粹的内在性：关于生活的论文集》。

题是"从先验感觉的立场出发可以感知到什么"①。从这一处引文我们可以看出，德勒兹和经典的经验主义者的区别在于，后者认为知识来自于感觉经验，而前者不仅仅关心纯粹的经验（empirical）世界，还更关注感性经验（experience）本身的先验条件，即所谓"先验的感觉"。这一关注所体现的是他对经典的经验主义的经验概念的批判。在德勒兹看来，经验是显现在经验世界表面上的事件；它是被构成的。他所希望了解的是经验背后的单义的存在。因此，我们可以把他的哲学问题概括为："经验是如何成为先验的？"

首先，我们需要先确定"先验"在这里的意思。康德将它定义为一种先在的思维形式，它使思维和理解活动成为可能。不过，德勒兹并没有沿用这个定义，他只是保留了这个概念所指的存在的非经验性条件的意思。在《意义的逻辑》中，他陈述自己哲学的目的在于"确定一个非人格化的、前个体的先验场域，该场域与相应的经验场域并不相像"②。这个先验性的场域就是经验世界中存在的条件，是经验生成的场域，它使经验世界成为可能。这里同时也显示出德勒兹的"先验的经验主义"与经典的经验主义的另一个区别，后者主要关注的是知识的起源问题，而前者则单纯地从条件入手，他更关注的是生活本身。

并且，德勒兹拒绝一切基于现成的自明概念的先验哲学，他把这些概念划归为"旧式的形而上学的本质"③。换言之，这些概念本身其实是不能解释任何事物的抽象，相反，它们自身是需要其他东西来解释的。德勒兹希望在自己的哲学中能够描述出内在性中的一种"虚拟"（virtuality）状态，它意味着还没有被实现的一种真实（actual）现实。"虚拟"不是某种永恒的或普遍的东西，德勒

---

① *Difference and Repetition*, p. 144.
② *The Logic of Sense*, p. 102.
③ Ibid., p. 105.

兹用这个"虚拟"概念引导我们关注产生新质素的条件和可能性。我认为，德勒兹之所以强调虚拟，而不是实现（realization）的原因在于每一种具体的实现本身都必然地抑制了某些可能，它是一种局限性的存在。只有作为势能存在"虚拟"才是真正的突破和逃逸，它是一种包含了全部可能的真实性。从这一点而言，和阿多诺对于否定性的诉诸有异曲同工之妙。他们都害怕被具体化凝固了的现实，所不同的地方在于，阿多诺选择用批判的否定去直面一切的不合理，而德勒兹则以逃逸线的方式挑战了所有的既定，并保存了实现的可能性。

德勒兹反对固定的"主体"或僵化的"客体"，强调一种流动的主体性和偶然发生的事件。他正是从这一点出发发展出了自己的反形而上学的方法论——先验的经验主义。德勒兹追随怀特海对经验主义的定义，把经验主义的任务也界定成为分析"事物的状态，以此从中析取出非现在性的概念"[1]。为了分析"事物的状态"，他才力图寻找到一个非人格化的、前个体性的场域，个体性正是由这个场域生发而来。这也就是他的先验性平面，即内在性平面。它被定义成一个非主体性的、非个体性的功能状态，"和组成主客体世界的一切形成鲜明对照"[2]。德勒兹肯定自己的哲学是一种彻底的经验主义，因为他相信知识不来自于观念，而来自于感觉。而感觉本身是一个先验性的概念，他对于这个概念的解释依赖于某种经验。然而这种经验既不是传统哲学中的"内在性思维"，也不是典型的实证主义中的日常生活经验。相反，它与一种开放性的生活，即先验性的生活紧密相关。这种自然的、未经人为加工和作假的东西才真正是哲学的素材。在德勒兹看来，精致的形而上学的抽象和直觉

---

[1] Deleuze, G., & Parnet, C. (2002). *Dialogues II/Gilles Deleuze and Claire Parnet*. New York: Columbia University Press, p. vii.

[2] Deleuze, G. (2001). *Pure Immanence: Essays on a Life*. (A. Boyman, Trans.). New York: Zone Books, p. 25.

经验都不能胜任解释世界的任务：因为前者本身的合法性就值得怀疑，后者则无法为创新提供可能性。因此，它们都算不上是构成世界的条件，而只是对世界的解释或归纳。德勒兹并不需要一个固定的、封闭的解释体系，他所寻求的是一个开放性的生产场域。与先验主体的概念相比，生活其实是一个非人格化的奇异体，它需要一种更广阔和更原生态的经验主义，这就是先验的经验主义。在这个意义上，德勒兹的这种方法论其实是一种关于条件的哲学。

但是，德勒兹的先验性场域到底是什么呢？它实际上就是我在第一章中提到过的斯宾诺莎的单义的存在，即单一的物质。不过，这种物质既不是一种经验的直接性，也不是抽象的观念，而是一个万物在其中流变的场域。被这些流变所肯定的多样性正是一种虚拟的力量。它是真实（real）的，但不是现实（actual）的，是对未来真实性的一种储藏。或者换句话说，这种存在的单义性由多样性构成，后者指向的不是数目上的众多或纷繁复杂的具体现象，而是表现为创新的无限可能。通过这种方法，德勒兹把存在的单义性原则和多样性的表象整合进了虚拟和现实的概念中。

与德勒兹的果断的自述相比，阿多诺与经验主义之间的联系显得更难察觉。他在自己的文本中对于现代认识论（包括经验主义和实证主义哲学）进行了一般性的批判。他的认识论最独特的地方就在于他本人所称"客体的优势"[1]，也即客体的现在性。阿多诺对唯心主义哲学的反对基于两个原因：（1）主客体之间的同一性是被预设的；（2）先验主体的先在性是不合法的。阿多诺也反对经验主义，因为他认为经验主体的现在性同样是可疑的。因为主体本身就是一个由社会建构起来的概念，而社会并不是一个恒定不变的现实，而是在历史过程中不断地发生变化。不过，尽管阿多诺提出了

---

[1] *Negative Dialectics*, p. 183.

客体的先在性，他却否认存在着独立的自发客体，因为客体只能在与被建构的主体的联系中才能存在。它总是随着历史条件的变化而变化。在写给本雅明的一封信中，阿多诺提出，为了追求理解的可能性，"我们应该搜寻一种可能性的经验，它逐步地兜售自己，却不声称是自明的、普遍的法则"[①]。由此他强调被建构的主体和客体的历史性。不过，经验主义的基本问题之一——"既定"客体的意义问题必然导致对与之相关联的主体的追问。而这两个问题的答案都可以从历史哲学——更准确地说，从历史唯物主义那里得到。"既定"客体的主体从来就不是一个被非历史地同化的超验主体，他不断地被历史改变，因此必须也只能被历史地把握。在这个意义上，阿多诺是肯定二元化主客体关系的，但他的方法是对传统认识论的改写。这也是整个社会研究所的方法论立场。

同时，根据他的"被管理社会"，现代社会实际上是被幻象控制的。因此，必须要用一种经验主义的研究来对这种典型的结构证实或者证伪。所以，经验主义所肯定的既不是一个历史性的客体，也不是一种真实的现实，而是由启蒙理性所创造出来的幻象。实际上，经验主义的问题在于它所证实的恰恰是现代社会强制特征的合理性，也就是资本主义运作方式和工具理性的正确性和有效性。阿多诺在与波普的论战中强化了这一理论立场。在德国学界从1961年持续到1969年的关于实证主义的争论中，阿多诺指出，由波普和阿尔伯特所提出的"批判性的理性主义"其实并不能实现对实证主义的批判。在阿多诺看来，所谓的"批判性的理性主义"的表述就是有问题的，因为作为一种科学理论的理性主义本身绝对不可能是批判性的——它不提供任何反思的基础。阿多诺认为，波普错误地忽视了自然科学与社会科学之间的区别，原因在于他轻看了主体的重要功能。而

---

① Adorno, T. W., & Benjamin, W. (1999). *The Complete Correspondence, 1928 – 1940*. (N. Walker, Trans.). H. Lonitz (ed.). Cambridge, MA: Harvard University Press, p. 148.

一旦忽略了所谓客体其实是经过主体的定义和中介的事实前提，社会生活就必然会被误认为是一种自然的必然。从这个意义上说，波普的理论并不是对社会的批判，而只是对事实进行的辩护。在论文《社会学与经验主义》研究的一开始，阿多诺就提出了社会研究必须从社会生活本身开始的新观点。关于社会的真正知识是由社会结构的基本条件所决定的，而现代社会结构的关键性条件就是市场中的交换关系。这也正是阿多诺观察社会的一个基础。

前面也说道，阿多诺在《否定的辩证法》中将哲学肯定为一种异质性的经验。经验这个概念指的是本雅明文本中的 Erfahrung 一词，它是个体在自己的异质性生活中所经历和体验的真实的经验。这是一种经过认知判断中介的经验。与它相对的是 Erlebnis，它意味着不经过认知的直接的经验。从这两个词语的区别中我们可以清楚地辨明阿多诺的经验主义主张，他所青睐的经验 Erfahrung 是反对概念化的起点，这又一次强调了历史的维度。正是站在这个角度上，我将阿多诺的方法论概括为历史经验主义。

从上面关于德勒兹和阿多诺与经验主义之间关系的论争中，可以清晰地发现他们之间的区别。一个将单义的存在设想为一块先验性的场域，在这个场域中，虚拟作为一种蓄势待发的力量，是潜在的差别性因素。而另一个则致力于通过从非直接性的经验入手，肯定主客体之间、思维与现实之间存在的真正的非同一性的矛盾。不过，这仅仅是问题的一个方面。从两位哲学家各自不同的目的来看，德勒兹想要发现通常被认为是一种直接性的既定概念是如何建构起来的，也就是既定概念的条件问题。不过，他这样做的目的并不在于为现实加上一个注脚，他从来没打算把自己的哲学变成对现实世界的解释。相反，他相信创造才是哲学的使命，如果不知道知识是如何被建构起来的，就不可能真正地进行创新。德勒兹坚持认为先验的经验主义方法正是可以实现这一目的的途径。阿多诺的意图则在于通过展现对人类认知起统治作用的幻象来批判社会现实。他以主客体之间的虚假的同一性为理论之矢的靶子,揭示了甚至为马克思所认可的工具理性的悲剧性后果,力图恢复非同一性的真相。

第一节　德勒兹的先验场域的构建

德勒兹认为,每一种先验哲学都必然预设一个或几个核心的基础性概念来展开自己的理论布展,这些概念的自明性来源于常识(如笛卡尔的"我思")或抽象(如黑格尔的"否定之否定"原则)。德勒兹本人并不打算沿袭这种范式。他告诉我们,这些表征式的"既定"概念仍然是超验的,因为它们虽然看起来似乎是一些经验的"既定",但作为能够被概念化的形式,无疑都是经过时间和空间的中介的。德勒兹同时拒绝形而上学和常识主义(狭义意义上的)。因此,经验主义是他方法论的必然选择。他在《差异与重复》一书的序言中这样陈述他的原因:

> 经验主义是一种关于概念的神秘主义和数学主义,但它确实是把概念当成一种相遇的目标,当成一种此时此地的当下存在,或者是当成可以不断地产生出新的、星罗棋布的"此时"和"此地"的乌有之乡。①

从这段引文可以看出,德勒兹强烈地要求一种全新的思维方式的目的是为了反对表征理论。表征是对既定秩序的反映和解释,但它对创新却无能为力。而在德勒兹看来,后者才是哲学的积极任务。只有通过经验主义的方式才能确定是什么样的"此时"和

---

① *Difference and Repetition*, p. 20.

"此地"产生出了所谓的"既定",这也就是产生"既定"的条件。① 也就是说,只有拷问意义是如何产生的,才能研究思维以及主体性的条件。在这个意义上,德勒兹的方法论脱离了一般经验主义的粗糙,而转向先验的维度。

德勒兹和康德一样都赞同知识源自被建构的经验,但他们对这种经验的来源却有不同观点。对于康德而言,本体世界是事物真实本相的世界,而现象世界则是事物表象的世界,即经验的世界。而且,他坚信客观的经验是由人类意识的作用建构起来的。相比之下,尽管德勒兹也认为经验本身是被建构的,但它却不是来源于意识这样的主观源头:经验是先验性的。他所设想的内在性平面作为一种连续性的平面,是决定经验的条件的场域,它是由无数的流组成的。每一个流都是一个奇异点,"这些非人格化的、前个体的、游牧性的奇异体组成了真正的先验性场域"②。各种具体的差异作为无穷的、基本的区分性因素是内在于这个平面的,它们是生成之源。根据这一界定,运动和事件的无限性也是内在性平面本身的属性,它不需要任何二元论的矛盾,概念的运动和所有的相对性元素之间的转化都是由不同的力之间的作用实现的。

德勒兹的先验的经验主义方法论正是建立在这个内在性的平面之上。它与传统经验主义的区别在于它克服了后者从日常经验的具

---

① 这种对既定的追问与阿尔都塞有一定的相通之处。后者在他的高等资格论文中指出,既定指向的是已经的维度,它不仅是时间次序,也是存在的次序。于是,当内容成为既定物时,思维的运动就被构想成了与它的惰性的相遇。这也就是阿尔都塞后来在《读〈资本论〉》中批判的"看"的哲学——视觉性的思维,即将认识对象(在这里指内容)的全部本质(内容的生成过程)归结为现成存在的简单条件。他认为这就是从笛卡尔到谢林的直观的认知模型。他将那种等待与惰性的既定物相遇的思想比喻成还没有偷尝智慧之果的初民和只接受给定命运的动物:他们面对的只是平面的现实。阿尔都塞的这种暗示意在表明,知的直观的视觉模式虽然已脱出了"神目观"的追诉,但仍然渗透着强烈的神学思维,它是以一定程度的先验论为基础的。张一兵教授对他的"问题式"概念的解读也正是从这一角度出发的。而在我看来,"问题式"所关注的发生学意义与德勒兹对既定的条件的研究是存在某种同构性的。

② *The Logic of Sense*, p. 109.

体中直接萃取抽象的做法，而执意探寻经验本身：它们不是现成在手的直接性，而是其背后条件作用的结果。

德勒兹一再强调自己的这一观点。他声称"经验主义决不仅仅只是一种对直接经验的简单诉求"①。这实际上拒斥了以纯粹的感觉经验为根基的经验主义模式。德勒兹的经验主义立场的起点是一般性的先验条件，主体和客体都只是这个先验性场域上的效果。这一命题是对休谟的主体性的一个修正。在德勒兹的《经验主义和主体性：关于休谟的人类本质理论的论文》的第一版中，他指出，"〔传统的〕经验主义的特殊基础在于：……没什么东西是先验的"②。在德勒兹的解读中，休谟的主要意图是建立一个主体形成的基础，然而，在休谟本人的观点中，"没什么东西是先验的，因为这些原则仅仅是关于我们本质的原则"③。这两处引文同时标注出了德勒兹方法论与休谟之间的联系和区别。要解释或分析主体性，既不能通过使它屈从于某种超验物质的方式，也不能直接将它指认为一种超验的状态。这两种选择都是将复杂的生成性建构的问题简单化成了垂直的直接性。而康德从本体层面上定义的主体则导致了意识主体与经验世界的分裂，结果，主体被置于了客体的对立面上；它变成了外在于经验世界的东西。这种二元论是德勒兹和休谟都希望打破的。然而，一旦抛弃了这种做法，个体主体如何在前个体平面上浮现出来就成了一个中心问题。在这里，德勒兹抛弃了休谟，转向了先验场域。

德勒兹认为自己从来没有放弃经验主义原则。他大言不惭地宣称："我一直感觉自己是个经验主义者。"④ 我认为，如果经验主义

---

① *Difference and Repetition*, p. 35.
② Deleuze, G. (1991). *Empiricism and Subjectivity: An Essay on Hume's Theory of Human Nature.* (C. V. Boundas, Trans.). New York: Columbia University Press, p. 24.
③ Ibid., pp. 111–112.
④ *Dialogues II/Gilles Deleuze and Claire Parnet*, p. vii.

可以被概括为是对支配经验的外在原则的拒绝的话,那么德勒兹的先验的经验主义哲学就是在最严格意义上的经验主义。而德勒兹作为一个经验主义者,他衷心拥护休谟对关系的外在性的强调。他把休谟描写为一个坚持主体性的哲学家,认为休谟为经验主义赋予了一种新的力量,使得它成为了一种关于关系的理论和实践。这种关系学说也是对具体现象的多样性的肯定。休谟所创造的连接(association)、信仰(belief)和关系的外在性(the externality of relations)等概念解决了主体意识形成的问题。联系是一个自然原则,它是在两个事物之间建立相互关系。根据这个原则,新的关系和实体可以被生产出来,众多的关系则形成了网络。当德勒兹说在休谟那里关系是外在于处于关系中的项的时候,他的意思是指没有任何的超验原则将自己凌驾于关系之上,构成关系的项不行,将关系涵盖在自身之内的更深层、更高级的项也不行。[1] 因此,对于德勒兹而言,休谟的三个概念所强调的是一个建构主体的过程:"在这三个原则的影响下,经验主体在意识中被建构起来;因此意识并不具有先于主体存在的特征。"[2] 事实上,德勒兹的这种解读在很大程度上是借休谟的幌子来布展自己的主体性学说。他认为,意识是一个单单由连接原则构成的系统。同时,意识在这个自然原则的影响和作用下,成为了所谓的人类本质。"当连接原则对意识产生作用的时候,经验的主体性就在意识中被建构完毕了,因此意识不具有先在主体的任何特点。"[3] 由连接原则和信仰的作用所建立的社会规范以及文化传统,构建了主体性的存在。传统哲学认为:先验主体所天然具有的情感、道德等因素其实不过是解释主体性的因素,本身也是被建构的,并且,所有的关系都是外在性的,不是形成主体的

---

[1] Pure Immanence: Essays on a Life, p. 37.
[2] Empiricism and Subjectivity: An Essay on Hume's Theory of Human Natur, p. 29.
[3] Gilles Deleuze. Empiricism and Subjectivity: An Essay on Hume's Theory of Hume Nature, Columbia University Press, 1991, p. 29.

必要条件。既不存在先于经验的"我"的意识，也不存在持续不变的主体，"我"的意识只是经验在某些时刻特定显示而已，离开了这些具体的条件以及关系，主体性则变得毫无意义。

可是，虽然休谟对德勒兹的深刻影响无可置疑，但他们之间的分歧也同样鲜明。在休谟的论证中，他将知识划分为两类范畴：观念之间的关系和事实。第一类范畴包括数学和逻辑命题；第二类则涵盖了与某个事件有关的那些命题。然而，德勒兹却反驳了这种划分。他只是继承了休谟对关系的强调。这里的关系不仅仅指的是观念之间的关系，还指向一切事物之间的关系——力与力之间的关系，奇异体与奇异体之间的关系，事件之间的关系。对于他而言，关系的范畴是他哲学的核心。德勒兹并没有把事实当作与关系分庭抗礼的另一类范畴，相反，根据他的先验的经验主义的解释，一个纯粹经验的事件并不是一个直接的、孤立的事实，它仅仅是关系作用的一个效果。在显现为效果的事件的表层之下，是作为先验原因的力与力之间的关系。从这个意义上我们可以说，德勒兹的先验的经验主义是以关系为其方法论开端的。在这个理论中，与他者之间的相遇以及关系变成了一个生产系统。"在这种情况下，他者表现为对可能性的表达"[①]，原因在于与他者的关系真正引入了差异，从而创造出了某些新的东西。这种新的东西在这里指的并不是一个确实的、具体的事实，而是一种虚拟的力量。它是由力与力之间的关系生产出来的；它打开了无数的可能世界。电影《纳尼亚》中就有这样一个神奇的衣橱，它并不简单的是连接两个不同世界的入口，相反，它是一种潜在的虚拟的力量：进入衣橱，有的时候可以进入另一个神奇的世界，而有的时候它仅仅是衣橱而已。衣橱作为神话王国入口的能力是确实的，只是在偶然的条件下才会显现出来。而

---

① *Difference and Repetition*, p. 17.

第二章　先验的经验主义 vs 历史经验主义：消失的主客体对立　/　71

德勒兹想要的则是一个 n 维的衣橱：它不仅仅通向一个特定的王国，而是存在着 n 种可能性。露西下一次走进衣橱究竟会去到哪里？没人可以预言。但可以肯定的是，那是一个与当下时空不同的世界。

事实上，德勒兹对于力的场域和作用的解释深受米歇尔·福柯的影响。根据德勒兹对福柯的理解①，每种力都表达一个关系，因为力从来就不可能单独发挥作用，它总是在与他者发生联系的过程中运作的。从本质上讲，这样一种与他者的关系就是力的内在特点或存在模式。用德勒兹式的语言来说，力的作用既不来自它的始端，也不来自它的末端，既不来自中心，也不来自边缘，而是来自"中间"。在这些关系中，不存在所谓的主体或客体的概念，也不存在任何预设的模式或指向，一切都只表现为纯粹的关系，是力与力相遇的结果。德勒兹的这一系统不仅拒绝了经典的主客体二元论，也反对了表征理论，它提供了一种全新的认识论方法，将世界看作一个在永恒流变中不断生成的宏大机器。德勒兹并没有解释力的来源、具体形式或内容，因为在他看来，这些问题本身就不是正确的问题。如果他试图回答这些问题，就又会陷入传统意识形态的陷阱。德勒兹认为，关于我们所讨论的这些力，人们所应该问的是"它们是如何运转和发挥作用的？"② 要定义一种力，所要考虑的不是它的形式或内容，而是它影响其他力和被其他力所影响的能力。在德勒兹的描述中，"可以以两种方式来把握一个奇异体：既可以通过它的存在和分布，也可以通过它的本质，而它正是根据自己的本质来延伸和扩展自己，使自己超越沿着普通的点线所确定的方向

---

① 我之所以不说"根据福柯的理论"，而说"根据德勒兹对福柯的理解"的原因在于：当德勒兹对其他哲学家或作者进行研究的时候，总是把他们阐释为德勒兹式的思想家。当然，一方面我们可以说他是受到了这些前辈思想家的影响，但有时这并不是一种直接的继承；相反，这是建立在德勒兹对他们的重释基础之上的。

② Deleuze, G. (1988b). *Foucault.* (S. Hand, Trans.). London: Athlone, p. 73.

的"①。力只有在与他者的关系中才能发现自己的意义，而关系是多样的。因此，先验性场域——内在性平面——之上的力的流动、相遇和方向变换才能创造出无穷的差异和区别性因素。

那么，"先验"究竟意味着什么呢？或者，说得更精确一点，"先验"对于德勒兹究竟意味着什么呢？这个问题的答案实际上就解释了经验是如何成为先验的。前面说过，德勒兹并不相信经典的经验主义秉持的经验是知识的直接和唯一来源的观点，他认为事实恰恰相反：经验是构成性的。因此，他需要一个先验的基础来解释经验，这个基础也就是以关系网的形式发挥作用的内在性平面。在最后的著作《什么是哲学?》中，德勒兹说，"……这个平面就是一个抽象的机器……"②。并且，在另外的一些文本中，他则将抽象机器解释为"一个力与力之间关系的图谱，同时也是命运的图谱，强度的图谱"③。这实际上就是德勒兹先验哲学中的创生系统，它独立于自己所可能分布的形式与实体之外，也独立于表现和内容之外。然而，德勒兹所感兴趣的并不是先验的经验。他的经验主义立场之所以从来未被质疑，原因就在于他的哲学的目标是真正的经验本身，而不是先验的经验。"先验经验"与"经验是先验的"是两个完全不同的表述，意义也大相径庭。前者与经验世界的经验相对，而后者则指的是经验的构成性因素。事实上，德勒兹一直试图确定真正经验的条件。在他看来，内在于经验的不是什么物质的东西，而是先验的；它们是一般性经验的条件。先验的经验主义所要探究的不是感性经验的形式条件，也不是它的物质条件，而是真正经验事件产生的条件。这种缘起性条件并非本体论意义上的，而是经验的先验（a priori）理性。德勒兹所想解决的问题是个体、事件

---

① *The Logic of Sense*, p.109.
② *What Is Philosophy?*, p.36.
③ *Foucault*, p.37.

和经验如何从非人格化的、前个体的先验性场域上生发出来。这个问题不是毕达哥拉斯的"一"如何变成"多"的问题，它不是一种因果推论的结果，而是先验（a priori）地创生。德勒兹利用内在性平面这个先验场域整合了存在的单义性和具体差异的多样性之间的问题，创生的过程则是在虚拟概念中实现的，而与他者的关系则导入了真实而不现实的纯粹的差别性元素。

还是在《差异与重复》中，德勒兹从虚拟与现实的区别的角度讨论了先验性的概念。作为存在的单义性之基础的内在性平面指的既不是一种物质也不是一种形式，它是蕴含了无穷多的虚拟的势能。受尼采的永恒回归学说的影响，德勒兹将重复解释为单义的存在的方式。虚拟（差异）正是在单义性（重复）中被实现的。按照我的理解，我们可以从三个层面来把握德勒兹的先验（transcendental）概念。

首先，先验场域不是外在于世界而是内在于世界本身的，它本身是现实的一部分，只是以经验现象的形式出现。用德勒兹的术语来说，这个场域是一种虚拟力量，它不是现实的。换言之，它在感知所能触及的范围之外，但仍然属于现实。其次，所谓先验，指的是一种虚拟性，它与独立于经验之外的知识的先天直觉基础相关。再次，在先验性场域中，所有经验性的东西都表现为一种无序，所有人都必须努力将自己提升到极致——感觉的极致、经验的极致、身体和思维的极致——来达及这个先验场域。德勒兹希望用这个独特的内在性平面的概念和单义的存在（being），来阐述真正的存在（existence）的条件，这种条件可以用来解释客体，却不会陷入概念化或本体论的抽象之中。德勒兹的学说将存在肯定为一种生产过程或基于真正差异的、具有创新特质的个体化过程。这是对物质的实在主义本体论的一种具有挑战性的批判。他用意义（sense）概念代替本质（essence）概念的做法从语词的角度体现了他的先验经验主义方法论。对于德勒兹而言，本质概念通常被认为具有超验性，只要一看见它，读者就非常可能想到本体论的或形而上学的直接性。而意义概念则避免了这个麻烦，这是因为："首先，背离了亚里士多德哲学的命题的经验逻辑发现意义，以一种不带有任何情感倾向的中立性形式出现；其次，与形而上学分道扬镳的先验哲学发现意义是一种源起性的生产力。"[1]

这个先验性的场域为德勒兹哲学提供了一个截然不同的意义域，在这个平面上，思维得以发生。然而，这个平面却不是存在于真正空间中的一个几何平面；相反，它是先验性的，是意义产生的场所。德勒兹的先验的经验主义希望解决经验如何被确定的问题。只有在这个基础上，德勒兹才可能真正关注他的核心问题：创新和自由。

第二节　阿多诺的客体的先在性

阿多诺哲学显示出了对唯心主义哲学的强烈憎恶。尽管并没有文本证据表明他本人肯定了知识来源于经验的原则，但他却将否定辩证法的理论原点规定为是差异性的、发展变化的经验事物。不过，这种经验不是直接显现在生活表面的鲜活的经验（Erlebnis），而是被主体认知中介过的、他称之为哲学经验（Erfahrung）的东西。事实上，阿多诺对实证主义的批判，正在于后者对直接经验（Erlebnis）的过分信赖。因为在阿多诺看来，这种感觉经验不足以体现主客体之间批判性的方面，相反，哲学经验的形成则建立在对世界起到了中介作用的意识判断之上。同时，哲学经验也是关于客体的判断。他认为，黑格尔哲学已经成功地反驳了自休谟以来的经

---

[1] *The Logic of Sense*, p. 105.

验主义传统中的具有直接性的经验概念①，而强调了其中作为中介的意识的因素。因此，经验对于阿多诺而言，实际上也是一种关于意识的辩证运动，它根据真理的条件不断地修正自己。阿多诺的哲学所寻求的目标是揭示真理的客观性，他的经验主义立场恰恰是体现在他自己所宣称的客体优先性上。然而，这个立场与德勒兹是有很大不同的：它预设了先验主体的存在。阿多诺对于客体优先性的坚持并不意味着他已经放弃了主体性，相反，他认为辩证认知的客观性需要更多的主体性。② 所以，客体优先性仅仅是对将主体性作为经验第一原则做法的抗拒，而辩证法本身正是一种"将理性对其本身的批判意识与客体的批判性经验联结在一起"的努力。③ 另外，客体优先性的原则也是对内在于唯心主义的主客体同一性的反驳，是通过对差异的唯物主义的肯定来反对精神外化的主体性原则。

也就是说，这一立场同时反对了唯心主义和实证主义。唯心主义把认知行为的基础放在了绝对主体上，从而忽视了世界的客观性。正是这种对主体基始性的肯定造成了唯心主义所内含的主客体同一的状况。于是，主体将客体还原为自身，忘记了主体本身首先是客体的事实。与之相对的是，实证主义仅仅关注客观世界的真实性，结果，对现象世界发挥了中介作用的主观性因素被认为是不重要的。这两种理论倾向都不是阿多诺想要的，因为它们所提供的线路，不管是纯主观还是纯客观的，都预设了主体与他/她的经验之间存在着同一性。而事实上，只有主体先对关于客体的意识是如何决定的这一过程进行反思，才能显示出主体真正的经验。阿多诺强调客体的优先性，是希望引起人们对主客体之间相互中介过程的重视。在这个双向的过程中，

---

① 他在《黑格尔：三项研究》的第二篇《黑格尔哲学的经验主义内容》中表达了这个观点。"然而，黑格尔哲学挑战了直接性的概念，以及与它同在的惯常的经验概念。"
② *Negative Dialectics*, p. 40.
③ *Hegel：Three Studies*, p. 10.

主观性在它不能独立地发展自己的情境中改变了自己的性质。因为内在于中介概念的不对等性，主体进入客体的方式与客体进入主体的方式截然不同。客体只能被主体所思考，但它始终是不同于主体的东西。①

　　通过这种方式，主客体之间的真实状态被呈现出来：这就是非同一性。

　　阿多诺的认识论深受卢卡奇主客体辩证法的影响。② 但在他看来，卢卡奇对主客体关系的认定也是有问题的，这问题就在于他忽视了主体本身也是被中介的。在外在于人类本身的物质环境中，从来就不存在自觉的主体；每个主体都是以具有社会性的客观条件为条件并被其中介的，客体同样是这样。因此，客体的概念必然被主体中介，而主体也同样首先作为客体被意识到。主体意识不是与生俱来的，而是在真实的历史和社会条件下，在相互中介的过程中形成的。一种主客体的辩证法如果缺失了历史性，就只能沦为粗鄙的唯物主义。这个结果在阿多诺的眼中，正是传统的经验主义所不能克服的情形。他努力寻找一种对经验进行追问的新的形式。因为，对纯粹的经验进行概念化的过程是有问题的，这问题就在于"认识论的关键是感觉，而它需要认识论把它重新解释成一种关于意识的事实"③。但这种意识与感觉作为认知基础的特征是相矛盾的。

　　阿多诺深信，经验不能被直接概念化成意识的事实从另一个方面证明了主客体之间的非同一性。不过，尽管如此，他并

---

① Hegel: *Three Studies*, p. 183.
② 卢卡奇的"物化"概念在阿多诺对"被管理的世界"的批判中起到了非常重要的作用。在卢卡奇看来，资本主义社会存在着普遍而深入的物化现象。物化不仅仅是商品结构的内在本质，更是很多现代问题的根源。阿多诺同意这个观点，但在如何克服物化的问题上他与卢卡奇发生了分歧。对于卢卡奇而言，异化终将被无产阶级克服，而阿多诺则认为无产阶级由于自身的局限性无力担负起这样的使命。在后面的论证中我将进一步解释这一点。
③ *Negative Dialectics*, p. 172.

没有否认在主体获取知识过程中的同一化作用。对于阿多诺而言，在这个过程中，所发生的真实情形并不是主体掌握了客体的真相，而是主体以自己已存在的概念体系将客体同一化。或者说，主体"发明"了一个概念体系并以此作为对客体进行同化作用的手段。这个概念体系也就是现象学认为应当被悬置的"成见"。而在实际情形中，这种悬置无论从本质层面还是技术层面都是不可能的，因为作为主体思考的基础，它的作用是在潜意识中完成的。在黑格尔那里，情况还要更复杂一点，但在获知过程中起关键性作用的仍然是同一化作用。Sherratt 将这个过程描述为一个克服异化的过程：

> 在黑格尔（和黑格尔式的马克思主义）看来，在获取知识的过程中，主体面对着主客体之间历史性地存在着的"分离"。这种分离当然就是异化。获取知识的过程是克服异化的整个历史过程的一部分。要克服异化，主体必须"克服"主客体之间的分离。而这种分离就存在于主体与客体之间"同一化"的行为中。①

事实上，这样的同一化行为错误地根据主体所假定的框架来思考客体，所以它将主客体之间关系的真相——非同一性——当作它假定要克服的一种分离。通过这种方式，非同一性被同一性排除，而这正是阿多诺要颠覆的东西。

阿多诺认为哲学的主要关注应当是"非概念性、个别性和特殊性"②。在这里，非概念性指的是具体的、异质性客体，也就是个别的、特殊的在场。这正是对异质因素没有被概念化的经验的强调。

---

① Sherratt, Y. (2002). *Adorno's Positive Dialectic*. Cambridge: Cambridge University Press, p. 115.
② *Negative Dialectics*, p. 8.

这一哲学主张通过反对概念的异化从某个方面体现了一种经验主义立场。但是，阿多诺并不打算用感性经验来反对理性经验；相反，他希望重新肯定事物中存在的具体的特别性，这也就是经验的特定的历史条件。而忽略了这一点的概念化则将直接经验和具体事物都变成了概念的游戏；或者说得更准确一点，是同一性的游戏。这也正是阿多诺对海德格尔进行批判的立场所在：不能揭示非同一性真相的哲学所揭示的只能是同一性的镜像。

客体超出一切的表象，超出主体的把握，也超出主体知识的总和，这正是非同一性的根源。阿多诺认为正是由于非同一性的存在，真正的主客体关系才是人类历史所无法完全把握的，而批判理论则是对社会现实中认知行为进行批判的持久努力。从总体来说，批判理论所揭示的除了经验的条件之外，正是这样一个事实：我们只能在我们的经验中认识。

作为"否定的辩证法"所追求的理想目标，非同一性所刻画出的正是认知行为的历史局限性。"非"这样一个前缀直接与阿多诺的辩证法的否定特质相关。然而，这种否定特质并不意味着拒绝的否定。与这种否定的辩证法相反，黑格尔—马克思的辩证法因为对思维过程中的同一化作用的青睐而被认为是"肯定的辩证法"，而所谓"肯定辩证法"对主客体关系以及思维与客体之间关系的误读显然承认了对逻辑先在的认知结构的先验假设。然而，主客体之间的同一性是一种真实的经验，它是"不被支配的差别状态"[1]。而阿多诺的"否定"的方法所着重的就是经验的中介性。对于康德而言，经验的观念始终承载着一种与客体之间的直接的联系。康德在《纯粹理性批判》中区分了两种类型的经验：内在经验即主体的经验，外在经验即客体的经验。康德希望通过主观性来解释所有的经

---

[1] Adorno, T. W. (1998). *Critical Models: Interventions and Catchwords.* (H. W. Pickford, Trans.). New York: Columbia University Press, p. 246.

验，这就是为什么他把外在经验解释为内在经验的条件。但阿多诺却反对这种把客体经验最终归结为主体经验的做法，因为这仍然是同一性作用的形式之一。造成这一点的原因正是主体的先在性。因此，阿多诺通过标注客体的优先性来彰显和实现非同一性。事实上，这也是对主体经验的不确定性的一种认可。

不过，阿多诺提出的主客体关系之间的客体优先性，并不意味着客体比主体更重要，或者说主体从属于客体。相反，客体的优先性所强调的是主体范畴的形成。在阿多诺看来，当我们言说主体的时候，所指涉的实际上是一个非常复杂的过程。因为，当我们意识到自己是主体的时候，我们同时也是处于这个世界中的认知的客体。从语法角度来说，如果一个人说"我看见一棵树"的时候，我（I）在这里是主语（主体），但"我"还有另外一个宾格形式：Me，它所标注的是作为宾语（客体）的"我"。也就是说，在我们的意识中，在把"我"理解成主体的（I）之前，"我"是作为客体（Me）被意识到的。但是，这其中的第一个过程是无意识地发生的，在普通的认知过程中它通常被忽略了。在现实中，主体和客体在这个程度上相互交织在一起，主体性不是一个主体；它既可以是一个客体也可以是主体，是广义的世界的一部分。

O'Connor 认为"中介"这个术语对于阿多诺来说是为了"抓住主客体关系中相互的、非同一性维度上的意义生产的特质。"[1] 在这个关系中，主体和客体并不是两个相互独立、只通过"中介"沟通的元素；它们相互渗透，中介是它们彼此相互构成的。阿多诺希望通过客体的优先性表明：首先，在客体的属性独立于个体主体的意义上，客体是独立于主体的，尽管它必须通过被主体中介而形成关于它的意识和知识，这也就是关于客体的经验。这种独立性也就是

---

[1] O'Connor, B. (2004). *Adorno's Negative Dialectic: Philosophy and the Possibility of Critical Rationality*. Cambridge, MA; London: MIT Press, p. 48.

非同一性，因为客体已经获得了它独立的特质，它不需要再被限制在预先假设的同一性结构中。这个命题颠覆了传统认识论以及主客体关系模式。在第二个层次上，客体的优先性强调了它在经验形成过程中的优先地位。正如 O'Connor 所表明的那样，阿多诺赞同康德和黑格尔的一个观点，即经验是一种理解的问题。"这意味着经验是对特定的客体进行概念化的行为。"[①] 换句话说，特定的客体是先于经验甚至先于主体的存在，它不是"绝对精神"或其他什么东西的自我反思。经验就是关于客体的经验。

正是基于这个立场，我将阿多诺的客体优先性学说称为"历史的经验主义"。这个新的表述部分是出自我的原创。我之所以说"部分"是因为 Nesbitt 在他的一篇文章中将阿多诺称为经验主义者，因为他"在归纳性地以启蒙理性的方式进行概念建构的进程中不断地继续前行"[②]。按照我的理解，阿多诺对主客体关系中客体地位的强调实际上是对认识论领域中的客观性的强调；这是他为自己论证"否定辩证法是客观辩证法"的命题所做的理论准备。并且，这种客观性是在历史中实现的；它不是某种固定的事实，而是一个不断变化的主客体相互中介的过程。阿多诺的这一主张正是为了反对被错误假设出来的主观性。

第三节　被建构的主体性

德勒兹的先验的经验主义和阿多诺的历史经验主义与对主客体关系的传统理解相比，无疑都是革命性的。尽管他们彼此无论是在形式还是内容上都大相径庭，但他们却有着一个共同的理论关注即

[①] O'Connor, B. (2004). *Adorno's Negative Dialectic: Philosophy and the Possibility of Critical Rationality*. Cambridge, MA; London: MIT Press, p. 65.

[②] Nesbitt, N. (2005). The Expulsion of the Negative: Deleuze, Adorno, and the Ethics of Internal Difference. *Substance*, 107, p. 82.

主体是如何被建构起来的。对于他们两人来说，主体从来就不是传统西方哲学中所理解的有意识思维的自由能动者的超验概念，他们都认为主体是在某种条件下形成的。主体并不是一个能生产出关于所有客体的知识的思维存在；相反，主体是在他与社会的关系中不断地被建构的：主体生成的过程与他获取知识的过程其实是同一个过程。然而，德勒兹和阿多诺的革命立场却不完全相同。德勒兹提出了一个与日常经验不同的先验性平面。在他看来，是主体还是客体并不重要，问题是主体性是如何从先验性平面上生发出来的。换言之，对于德勒兹而言，主体并不始终是主体，它可以是一个特殊主体的同时也是一个特殊的客体。他想要探究的是一个个体怎样和何时显现为一个主体。与注重平面建构的德勒兹相比，阿多诺则始终致力于历史哲学的研究。他继承了马克思对历史和社会的反思，他所提出的被建构的主体是一个不断地被历史改变的思维意识。

　　德勒兹和阿多诺的经验主义倾向同时体现了他们的唯物主义立场。尽管德勒兹的经验主义方法论被冠以"先验的"定语，但这并不妨碍他的实在论角度。在本体论层面上，他所构造的内在性平面（plan d'immanence/plane of immanence）作为各种力量相互作用的场所，被他定义为一种前哲学性的存在，这从本质上反映了一种唯物主义的物质观。德勒兹拒绝一切超验的概念和命题。他认为，作为一个经验主义者，自己的哲学所要做的就是确定产生变化的条件，也就是说，从唯物主义的角度探索创造差异的可能性。具体到资本主义批判上，德勒兹（和加塔利）所使用的"欲望"并非一种精神性的存在，也不是由匮乏所引发的心理渴求，而是一种现实的社会存在。欲望是由具体的社会和历史条件所决定的。它是生产性的，积极的，主动的，创造性的，非中心性的，非整体化的；欲望是和尼采的意志相类似的一种创造性力量，它具有革命性、解放性和颠覆性，应该充分地被施展出来。这与马克思本人的用词是何其的相似！另外，德勒兹的文本中大量出现的"机器"（欲望机器、社会机器等）概念也从唯物主义的角度强调了联系的观点。机器的特点在于它是由不同的零部件通过相互的连接而构成的，而一些零件本身也是更小型的机器。德勒兹希望通过这种形象化的概念来强调联系的无所不在和重要性。Philip Goodchild 很好地理解了这一点，他指出，只有当思维、情绪、身体等层面彼此相互作用的时候，德勒兹哲学中的欲望才能获得其完整性。[1] 同时，德勒兹拒绝了先验主体的概念，指出主体性是在特定的历史条件下被建构起来的。这和马克思主义哲学的历史唯物主义观点是一脉相承的。

当然，在我们谈论德勒兹的唯物主义倾向与马克思的关系的时候，并不意味着我们在德勒兹与马克思之间画上了某种连接号，更不意味着我们要读出一个马克思式的德勒兹。实际上，德勒兹从来就不是一个传统意义上的马克思主义者。[2] 在他的文本中，充斥着大量的非哲学式的概念：平面、线条、块茎、游牧、精神分裂症、皱褶等等，这些概念来自于各种学科。从这些概念的使用和行文的方式来看，德勒兹可以说是当代哲学家中最难解读的人之一。面对严格的哲学史传统，他善于创新、勇于挑战，这种另类的姿态使他成为20世纪哲学家中的一朵奇葩。德勒兹被认为是最难归类的哲

---

[1] Philip Goodchild. *Deleuze and Guattari*: *An Introduction to the Politics of Desire*, Sage Publications, 1996, p. 12.

[2] 关于德勒兹能否被称之为一个马克思主义者，历来看法不一。但很明显的是，当德勒兹邂逅了持有激进左派的马克思主义立场的加塔利之后，德勒兹表现出了一定程度上的、来自马克思的影响。他本人也在《哲学与权力的谈判》这个访谈中公开声称，"我认为费利克斯·加塔利和我一直都是马克思主义者，也许方式不同，但是我们俩都是。我们不相信那种不以分析资本主义及其发展为中心的政治哲学。马克思著作中最令我们感兴趣的是将资本主义作为内在的体系加以分析"（第195页）。从这里可以看出，和马克思一样，德勒兹也把对资本主义的批判当作其社会理论的核心。他认为，只有在对其发展模式进行分析的基础上，才有可能寻找到突破甚至超越资本主义的社会制度。他和加塔利合著的《资本主义与精神分裂》，尤其是第一卷的《反俄狄浦斯》在很大程度上受到了马克思主义的范畴、观点、分析方法的影响，其中所体现出的批判精神更是与马克思有异曲同工之妙。

学家,然而,就在他的这种特立独行的身姿背后,我们仍然可以发现浓重的马克思的色彩。但是,德勒兹毕竟不是马克思,他借用弗洛伊德的概念,经过尼采的加工解读了马克思。尽管我们对这种颇具个人色彩的解读不能轻言对错,但毋庸置疑,德勒兹所提供的理论批判和解放路径对后现代文化产生了深远影响。

在这个问题上,阿多诺遭受的非议似乎更多一些。在中国学界引介阿多诺思想的初期,曾将他的学说冠以"唯心主义"的罪名加以批判,但从阿多诺把哲学的旨趣定义为特殊的审美经验以及他的客体优先性的立场来看,他无疑是具有深重的唯物主义倾向的。他在自己的文本中不止一次地对唯心主义提出了批判,尽管他并不喜欢像传统的唯物主义者或马克思主义学者那样谈论物质基础。事实上,早在施密特那里就已经为阿多诺的唯物主义立场进行了辩护。"针对哈贝马斯关于阿多诺和霍克海默(Max Horkheimer)存在分歧乃至对立的批评,施密特着力证明了阿多诺的批判理论与霍克海默设想的连续性;通过对'唯物主义'的思想史探索,他提出:霍克海默和阿多诺都是马克思主义者,他们所创立的批判理论是适用于资本主义当代阶段的'历史唯物主义的变体'。在胡塞尔(Edmund Husserl)和海德格尔(Martin Heidegger)之后,阿多诺重提唯物主义最重大的命意即在于:在打破同一性的思想专制之后,为重建主客体之间的星丛(Constellation/Konstellation)关系确立一个支点。"① 还有人从阿多诺反对实践的态度上质疑他的唯物主义立场,在我看来,这是对阿多诺的实践观的一种误解。因为阿多诺从来都不是在唯心论的立场上弃绝实践,而是将传统的理论与实践之间的对立关系进行了改写。这一点我在后文会详细论及。

尽管方式不同,德勒兹和阿多诺对主体中心模式的批判丝毫不

---

① 张亮:《"崩溃的逻辑"、"否定的辩证法"与阿多诺》(http://www.cul-studies.com/)。

比后结构主义者拉康对伪主体的批判来得逊色。[①] 然而，他们与后结构主义之间还是有明显的不同：在德勒兹和阿多诺那里，主体和客体这一对范畴并没有被废除，但主客体关系在他们各自哲学中的地位却是不同的。德勒兹从根本上拒绝了意识主体的认知模式，他把主体性原则改造成了一个前个体性场域，即内在性平面；而阿多诺则坚持经验主体的能动性，声称具有欺骗性的主体是由主客体之间虚假的同一性所虚构出来的。但他们都在对传统的主客体模式进行批判的过程中努力寻找通向自由的途径。德勒兹把内在性平面看作蕴含了创新的虚拟势能的机制。在他这里，主体和客体的范畴都从属于这个特定的结构：先验性场域，主客体二元化的关系被一种新的生产系统取代。阿多诺要实现的目标是通过颠覆错误的认知过程来纠正关于主体的错误的形象。针对这一点，他提出了用客体的优先性来反对主体的基始性，这显示出了一种与马克思方法论的家族相似的关系。在阿多诺眼中，主体首先是一个客体。而传统哲学对主体性的认定的背后是一种无意识的唯心主义，它意味着客体在独立于主体性的维度上具有自己的意义。他以这种相互交织渗透的主客体关系来反对经典的一维式的二元分立。而因为主观性与客观性紧密相连，对于在历史中不断变迁的社会来说，人类主体的"知"和"思"的行为也不可能与社会相分离。

在对哲学史的解读中，德勒兹肯定了休谟对经验主义的巨大贡献，认为他专注于创新条件的研究，为经验主义赋予了一种新的力

---

① "拉康的'自我'（moi）是一种分裂的观点而不是一种稳定化的观点，这在他早期广为人知的论文之标题中有迹象显露出来。镜像阶段并不简单是个体历史的一个阶段，而是一个舞台，在这个舞台之上，人类主体的争斗上演不衰，拉康所热衷采用的双关语和隐喻的嘲讽看起来似乎首先是一种散文风格的临时效果，虽然它总是有趣的和自明的。但是这种双关语的背后却有着很大的企图，即在人的生活境遇中寻找那个体人性处于完全危机的早期时刻，并为精神分析的道德戏剧寻找一个新的开端。拉康对这种"特殊"时刻的思考为自我提供了它的创造神话和它的颓落的原因。"引自 Malcolm Bowie《拉康》，牛宏宝、陈喜贵译，昆仑出版社1991年版，第24页。

量，使它成为一种关于关系的理论和实践。其实，德勒兹对休谟的这一评价也正是他自己哲学的关注焦点。作为一个先验的经验主义哲学家，德勒兹希望通过探索人类思维和意识的组成因素以及其被生产出来的方式，来确定它的条件——而在传统哲学中，这种思维和意识通常被归结为预先假设出来的先验概念，诸如"有意识的主体""意义""本质"等。因为传统哲学总是预设文明是生活在一个有意义的世界中，因此我们只能在一个预先给定的意义语境中形成知识，不管这个意义是来自于历史，还是主体性还是其他什么本体。然而，休谟却将他的经验主义定位在探索具体现象之间的关系上，因此它是在实践层面对多样性的一种肯定。德勒兹正是借助了休谟提供的方法摆脱了正统大陆哲学对意义的依赖，而转向了自己的基本方法论——"先验的经验主义"。但他同时指出，休谟的不足之处在于他没有能够揭示意义是如何由人类主体的利益和目的——前个体的经验——所形成的，德勒兹本人希望能够弥补这个不足。因此，当他将自己的重点放在意识的形式、形成的过程以及先于个体的经验上时，我们丝毫也不应该感到奇怪。

德勒兹指出，他的先验的经验主义哲学存在着两方面的意义。一个是否定的方面：经验主义意味着对所有先验哲学的拒绝；另一个方面则是肯定的、积极的方面：经验主义总是在不断地创造。而创造对他而言，首先就意味着创造概念，这也正是哲学的任务之所在。正是在这个意义上，他的方法论是为了替代传统二元论的认知模型，并且，主体的出现作为内在性平面上的一个效果，不曾在认知的过程中预设任何先在的意义或结构。因此，主客体之间的对立性被完全地克服了：尽管德勒兹并没有取消主体和客体的概念，但它们不再是获知过程中对立的两项。先验的内在性平面，作为一种准本体性的生产领域，被创造出来作为对主体和客体进行解释的一种模式，在它之上，主体和客体都是被建构起来的。

德勒兹的先验的经验主义开辟了一条非二元化的道路，而阿多诺的历史经验主义保留了主客体二元论。尽管后者也反对超验主体的存在，但他却保留了有意识的主体对外在于他的客体进行认知的模式。阿多诺从历史角度讨论了主客体关系中存在的虚假的同一性，抨击了同一性对人类思维的强制和禁锢。不过，在批判主体基始性的同时，他却试图保留主体性的原则。正如他所说，"我们必须运用主体的力量去冲破建构性主体性的欺骗"①，也就是说，在理解"我是谁"的时候，主体性的力量首先必须将"我"带回经验世界（社会和历史）之中，而这个世界与"我"之间本来就是交织在一起的。因为无论"我"是在多么无意识地将自己当作主体，都存在着一个客体；也就是说，在社会中，"我"首先是被作为一个客体生产出来的，并在社会中不断地变化。按照马克思的观点，社会既是历史的产物也是一个历史过程；在这样的一个程度上，"我是谁"的问题其实从属于"历史经验的意义是什么"这一问题。因此，主观性其实就是一个社会关系的问题。后来，利奥塔在自己对总体化理性及其主体的批判中特别批评了阿多诺对于主体的坚守。在利奥塔看来，主体、表述、含义、符号和真实都是一条锁链上的单个组成部分，而这根作为整体的链条必须被拆散："主体只是由表述机器制造出来的产品，产品连同机器一起正在消失。"（利奥塔《肯定性美学散论》）无论是艺术还是哲学，它们都与"含义"和"真实"无关，它们只与"能量转化"有关，而这种能量的转化不可能再到"记忆、主体、同一性"去寻找源头。② 这实际上是对主体的先验性的更深层次的反对，它从根基上质疑了主体概念的自在性。

---

① *Negative Dialectics*, p. xx.
② [德] 阿尔布莱希特·维尔默：《论现代和后现代的辩证法》，商务印书馆2003年版，第31页。

阿多诺所希望建立的新型关系是人与人之间不存在统治与支配关系的新型关系类型。为此，他提出了一直为人们所忽视的客体的中介作用来证明知识形成过程的客观性，并且，阿多诺直接将他的同一性批判引向了对资本主义社会中最深刻的同一性——商品拜物教的批判。他指出，旧式主客体关系中所发生的主体被颠倒成为客体的现象与马克思的异化理论中人被颠倒成为物的现象其实是一致的。其结果就是，人类主体被剥夺了自发性和主观能动性，被还原为对"被管理的现实"的维护。在这一点上，阿多诺的历史经验主义，尤其是客体优先性的观点是为了恢复人类主体的自由和自发性，非同一性的离心力正是能够抵御同一性的强制同化作用的力量。

德勒兹和阿多诺的经验主义立场都表现在对主体的被建构性的强调上，但他们所分析的主体的条件却是不一样的。在德勒兹看来，主体的先验基础才是发生学上的条件，而阿多诺则认为物质条件和历史语境是更为根本的因素。这两者同样具有深刻的意义。他们对主体中心主义哲学的革新挑战了仅仅在经验基础上解释世界的经典的经验主义，然而，它们之间更重要、更根本的区别则体现在他们的核心概念——差异和非同一性——上。

第 三 章

差异 vs 非同一性：反对同一性

我确实不知道，但我们的时代似乎已经提出了一种乌托邦的"升级版"——只是它不再叫乌托邦这个名字而已。

——恩斯特·布洛赫

差异和非同一性是德勒兹和阿多诺哲学构架的中心概念。我在第一章中阐述两位哲学家的哲学基础时曾简要介绍过这两个概念。在这一章中，我将详细地对它们进行讨论：它们的意义，它们在各自哲学中的地位，它们之间的相似以及不同。通过这一比较，我将论证德勒兹和阿多诺的差异哲学的区别所在。

在德勒兹那里，差异概念并不是被单独地提出来描述哲学家本人的本体性概念，它是与重复概念成对地放在一起讨论的。在《差异与重复》中，作者试图挑战"大多数哲学家"，因为他们将差异从属于"同一性、相似性、对立性或可比性"[①]。德勒兹想实现的是思考自在的差异。这也就意味着他要颠倒差异与上面提到的四类范畴之间的关系，在本体论意义上来定义差异。差异与重复这一对概念，被德勒兹用来表达他对存在的理解。对于德勒兹来说，自在

---

① *Difference and Repetition*, p. xv.

的差异就是存在的本质，而重复就是存在的方式。其实，德勒兹并不是第一个成对地讨论差异与重复的哲学家。在当代，很多哲学家和艺术家都喜欢强调差异的地位以及重复的作用。然而，不管是在海德格尔那里，还是在结构主义者那里，甚至是在很多当代小说家的笔下，这一对概念都被表现为表征模式：它们已经"取代了同一与否定、同一与矛盾"①。而德勒兹则认为，如果一种关系预设了同一性作为基始性，那么它实际上就肯定了概念的表征功能所造成的压迫和强制，并以"表征主义的方式来定义世界"②。表征系统是通过建立一套固定的规范作为模型来运转的，而差异与同一性的统一也就是这些基本模型中的一个，它起到了表征的媒介的作用。③表征主义正是以将差异从属于同一性的方式扭曲了差异的实质，德勒兹所要做的就是反对这种抑制了创造性力量的模式。在他看来，表征主义将我们的注意力从自在的存在上引开了，结果，人们所关注的通常是它所解释的东西。差异正属于这种情况。在表征模式中，差异被表达为从属于同一性的具体的差异，这种静止的等级式结构不可能想象出与差异相关的变化。因此，德勒兹认为，不能"在一种有机的中介的内在媒介中"④来表现差异。他的差异概念的独特性在于它所指的是自在的差异，而不是概念性差异或差异的特征和细节。这也是德勒兹的差异概念的第一个特点。第二个特点，德勒兹的差异中没有把他性作为否定性的异己因素：它是纯粹的差异，肯定的差异。这个特点与第一个特点实际上是紧密联系的。我在前文提到过，德勒兹认为，差异在传统的表征式思维方式中通常被认为是否定的替代品，是对相同因素的否定。这样的一种

---

① *Difference and Repetition*, p. xix.
② Ibid., p. ix.
③ 德勒兹描述了这一媒介的四个方面：同一性、类比性、对立性和相似性。一个概念只有处于这四种关系的表现模式中，它才可能被以表征的方式表达出来。
④ *Difference and Repetition*, p. 29.

差异观念忽视了这个概念的独立性因素,因为它是以一种二元论或辩证的方式来看待差异的:差异从属于同一,它刻画的是两个物体之间不相同的特征。但是德勒兹的差异远不止于此,它是一种不能被归结为其他概念的纯粹的肯定。正是在这一点上,德勒兹差异概念的两个特征相互缠绕在一起,因为只有当差异是自在差异的时候,它才能是纯粹的肯定性差异。

与德勒兹在本体论层面上对差异的讨论不同,阿多诺是在一个伦理学语境中考虑非同一性概念的,并且是作为阿多诺对同一性观念——他相信这个概念是整个理性哲学的核心概念——的批判产物而出现的。在《启蒙的辩证法》中,阿多诺详细阐述了同一性这个语词的三个维度:第一,作为统一的人类意识的同一性;第二,表达了思维与其客体之间相等关系的同一性;第三,作为主体与客体之间一致的同一性。[①] 这三个维度为传统的理性主义哲学提供了认识论基础,没有它们,就不可能设想出经验客体以及知识形成的过程。非同一性这个词所描述的恰恰是这三个维度的反面。不过,阿多诺对这个术语的使用并不是意味着一种非理性哲学或不可知论;相反,它为哲学家本人对资本主义的批判提供了基础。阿多诺将现实的世界看作一个被管理和统治的世界,在这个世界中,人们不能够自由地思考,因为他们的思维被同一性原则所局限,而后者正是"意识形态的最初形式"[②]。非同一性主要表达了主体和客体之间不匹配、不一致的关系。阿多诺将这个原则当作是对不自由的思想的拯救,因为它所着力探索和勾勒的是两个原本被认为一样的事物之间的鸿沟。这个鸿沟恰恰是可以为思维带来乌托邦因素的源泉。不过,非同一性原则并不是阿多诺对知识形成的认识论问题的解决方

---

① Adorno, T. W., & Horkheimer, M.(1973). *Dialectic of Enlightenment.*(J. Cumming, Trans.). London: Allen Lane, p. 142.

② Ibid., p. 148.

案,因为这个原则在政治上是理想化的。

从反对同一性的观点来看,差异和非同一性可以被看作是对表征主义的挑战,它所体现出的"内在差异"逻辑谱写出了德勒兹和阿多诺之间的一种共鸣。这也提供了一个基础让我们可以思考这两者之间的区别:肯定性 vs 否定性。

第一节 德勒兹的自在差异

在这一部分,我要讨论的是两个对于理解德勒兹的差异概念来说至关重要的主题:差异与同一性之间的关系,以及差异与重复之间的关系。为了论述第一个问题,德勒兹通过批判哲学史中的思维的映像的方式,对从柏拉图到海德格尔对差异的理解都提出了质疑。他的目的在于颠覆关于差异与同一性关系的常规观点,将差异肯定为第一原则。第二个问题实际上关涉到德勒兹对存在的单义性的理解,他用差异与重复这两个概念展开了自己与众不同的本体式建构。这种独特的准本体论构架强调了这样一个事实:内在差异正是创新的因素。

德勒兹从对表征理论的批判入手,质疑了哲学史中思维映像的不真实性和不完整性。在《差异与重复》的第一章伊始,德勒兹提出了一个关于中介的问题:"差异是不是必须经过'中介'才是可以触及和可以思考的?"[1] 根据他的理解,在哲学史传统中,对差异的一般观点是与异己性紧紧联系在一起的,它显示了概念之间的一种等级秩序。在这个观点的指导下,人们习惯于按照具体的现象来思考差异。这个意义层次上的差异实际上是被看作特定的差异:它是某种被表现和表征的东西。这一关于差异的观点不能够接受产生

---

[1] Adorno, T. W., & Horkheimer, M. (1973). *Dialectic of Enlightenment*. (J. Cumming, Trans.). London: Allen Lane, p. 30.

出变化的条件，因为它是用来对两个不同的物体进行比照的。这种对比假设了"判断必须在抽象的表现中对众多的特征做出选择"①。说得再准确一点，这种特定的差异并不能够标注出物体的本质，因为它是从物体的众多特征中被摘取出来的。事实上，当我们根据具体事物的特征来考虑这个事物时，特定的差异就只能是外在的。并且，当我们比较两个不同的客体时，我们总是假设了某种同一性的因素作为基础：正如"白人"和"黑人"是相对于"人"这个总体概念而言的，"雄性"和"雌性"是相对于"动物"这个概念而言的。② 从这个角度而言，对比或比较总是首先对某种其他的东西取得一致意见，在此基础上再来比较具体的特征。因此，特定的差异与决定了两个不同的客体之间的最大本质的内在差异之间其实没什么关联。按照这种观点，（具体的）差异总是次要的；它总是从属于某种作为基础的同一的东西。在德勒兹看来，这种具体的、特定的差异并不是最大的、最本质的差异，因为它被限制在一种固定的差异与同一的统一模式中，这种模式从一开始就否定了差异的本体论地位。在这里，所谓的"最大的差异"指的就是自在的差异，它是一种不依赖于任何具体特征和比较的本质性存在，与变化的条件相关。因此，这种差异是基础性的，它是真正的第一原则，不需要被第三者中介。统一性（unity）或同一性（identity）必须被理解为第二层次的运作，在这一层的运作中，自在的差异被具体化为不同的形式。

德勒兹将自在的差异定义为一种单义的存在，它既不是某种固定的存在，也不是一个抽象的概念。在此他接受了尼采"存在是一种生成"的观点：在自在的差异中，有一种内在的自我区别的冲

---

① Adorno, T. W., & Horkheimer, M. (1973). *Dialectic of Enlightenment*. (J. Cumming, Trans.). London: Allen Lane, p. 34.

② Ibid., p. 30.

动，使自在的存在在它的每一种具体实现形式中都得以区别开来。所有存在的一切其实都始终处在一个生成的过程中，它永远也不会完成。但这一内在差异却可以体现为不同的形式：它是多样化的。用德勒兹自己的话说，这个单义的存在"在单一和相同的意义上，存在于它所有的个别差异或内在形态中"[①]。从这个观点来看，差异的概念可以被解读为德勒兹对尼采的"权力意志"概念的重新解释：它是区别性因素或变化条件的生产。在德勒兹看来，意志想要做的是肯定它自身的差异性，因为差异正是它自己的存在，是它区别于其他存在的特性。或者，我们可以把德勒兹的这种肯定称之为"差异意志"（will to difference）。"差异意志"与"权力意志"一样，其所体现的是一种生存的欲望和创造的本能，因为差异本身是以存在为前提的。在尼采那里，权力意志是一切事物的本质，一切事物无不是权力意志的表现。而德勒兹则认为，在一个事物与"他者"的本质性关系中，意志使其自己的独特差异成为肯定的客体。这意味着差异并不来自于某种类比；相反，它正是存在本身。一个存在正是存在于它独特的差异中。因此，"差异是一种实际的肯定的对象，这种肯定与存在的本质以及构成性因素不可分割"。[②] 与辩证法的否定性差异相比，这种对差异的肯定，或者说肯定性差异是自在且始终存在的，不管它是微小还是显著。这种对自在的差异的重新认定最重要的形式表现为对黑格尔矛盾和辩证的差异的反驳。而后者在德勒兹看来，代表了同一性逻辑最极致的发展。我认为，"差异"概念在德勒兹哲学中的地位与"权力意志"概念在尼采哲学中的作用相似，它们都是生命所追求的最高价值。而这种价值正是对奉行理性至上的传统哲学的一种反驳，因为它们所肯定的正是

[①] Adorno, T. W., & Horkheimer, M. (1973). *Dialectic of Enlightenment*. (J. Cumming, Trans.). London: Allen Lane, p. 36.

[②] *Nietzsche and Philosophy*, p. 9.

事物和生活本身及其表现。差异不是一种抽象的、僵死的本体，而是鲜活的生活和生命。不过，在德勒兹和尼采之间还是需要做一点区别。在权力意志中，权力所体现的就是一种优势性的取向，权力意志则是要求向上的、凸显生命特质的要求。而差异虽然也主张自己的独特性，但它更多的是一种取消了高低优劣的等级之分的判断——纯粹的差异而已。这一点不同使得德勒兹更接近于后现代的文化语境。

在《差异与重复》中，德勒兹继续了我们在《尼采和哲学》中已经看到的反辩证法立场，这一文本通篇是他对黑格尔辩证法的批判。我在第一章中已经详细地讨论过这个问题，因此在这里，除了与差异有关的地方以外，我不再花太多的时间在德勒兹对辩证法的评价上。德勒兹指出，黑格尔实际上已经意识到了差异的问题。他说，"黑格尔对他的前辈哲学家所做的批评证实，他们在差异的纯粹的、相对最大高度上止步不前，而没有达到绝对的最大高度"①。为什么这样说呢？我们首先来看黑格尔自己对差异的定义："这种差异（绝对差异）是自在自为的，即绝对的差异，本质的差异。这就是自在自为的差异而非外因引起的结果，但它是只与自身相关的差异因此也是单纯的差异……自在的差异是只与自身发生关系的差异；它也是它自身的否定性，这种差异不相对于某个他者，而是相对于其自身。"② 从这里我们可以看出，黑格尔在对差异地位的判定上与德勒兹是一致的，分歧的地方在于他将差异定义为对自我的否定。这当然与遵从二元逻辑的辩证法息息相关。而在德勒兹看来，这样一种对差异的规定是对差异的简单化、缩小化的处理，它仅仅显示了作为多样性的差异的一个非常狭隘的方面。这也正是

---

① *Difference and Repetition*, p. 44.
② Hegel, G. W. F. (1959b). *The Logic of Hegel*. (William Wallace, Trans.). London: Oxford University Press, p. 38.

德勒兹反对以否定的形式来定义差异的原因之一。也就是说，黑格尔把这个最大的差异误理解为矛盾了，在矛盾中，所有的一切都被包含在处于更高对立的无限中。因此，当我们每一次在一个最终的或最高的同一性中结束时，它又重新开辟了一个新的矛盾。这种运动形成了一个死胡同："每一个反面必然更进一步地排斥它的他者，因此也排斥它自身，从而变成了它所排斥的他者。"① 这实际上正是同一性的逻辑，因为在这个循环中，同一性或统一性变成了确定差异的充分条件。② 并且，矛盾错误地把差异简化为对立。③ 换句话说，对立通过在其自身内预设差异的做法歪曲了差异的本质。德勒兹提出，差异不能被简化或上溯为矛盾，因为前者的模式远远要多过后者。而黑格尔的矛盾逻辑的更深层的结果对德勒兹而言与辩证系统中的否定的作用相关。辩证法错误地将特定的差异当作自在的差异，并通过人为预设的综合否定了自在差异的个体存在形式；而德勒兹的差异是不同于矛盾或他性的东西，因为自在的差异是对差异的肯定，而且是一种本体论的肯定。正因为如此，多样性是内在于差异本身的。而我前面所说的传统哲学对差异的压抑并不意味着作为本体的差异被消灭，而是对差异的本体地位的忽略。或者说，在德勒兹看来，当传统哲学将差异误读为从属性的特质的时候，它取消了差异作为世界的本质性规定的意义，而将同质性置于其上。差异的被压抑不是某个或某些差异的被抵制，而是以同一性为主导的生产机制在目的和路径选择上都最大限度地扼杀了差异产生的可能性。

---

① *Difference and Repetition*, p. 45.
② Eugene Holland 在他的文章《马克思和后结构主义的差异哲学》中指出，"质上的相似状态和量上的相等状态"，被德勒兹描述为压抑了差异的同一性，实际上是一些符码和公理。因此，Holland 认为德勒兹的差异哲学的目的在于拯救差异和阻止它臣服于同一性。
③ 在黑格尔的矛盾问题上，James Williams（2003）声称哲学的引导任务对于黑格尔而言是"将矛盾提高到由真正的矛盾和综合所组成的更大的循环中"（第 71 页）。

在详细地讨论了德勒兹的差异概念之后，我们可以前进到下一个话题，重复概念。如果说自在的差异概念使得德勒兹可以脱离传统的理解和思维方式，那么重复概念就使得他可以发展出自己的（单义的）存在运动理论。① 重复，用尼采的术语来说，就是永恒的回归。尽管尼采是用这个概念来反对传统的价值哲学，德勒兹却是在形而上学的意义上来使用重复的。他将重复本身定义为时间的纯粹形式（自为的重复），并将差异概念和重复概念紧密地联系在了一起。德勒兹用自为的重复解释了事物是如何被决定的，以及差异在这个决定过程中起到了什么样的作用。

> 永恒的回归并不是引起相同的或相似的东西的回归，它本身是来自于一个纯粹差异的世界。每一次回归，不仅仅是在那些暗含了它的他者中，也是自为性的，因为如果它不能完全地恢复自身而包含他者，就不可能被他者所包含。永恒的回归只有这一个意义：它没有任何确定的源起——换句话说，它不将任何确定的差异作为起源……在这个意义上，永恒的回归实际上是一种差异的结果，这个差异是起源性的、纯粹的、综合的和自在的（尼采将其称之为权力意志）。如果差异是自在的，那么在永恒的回归中的重复就是差异的自在性。②

因此，重复不是相同的东西的表征，而是差异的永恒回归。③ 在时间中被重复的正是差异。但在这里，差异不是某种特定的细节

---

① 正如 James Williams（2003）所说，重复概念允许德勒兹发展出了差异概念的机械论和唯物主义方面：它解释了差异是什么以及它是如何产生的（第 84 页）。

② *Difference and Repetition*, p. 125.

③ 本雅明也曾借用过尼采的永恒回归的观念，不过是在与德勒兹极为不同的意义上。在《德国悲剧的起源》中，他提出，悲剧的空洞的、石化的对象，它的意义已经流失，能指和所指的分裂，如同商品一样，仅仅在空虚的、同质性的时间中永恒地重复着。这种永恒回归的观点其实是对尼采的一种误读，与德勒兹更是截然对立，它是一种同质性的不断重复。

或具体的、不同的现象或经验,而是自在的差异。

  Descombes 将德勒兹的差异的永恒回归解释为对否定性的一种自毁。[①] 在每一次回归中,强势因素(对差异的肯定)抑制了弱势因素(对同一的否定)。在这种情况中,自在的差异变成了一个独立的、高贵的灵魂(主人)与一个与之相对立的、卑微的意识(奴隶)的竞赛之间的胜者。Descombes 认为这一标准显然是可以适用的,因为德勒兹把原本意味着不确定的否定当作一种确定作用。这一意见在经验现实中是有其真实意义的。然而,德勒兹对差异的理解除了在伦理学层面上之外,还上升到了本体论层面。对他而言,自在的差异是一种本体预设,它刻画出了一种主动的、独立性的存在。这一点不能与经验层面的肯定的差异相混淆。因此,差异的重复与 Descombes 的问题——弱势因素是如何被强势因素所抑制的——无关,而是涉及了可以恢复并凸显差异的条件的生产。而且,Descombes 所认为的作为不确定性的否定误解了德勒兹对差异的规定性。在前面我曾经谈到过,德勒兹的差异本身不是作为同一性的对立面而出现的东西,相反,它恢复了同一性所压制的众多的可能性。在这里,"同一"与"差异"并不是表现为数量上的不对称性的具体的"一"与具体的"多"。这也就是为什么德勒兹在《差异与重复》论及差异时首先谈到了自在的差异与具体的差异之间的区别。Descombes 根据经验现实原则认为:对"一"的否定仍然是一种不确定,实际上正是将自在的差异误认为是具体的差异。德勒兹所肯定的是作为虚拟力量存在的"多",而不是"多"中的某一个。因为作为多样性存在的自在差异和黑格尔的矛盾一样,是一种"多余"(excess),它本身是对非同一性的自觉,而非对某种定在的肯定。否则,永恒回归的就不可能是差异,而只能是同

[①] Descombes, V. (1981). *Modern French Philosophy*. (L. Scott-Fox & J. M. Harding, Trans.). Cambridge: Cambridge University Press, p. 163.

一了。

差异的重复构成了"一"的多样性。然而,这个"一"并不是某个特定的同一性范畴,而是单义的存在:差异,它通过重复的方式回归并实现为新的形式。重复并不是允许某种已经存在的东西回归回来,相反,自在的差异每一次被重复,它都获得了一种新的形式。这就是德勒兹所说的"面具"[1],差异在每一次表现中都被不同的面具所遮盖。因此,面具不仅仅是差异的形式,也是它存在和发展的方式。也正是在这个意义上,德勒兹说"面具才是重复的真实主体"[2]。然而,面具并不是一种表征。自在的差异是不能被表征的,它总是被掩盖着;在每一个新的面具之下,差异被表明出来。在这里,我们需要放弃表征主义的传统方式来考虑这个示意的过程,因为我们不可能通过表征主义的理解来达及本体性的自在的差异。

在重复与差异的关系上,德勒兹将差异定义为生成的运动,也就是重复。正如我们前面所说的,被重复的是作为存在的单义性的差异,因此存在本身是永远不会完成的;它总处在生成的过程中。换句话说,在德勒兹看来,在重复中不断出现的从来不是什么同一性或统一性,而是作为本体性单一物质的内在差异;面具是新的形式,一切都处在流变当中,现实是一个不停顿的生成过程。这并不意味着作为存在的现实是不完全的,而是说,现实作为一种不断变化的运动,永远不可能被固定。生成就是存在本身,差异的存在在每一个生成过程中(被重复)实现。在差异与重复的关系问题上,重复是选择性的:它不关注任何的否定性,它所极力肯定和使之重复的只是差异。在《尼采和哲学》中,德勒兹用掷骰子的比喻来描述一与多、必然性与偶然性、生成与存在的关系:

---

[1] *Difference and Repetition*, p. 18.
[2] Ibid. .

> 骰子每被扔出去一次，都是对偶然性的肯定，而它们落下来所形成的总和又是对必然性的肯定。也正是在存在被肯定为生成、统一被肯定为多样性的意义上，必然性被肯定在偶然性中。[1]

重复就像掷骰子：当骰子每一次被掷出去的时候，它可以肯定所有的偶然性。差异被以重复的方式生产出来。当我们掷骰子的时候，差异不是在别处被确定的，它是在内部出现的。然而，差异在这里是以虚拟性的形式存在的。但在每一次骰子被掷之前，差异都是真实而不现实的：它的在场表现为一种虚拟的势能。尼采把这称之为"生成的存在"：它是纯粹的多样性。在德勒兹看来，真正的生成没有外在于它自己的终点或目的，生成是存在的唯一方式。

德勒兹的差异的骰子游戏是在内在性平面上玩出来的，这个先验性的场域为德勒兹哲学提供了一个生产意义的场所。在这个平面上，思维发生了，差异出现了。但是，这个平面不是空间中的某处几何平面，它是前哲学的先验性的场域。因为从一般意义上说，几何学是从属于经验科学的；绝大多数关于几何平面的普通观点或规定都不能够被应用于这个内在性平面上。并且，德勒兹的差异与异己性或否定性无关，它所试图表达的是差别性因素，是某种新的东西，界外的东西。界外这个语词在这里既不是意味着外在的方面，也不是意味着处于某种边界线之外的几何的或经验的空间。在这个语境中，界外（outside）或界内不再是表示抽象的（仍然是在几何学之内）或具体的空间中某个相同形式的不同地点，它们在某个共

---

[1] *Nietzsche and Philosophy*, p. 26.

同的参照系中相互投射和产生共鸣。界外是一个绝对的外在，它既不是任何内在的对立面（在这个意义上它可以粉碎一切的参照框架），也不符合任何的现存形式。换句话说，这种界外是一个彻底的外在，一个没有内在的外在；它是一切体系、一切参照系或位置规则的界外，甚至是一切外在的界外，是"我"和"我"的思维的界外。对此，康斯坦丁·庞达斯在论及德勒兹作为一个"界外的思想家"的时候，曾经这样说：

> 哲学封闭自身，拼命限制自己的学科，常常把空虚和无效误认为智慧和严格，把内部的臭气误认为知识和道德操守的标志。打破限制，一股新鲜空气就会从外部扑来，而不是把时间浪费在破译哲学面临的终结的征兆上。尽管哲学的问题就是界外的问题，界外并不是保护不同于哲学学科的场所，它是哲学自身发生变化的场所。[1]

界外，在这里意味着打破场域的限制，将封闭体系内部所不具有的外在性因素引入进来，改变原有场域的张力，使超越成为可能。而这种超越正是不断地"生成界外"。逃逸线在这个意义上不仅是由原有体系的极限所勾画出的虚拟势能，也是不同场域相互交流的通道。它使这些场域之间的分歧明显化，从而最大限度地凸显和保存差异。

这些表述看起来似乎既无可读性，又意义不明。"没有内在的外在"到底意味着什么？事实上，它是对一切为评估、定义或定位而生的体系和结构的超越，它将经验世界的逻辑归于混沌。这样一种界外是极限——思维和表征的极限——的替代。按照我的理解，

---

[1] ［法］吉尔·德勒兹：《哲学的客体——德勒兹读本》，陈永国、尹晶主编，北京大学出版社2010年版，代序《谁是德勒兹》，康斯坦丁·V. 庞达斯，第3页。

第三章 差异 vs 非同一性：反对同一性 / 101

德勒兹将自在的差异诠释为某种本体性的东西正是试图超越表征的极限。这正是我将差异与界外联系在一起的原因。界外不是一片未开垦的处女地；相反，它存在于一切极限之外：它是某种不可界定的、不可表征的甚至不可想象的东西①，是思维的尽处。然而，正是这种不可触及性，为思维提供了没有被表征主义同化的新鲜元素。②

"界外"理论是德勒兹哲学中最矛盾的部分。事实上，他想揭示的是这种不可想象的"界外"是怎样作为思维的核心和动力发挥作用的，以及它是如何帮助思维挣脱表征主义的束缚、不断地实现创新的。换言之，在德勒兹看来，能够发动思维的不是逻辑、不是观念、不是知觉、不是感觉，而是这种在一切执行能力之外的不可想象的因素——界外。为什么会是这样呢？正如在第二章中讨论的，内在性平面上的力的无限运动创造出了无数的奇点和事件。思维在各种"相遇"——力与力的相遇、力与无器官身体的相遇——中发生。德勒兹相信感觉是哲学的肇始，因为只有在由与他者、与界外的相遇所激发的感觉（特别是震惊）中，人们才能够挣脱现实、经验和理性的枷锁，不断地趋近思维的极限。思维不是对具体事件的思考，它就是事件本身。因此它有三个特点：

首先，思维不是主体的行动或选择，它在最开始是被驱使发生的。思维作为一个事件的发生源于一种相遇。其次，相遇的发生是

---

① "不可想象"（unthinkable）是海德格尔的核心概念之一。它意味着哲学试图指出，但始终在表达能力之外的某种东西。德勒兹在这里的用法更接近于这个词的字面意义：某种在思考能力之外的东西，也就是超出了根据日常经验来进行的理性思考的东西。

② 德勒兹在对自己的思想进行溯源的时候曾高度评价萨特。他将萨特描述为"我们［经典的国家哲学史］的外部"，认为"他确实是从后院吹来的一股新风……在索邦所有的或然性之中，是他那独一无二的综合给了我们容忍新的秩序复辟的力量"（Deleuze and Parnet, *Dialogues*, p. 12）。在他看来，萨特通过强烈的个人化的风格展现了自己作为差异性的存在，这有别于经院派的哲学史。德勒兹说，"以别人的名义说话是可耻的"。而萨特则正好相反。

偶然的。它就像一个掷骰子的游戏，在骰子落到桌子上之前，没有人可以预先知道结果。最后一点，思维从本质上意味着差异，因为它是由来自界外的不可想象的因素激发的。这就是为什么德勒兹在与 Claire Parnet 的一个谈话中用"发现、相遇、窃取"这样的用词来形容思维的发生。① 在他看来，"相遇就是发现，是捕获，是窃取……它所创造的不是某种相互的东西，而是一种不对称的阻塞，是一种不平行的进化、杂交，它总是'界外的'和'在中间的'"②。界外并不作为他者存在，相反，它是被隐性的他者所压抑的东西。更准确地说，在德勒兹那里，界外是借以反对对思维产生了影响的他者的力量。引入界外是为了凸显差异，以独特的差异的名义说话。

界外本身就意味着差异；它总是在所有的极限之外。德勒兹哲学可以被看作是一种反对一切基于本体论第一性的差异的本体论，不管这种理论是法西斯主义，还是斯大林式的共产主义，或是强势文学，抑或是弗洛伊德的精神分析学。德勒兹用"界外"这个术语强调的是一种绝对的差异。然而，这种界外并不是可以作为具体的差异之源头的实体性（不管它表现为什么形式），正如上帝被认为是真善之源那样。相反，界外同时是抽象和具体的，它既超出一切平面之外，又内在于每一个单独的事件之中。在每一个事件之中，界外通过其他力的干涉被引入，从而生产出新的质素来。在两个物体相遇的那一瞬间，某种不属于两个物体中任何一个的特质被生产出来：它不会改变两者的本质，它只是停留在特定时刻的相遇的表面。这个过程就是新质素被生产出来的过程。

---

① *Dialogue II*, p. 2.
② Ibid., p. 7.

第二节　阿多诺的非同一性

我的这个文本中已不是第一次出现非同一性这个语词。在前两章对于阿多诺的讨论中，我已经简要地谈到了这个概念的意义和作用。在这一部分，我会专门性地将论述的重点集中在这个概念在阿多诺对资本主义批判中的所扮演的角色。和马克思一样，阿多诺非常关注两个在他看来被同一性法则所支配的现象：商品交换问题的和劳动者的工资问题。这两种交换形式的问题都在于它们是在平等表面所掩盖下的实质的不平等。这样一个简单的概括似乎是对马克思的《资本论》所揭示的问题的一种学舌式重复。[①] 但实际上，阿多诺的工作远远超出了这种经典的马克思主义的分析。因为马克思的商品分析只涉及了纯粹的经济学分析，而没有触及其背后的政治哲学的原因，并且，马克思本人由于时代的限制，并没有能够对资本逻辑全面侵袭社会生活各个方面的现象做出预见。阿多诺则声称，这种平等与不平等之间的不平衡状态是由同一性原则造成的，并且，这种被假设的普遍存在的同一性同时也产生出来拜物教现象。除了坚持在经济学领域内的批判之外，他对文化工业的分析同样深刻地揭示了资本逻辑在制造意识形态幻象方面的肆虐，而彰扬非同一性正是解决这个问题的唯一办法。

[①] 马克思在《资本论》的第五章"劳动过程和价值增殖过程"中以纺织业生产为例谈到了资本主义价值增殖过程是在一切以平等交换原则为表面规则的基础上进行的。他说："问题的一切条件都履行了，商品交换的各个规律也丝毫没有违反。等价物换等价物。作为买者，资本家对每一种商品——棉花、纱锭和劳动力——都按其价值支付。……他的货币转化为资本的这整个过程，既在流通领域中进行，又不在流通领域中进行。它是以流通为中介，因为它以在商品市场上购买劳动力为条件。……当资本家把活的劳动力同这些商品的死的对象性合并在一起时，他就把价值，把过去的、对象化的、死的劳动转化为资本，转化为自行增殖的价值。"（卡尔·马克思：《资本论》第一卷，人民出版社2004年版，第227页）在这个过程中，一切看起来平等的原则所导致的结果——价值的增殖——正体现了实际上的不平等：对劳动力（工人）的剩余价值的无偿占有。

非同一性所反对的是主客体、思维与现实之间的直接的对等性。阿多诺通过分析知识获取过程中的同一性作用揭露了这个原则是在何种意义上成为第一性原则，以及为什么这种第一性带有虚假性。阿多诺用"同一性思维"这个语词来意指被作为第一性的同一性接受的思维的形式[1]，他希望通过揭示同一性观念形成过程中的强制性机制来展示现代社会中的权力和统治的关系。在此基础之上，通过强调和凸显非同一性概念来反对这种强制。阿多诺相信非同一性概念可以通过引入主体与客体、思维与存在之间的差异性因素来实现思想的彻底自由。然而，阿多诺本人也承认没有直接的路径可以达到非同一性。在资本主义条件下，思想只能通过对错误的同一化进行概念性批判来努力趋向非同一性。正因为如此，我们必须从资本主义批判的角度来理解非同一性这个概念。

阿多诺将资本主义社会描述为"被管理的社会"，认为它最主要的特征是控制——由人造成、凌驾于人之上、对人的控制。[2] 严格说来，阿多诺的批判理论更接近于后马克思主义而不是经典的马克思主义，因为他直接质疑了一些马克思本人关于资本主义的命题，并在很大程度上继承了卢卡奇和马克斯·韦伯的路径。他用了一个更具有精确所指的术语——晚期资本主义——来代替马克思主义中更为一般性的表述：资本主义。晚期资本主义这个语词指的是资本主义高度发展的阶段，在这个阶段中，市场机制已经完全发展成熟，对人的控制已经被全方位地强化了。因此，阿多诺对资本主

---

[1] 在阿多诺看来，这种思维与其客体之间的同一性预设了某种形式的费希特式的或黑格尔式的唯心主义。正如Espen Hammer（2006）所说的，非同一性"只能从救赎的角度来期待，而不是从历史内部的角度出发"。

[2] 阿多诺的这部分内容通常被认为是对卢卡奇异化理论的批判。

义社会的批判实际上比马克思走得更远。① 他的理论努力可以被看作是试图挣脱被管理的世界而实现人的自由、思想的自由——但仅仅是理论层面的。

在阿多诺看来,从哲学和认识论的角度来说,同一性原则已经变成了人之行为中的一种无意识。人们在思考过程中尚未来得及对它进行有意识的思考的时候就已经将它付诸应用了。不过,在社会生活领域中,同一性的真实体系不仅仅是一个观念性的存在,而且是对真实机制的一种有意识或无意识的反映。在资本主义现实中,这个机制就是由市场中的交换价值所产生出来的同一性总体性。但是,与封建社会中的外在的同一性不同,资本主义系统中的同一性不再是一种外在的强制,而是一种由主体和客体所组成的无意识结构。它是一种自发的、非强迫性的惯例(也正是在这个意义上,德勒兹将之称为"公理")。在市场中起作用的同一性是同质的、量化的货币,而在现实中"公然蔑视同一性的包容性的"则是使用价值。② 换言之,市场经济是现代同一性逻辑的真实基础,因为在这个机制中,所有不具有可比性的独特主体都在市场中被物物交换原则同一化了。这并不意味着阿多诺没有弄清商品交换和实物交易之间的区别,相反,他想表达的是主体在这一过程中被变成了可交换的某种"东西"。在劳动力交易中,主体的价值是由他的劳动的价值,即工资来衡量的。而在商品的交换中,不同的使用价值被抽象成量化的价格;同样地,主体的、具体的劳动也被抽象的劳动所代替。结果,主体在市场中丧失了其作为独立的人的尊严,对他的评价不再取决于他的才能或创造力或其他的品质,而是取决于一种外在于他的标

---

① 马丁·杰(1984)认为,正是由于阿多诺的非同一性概念的否定性形式,他才废除了马克思主义传统所提出的一切形式的人类解放的可能性。我认为这正是阿多诺和卢卡奇之间的重大差异之一。

② *Negative Dialectics*,p. 11.

准：货币—金钱。因此，同一性原则是在金钱（或资本）的形式中被实现的。今天中国的市民社会在很大程度上正是阿多诺所批判的这种被货币同一性所主导的世界的真实写照。曾经一度引起全民骚动的娱乐节目《非诚勿扰》中一位女嘉宾曾发表的"我宁愿坐在宝马车里哭，也不愿坐在自行车后笑"简直是对资本魅力的赤裸裸的肯定。[①] 一切情感在金钱面前都不再重要，或者说，它们全都臣服于货币所制造出来的权重关系。货币，这个人类自己发明出来的工具，却已经凌驾于人类主体之上了。其结果就是，市场经济通过表面上平等的交换原则强化了同一性原则并将它普遍化成了一个普适的原则。这就是为什么阿多诺会说，"一个从客观角度为总体性而准备的世界是不可能解放人类意识的"[②]。尽管这种对交换的批评从某种程度上沿袭了马克思的思路，但阿多诺的步子却迈得比马克思更大：马克思只是指出了独立的、不可约的主体被变成可量化比较的货币的事实，而阿多诺却揭露了这一现象的根源。

阿多诺对拜物教的批判同样也从形成机制的角度显示了同一性原则所造成的奴役。事实上，我们需要注意的是，在这里，阿多诺明确地引入了黑格尔的逻辑：市场经济中的交换假设了"一种总体的概念，同时也假设了这个（虚假的）总体中的一般（文化交换或资本主义体系）与特殊（产品及其消费）之间存在着错误的调和或总体性"[③]。马克思所批判的商品拜物教中所运行的正是这一逻辑。

---

① 作为一档相亲类节目，《非诚勿扰》不乏形式相近的竞争者或模仿者，而这一节目之所以获得极大关注和臧否，正在于它公开地将现实世界的法则和价值取向呈现在舞台之上。在这里，观众可以看到被市场肯定了的价值是如何被当作衡量婚姻（至少是婚姻对象的选取）的标准之一，而那些不符合市场价值观的因素又如何被弃之如敝屣。

② *Negative Dialectics*, p. 17.

③ Hammer, E. (2006). *Adorno and the Political*. London & New York：Routledge, p. 76.

在阿多诺的解读中，马克思是一个继承了黑格尔精神的唯物主义哲学家，他在对资本主义经济基础进行批判的同时也包括了对意识形态的批判。在阿多诺看来，这一批判中最重要的主题是马克思所说的"商品的拜物教"[①]。马克思认为，在这个拜物教形式中，正是颠倒的力量支配了商品生产者。因为当人与人的社会关系完全表现为物（商品）与物的关系的时候，生产者就会把他们的产品（商品）当作高于人本身的东西来崇拜。于是，原本处于决定地位的社会关系（其中最重要的是生产关系）被忽视，物的外观被剥离了它产生的基础而孤立地被置于顶端，这种倒置必然导致社会价值取向的全面扭曲。而商品拜物教的最高形式就是"金钱拜物教"，或者说是"资本的拜物教"。

所有的这些拜物教形式都暗含了一种对物质（如商品、货币或资本）的误读，即认为这类物质有一种增殖的魔力。阿多诺指出，这实际上是把物质的社会属性与自然属性相混淆的一种错误做法。人们总是习惯于将它们当作一种中立性的客体，认为它们有自己的生活，与其他商品发生直接联系但又独立于人类的相互作用之外。但事实上，人类的行为正是支撑一切商品的基础。因此，商品的拜

[①] 在《资本论》第一卷第一章中，马克思论及了商品拜物教的性质及其秘密。"可见，商品形式的奥秘不过在于：商品形式在人们面前把人们本身劳动的社会性质反映成劳动产品本身的物的性质，反映成这些物的天然的社会属性，从而把生产者同总劳动的社会关系反映成存在者之外的物与物之间的社会关系。由于这种转换，劳动产品成了商品，成了可感觉而又超感觉的物或社会的物。正如一物在视神经中留下的光的印象，不是表现为视神经本身的主观兴奋，而是表现为眼睛外面的物的客观形式。但是在视觉活动中，光确实从一物射到另一物，即从外界对象射入眼睛。这是物理的物之间的一种物理关系。相反，商品形式和它借以得到表现的劳动产品的价值关系，是同劳动产品的物理性质以及由此产生的物的关系完全无关的。这只是人们自己的一定的社会关系，但它在人们面前采取了物与物的关系的虚幻形式。"（《资本论》第一卷，人民出版社2004年版，第90页）在这里，马克思所批判的是人与人的关系颠倒成为外在于人的物与物的关系，这种颠倒是商品生产所造成的。它表面上发生在流通领域之中，但实际上是由生产所决定的。他还指出，商品拜物教作为资本主义社会最一般和最不发达的形式，其拜物教特征明显。而它的更高级、更具体的形式——货币拜物教和资本拜物教——所代表的生产关系由于采取了具有社会属性的自然物的外观，而更具有隐蔽性。

物教实质上是物对人的统治——在马克思看来，它是一种在更高级的社会形态中应当被扬弃的异化。

　　为了刻画概念的同一性，阿多诺仿照马克思的商品拜物教概念，发明了另一个术语：概念的拜物教。他指出，前面他所提到的作为哲学真正旨趣的非概念性正是这种概念拜物教的对立面，但不是概念的对立面。拜物教这个语词在这里的使用意指一种已经发生的错误的置换作用。概念本身作为人类理性的成果，并不是阿多诺所反对的东西。相反，没有概念，哲学思考就无以进行。并且，阿多诺认为，所有的概念（包括哲学概念）都指向一种非概念性，这种非概念性所体现的是一种经验主义意义。换句话说，概念本身不是自足性的，因为它们来自于现实。没有概念是自在自为的。在这个意义上，我们甚至可以直接宣称，非同一性正是内在于概念本身的。这就是为什么要把概念绝对化成具有第一性的元素是非常不合理的事情。概念的拜物教之所以被认为是一种同一性的暴力，其原因在于它通过把世界归结为它认为具有（假想的）无限性的逻辑命题或抽象概念，从而吞噬了整个鲜活的客观世界。

　　阿多诺对拜物教的这一批判与他对工具理性的反对是一致的。事实上，他的"概念拜物教"的提出就已经将马克思在政治经济学领域的批判延伸到了认识论上。阿尔布莱希特·维尔默指出，阿多诺在与霍克海默合著的《启蒙的辩证法》一书中，对同一性逻辑的批判不但需要从心理学角度溯源，还要从语言哲学上探究和追问。因为"在工具理性的骨子里显示出某种交往实践，因为这对于语言意义的存在是具有决定意义的。这种交往实践既不能约减为某种自持的主体性，也无法约减为某种构成意义的主体性"[①]。除此之外，维尔默还从自然科学发展趋势的角度肯定了阿多诺的这一认识论批

---

① ［德］阿尔布莱希特·维尔默：《论现代和后现代的辩证法——遵循阿多诺的理性批判》，商务印书馆2003年版，第84页。

判。因为当科学越来越依赖于公理化的方法、高精度的仪器的时候，"工具理性接受了社会秩序的形式，在这一秩序中，人的主体性变成了纯粹的干扰因素"①。而这正是卢卡奇所描述的作为现实社会进程的物化的意识。

让我们再一次回到马克思的语境。马克思的批判对象是那些一般性地描述和肯定资本主义经济的社会科学家。在他看来，资产阶级经济学家必然有意识地忽略内在于资本主义生产的剥削现象。量化的商品的交换价值所掩盖的是其使用价值之间的差异。在市场上，每一个商品都是可交换的，平等交换的原则制造了一个公平的表象。马克思指出，据此而肯定的平等实际上是对资本主义生产的一种错觉，因为这种表面上的平等和自由都必须通过从工人阶级的劳动中榨取剩余价值来实现。阿多诺对马克思这种商品批判的接受实际上经过了卢卡奇的中介。受马克斯·韦伯合理化理论的影响，卢卡奇认为资本主义经济的影响不仅仅局限在经济领域，相反，它的原则扩展到整个社会。从广义上来讲，商品交换已经变成了社会各个部分的核心组织原则，这也就使得商品拜物教可以渗透到一切的社会制度和学术中，包括哲学。具体化所指征的就是资本主义社会中商品对人类生活的全方位侵袭。具体化的过程实际上也是客观化的过程，在这个过程中，人类所创造出来的产品背叛了人类自身。具体化是资本主义双重作用的结果。这双重作用一个是非人格化，它使工人隶属于机器；另一个则是合理化，它使用一切诸如泰勒制这样的有效控制手段。这双重作用的结果都是剥夺人类主体的主观能动性，把他们变成整个机器的一个零件。以生产为例，工人被具体化成提供劳动的能力，而产品则被具体化成抽象劳动。正是这种具体化使资本主义生产成为可能。在这个意义上，具体化其实

---

① ［德］阿尔布莱希特·维尔默：《论现代和后现代的辩证法——遵循阿多诺的理性批判》，商务印书馆2003年版，第162页。

是资本主义的结构化问题,并且,它同时也变成了支配人类意识的核心原则。因此,卢卡奇在《历史与阶级意识》中将具体化解释为异化的一种形式,认为它终将为无产阶级所克服。

阿多诺对卢卡奇关于物化和异化观点的赞同是有保留的。他不赞成异化终将为具有革命性的工人阶级所克服的结论。对阿多诺而言,最大的问题在于,为什么在现代社会条件似乎有能力消除不公平、奴役和苦难的情况下,这些令人痛苦的现象还在继续存在,并且历史的发展似乎还在不断地强化这种情况。例如,先进科技的应用并没有让工人从劳动中获得更多的自由,反而更深地束缚了他们。他认为,这其中最根本的原因在于资本主义的生产关系已经控制了整个社会,并趋向极致,使得财富和权力出现了最大限度的集中。① 社会围绕着交换价值的生产被组织起来,没有人可以从市场中逃脱。

> 物物交换原则,将人类劳动还原为平均劳动时间这样一个抽象的普遍性概念,从根本上说类似于同一化原则……通过物物交换,非同一的个体和特性,变成了通约的和同一的。这个原则的传播迫使整个世界变成同一的和整体的。②

从这里可以看出,阿多诺对拜物教的批判不是着眼于资本主义生产方式对工人的经济剥削,而是对整个人类思维的内在统治。因此,他对资本主义意识形态的批判不是一种对不公平的经济现象的愤恨,而是一种"内在批判"。非同一性正是抵御资本主义普遍性的武器。

不过,非同一性概念的所指并不是一个名曰"非同一性"的实

---

① *Negative Dialectics*, p. 189–192.
② Ibid., p. 146.

体，相反，它旨在重建一种消灭了资本主义社会的支配法则的、主客体之间的新型的辩证关系。非同一性命题所标注出的是阿多诺的唯物主义和黑格尔的唯心主义之间的区别。阿多诺并没有否认黑格尔所提出的思维与存在、主体与客体、理性与现实之间的思辨的同一性，但他怀疑这种同一性是否能以肯定的方式实现。事实上，德里达对于这个问题也有自己的思考。他认为，"作为自我中心主义的某种认同和具体生产工作，这种同一游戏具有某种否定性。这是一种有限的否定性，它是某种内部的、相对的变动，通过这种变动，我在其自身的认同运动中打动自己"①。这其实也是对具有不完全的否定性的黑格尔辩证法的一个注脚。换言之，只有完全的否定、彻底的否定，才能通往非同一性。而这种极端的否定，从某种角度而言是无限否定的、永不停息的，它从内部发力，撕开了严丝合缝的理性。也正因为如此，这种否定性的非同一性也是无法被叙述的，甚至连阿多诺寄希望的艺术本身，也"正变成为一种无明确界限的事件：在最坏的情况下，艺术是某种社会妄想；在最好的情况下，它则是一种仪式或典礼"②。因此，对于阿多诺而言，才是天上地下，无处遁身。

在资本主义社会中，由于占统治地位的同一性作用、主体能动性的完全缺乏，人类思维偏离了它的自然过程而被颠倒。因此，主体在思考的过程中，总是将假设的同一性框架投射到客体身上，无意识地压抑或忽视了它们的差异与不同。这个同一化的肯定过程在阿多诺看来就是异化的。因此，他希望通过恢复辩证法的否定性特征来矫正这个过程。

阿多诺从来不认为马克思主义是一种可以导向实践运动的认知

---

① ［法］德里达：《书写与差异》（上），生活·读书·新知三联书店2001年版，第158页。
② ［德］阿尔布莱希特·维尔默：《论现代和后现代的辩证法——遵循阿多诺的理性批判》，商务印书馆2003年版，第54页。

方法，他对马克思的赞同和继承被严格地局限在了对资本主义意识形态的批判的否定性层面上。他相信实现马克思的政治理想的历史机会已经丧失，不再有革命的可能了。在他看来，卢卡奇的阶级意识并不是一个行动的主体；它仅仅创造了一条通向自由的否定性道路：以不同的方式来思考。在实践的意义上，阿多诺放弃了社会改良的希望，他的理论意义更多的是在批判的意义上，或是局限在美学或艺术领域内。

第三节　内在的差异性：反对表征主义

德勒兹和阿多诺都致力于在同一性的世界中寻找到恢复差异的基始性的办法。他们认为绝对的同一性逻辑是导致法西斯主义的根本原因，然而，在对同一性的批判上，他们的角度和力度各不相同。

与阿多诺对历史进行的"元批判"相比，德勒兹所走的是一条完全不同的道路。他没有将自己局限在一般性的经验概念和主客体之间的传统关系上，而是通过使用一系列新型概念——力、奇异点、内在性平面等——建构起了一个先验性的框架。德勒兹（和加塔利）借用了康德的用法，把他们对精神分析的形而上学批判称之为"先验的"批判：它把无意识中的内在活动与形而上学活动区分开来。在《反俄狄浦斯》中，德勒兹（和加塔利）对不同的社会形态进行了历史分析。然而，这并不是一种马克思意义上的历史批判，而是为了证明，传统哲学的存在概念实际上是一种错觉，它压制了生产的欲望并使它陷入了表征主义的陷阱。作者的目的是将欲望从存在的限制中释放出来，使它能够自由地进入生成，而这种生成是创新的来源。因此，对德勒兹（和加塔利）来说，欲望的联系事实上就是对差异的肯定：它只能在创造或生产中展示和证明自身。所以，历史在他们那里可以被理解成一个机遇，抓住这个机遇，超越资本主义的生产力发展和超越虚无主义的权力意志的膨胀会导向更大的自由，而不是忍受奴役。此外，他们用分裂分析来代替精神分析，描绘出了一种可以创造出差异的关于利比多和社会的新型的经济学。这一理论目标与德勒兹早期对差异概念的强调是一致的。而通过赋予差异以本体性的意义，德勒兹要颠覆的是以表征主义方式产生出来的思想的映像。

德勒兹的差异概念与阿多诺的非同一性概念之间有几点重要的相似之处。首先，它们都体现了一种自由因素，但这种对自由的理解必须在不同的意义上被解读。德勒兹描述了差异是如何内在于存在的每一个奇异点，以及每个奇异点是如何将多样化的、区分性的因素包含在自身之内。阿多诺则截然不同：他的非同一性概念与存在的本质无关，揭示的是认知行为中主客体之间不一致的关系。我把他们两人的这种共同基础称之为"内在差异"，因为他们最显著的特点就在于对外在于同一性的异质性因素的重视，因为这些异质性因素可以穿透能够导致同一性的等级制，从而使思维可以从同一性思维的枷锁中解放出来。因此，我把他们都归类为差异哲学家，但他们的重点不同。德勒兹坚持差异对同一性的优先性，而阿多诺则抨击了同一性思维的实证主义功能。并且，在反对同一性以及表征主义的同时，这两位思想家都不否认同一性的媒介作用。

德勒兹指出，现代社会仍然对差异产生了压制作用，并且使人们异化，将能力从他们身上剥夺。而真实的现实本身作为一个充满偶然性（哪怕是"必然性中的偶然性"）的领域，应当是变化和差异的流动。要肯定这种流变的而非服从于因果律的必然的现实，我们就必须颠覆已经建立起来的同一性，开启不受限制的可能性空间，变成我们所能变成的一切——尽管我们根本无法提前知道那是什么。通往自由的实践道路就是创造。不过，这里的自由并不等同于行动的自主性或在特定的社会形式内追求自己利益的权利，而是与社会结构自身的变化条件相关。德勒兹在《差异与重复》中直接将差异与创新的条件相联系起来，因此，强调差异实际上就是将思想从固定的东西以及辖域中解放出来，这种自由是从理性所笃定的命运中的越狱和逃离。

借助差异和非同一性概念，德勒兹和阿多诺表达了他们对"表征"的世界的不赞同。换言之，在对"表征主义"进行质疑的过程中，他们两人之间出现了有趣的关联。而这正是在他们难以调和的特征之下的一种潜在的共鸣和默契，即他们对待客体的方式。

德勒兹把表征主义的世界当作同一性第一性的结果。从这个角度来说，表征主义的方式也是对差异的歪曲和抑制，而他所提出的"内在差异"的概念反对同一性的四种表征形式（同一性、相似性、可比性和对立性）。反过来说，表征模式没有办法触及和表达自在的差异，因为它的任何的表征形式所能够表达的只是特殊的、具体的差异而已，它们只是自在的差异的N多"面具"之一。正因为此，表征模式也无法触及思维与生活的真实根基，因为它是根据一系列由某种同一性形式所派生出来的范式和标准来组织思维的。所以，自在的差异实际上是对哲学、政治学、美学和伦理学以及社会中的等级制、有机思想的完全颠覆。德勒兹自己就曾说，对自在的差异的强调是"产生出一个能够影响外在于所有表征主义思维的运动问题。它也是一个如何让这个运动成为一个没有中间环节的构筑的问题，是用直接的符号代替间接的表征的问题，是如何创造出可以直接触及意识的震动、旋转、涡流、引力、舞蹈或跳跃的问题"[①]。表征主义的世界不能理解自在的差异，因为它是通过被表征的东西来衡量差异的。同样地，思想的映像也是被这样制造出来

---

① *Difference and Repetition*, p. 8.

的。表征主义认为思想对世界的映照应当是真实的、全方位的，但其实这不过是一种"概念假象"。它是通过一系列前哲学的假设构成了对思想的理解以及概念生产的特征。这其实与萨义德对表征主义危机的批判是一致的。后者认为，关于他者的知识本身不是自发和自在的，而是被建构出来的。它不仅是被"他者的他者"所建构，而且"他者"本身就是一种虚构，真正的他者存在于他们自身之中，我们永远无法企及——这与德勒兹对界外的描述是何等相似！因此，表征主义认为可以表征世界的不是真正的思想，而是他们所假想出来的思想的映像。

这一点对于理解德勒兹的差异概念至关重要，因为具有表征主义作用的、具体的差异是可以被制造出来的。这种人为制造出来的差异本身是一种影像（image），但它通过媒介的传播对人发生影响。这种影响从表面上看起来似乎是具有了差异，但这种被表征的差异影像与自在的、真正的差异之间却有可能存在着断裂。以芭比娃娃的生产为例。芭比这个商业奇迹的巨大成功在于它通过制造差异而造成了销售的连续性。从第一个芭比诞生之日起，围绕着芭比这个虚构人物的各种需要，更多的商品不断地被制造出来：她的众多家人、朋友、生活设施、以不同身份出现的芭比。在这里，差异成了被贩卖的对象，成了制造消费需求的手段。消费差异成了当代社会中具有最强劲势头的潜在市场。这种消费在很大程度上是由鲍德里亚所批判拟像（simulacra）决定的。而这种拟像无疑是表征主义的一种具体化——宜家是拟像的另一个成功范例。但是，这种差异显然不是德勒兹所追求的，因为这种差异不但不能反驳同一性的统治，反而证明了其背后资本逻辑的强大。

但具体差异和自在差异之间又有必然联系，真正的、自在的差异一定是以具体差异的面貌表现出来。这就提出一个问题：什么样的具体差异是可以体现自在差异的呢？德勒兹没有提供答案，他甚至根本没有正视这个问题。因为在他那里，唯一想做的是从本体层面上确定差异的基始性位置。在他看来，这一点如果做到了，根本不需要去为上面的问题担忧。但在实践层面则完全是另外一回事，因为这个维度上的"生成弱势"在很大程度上遵循的是相反的逻辑，即如何通过具体的差异来彰显自在差异，以社会整合作用发生的总体化是它绕不过去的一个栅栏。这一点我在第七章中会谈及。

回到德勒兹的自在的差异上来。自为的重复展示了运动的本质和内在性，德勒兹用剧院理论来比喻差异与重复的关系：在空旷的空间中，存在着很多的服装（符号）和面具，演员们借助这些道具来扮演角色。在这些表演中，不断被重复的是表演的条件（服装和面具），而根据这些条件，新的东西（新的角色和表演）不断地被生产出来。德勒兹提出这一理论是为了反驳黑格尔的辩证法。根据他对表征主义的解释，表征的功能是呈现而不是戏剧化地表现观念。他认为黑格尔的辩证法也是表征式的。原因在于他在自己的逻辑中做出了两个错误的置换：一是他提出了概念的抽象运动来代替物理的和精神的抽象运动；二是他用特殊与一般性概念之间的抽象的中介来代替观念中的独一与普遍的真实关系。而自在的差异和自为的重复则解决了这个问题。差异通过重复的运动，以生成的面貌存在着。

阿多诺对同一性的先在性的批判可以在他对实证主义和工具理性的批评中见到。在《启蒙的辩证法》中，阿多诺和霍克海默对启蒙进行了一种与人本主义哲学家大相径庭的诠释和解读。这个文本对在启蒙思想中起到了重要作用的理性的工具化进行了批判性的分析。他们指出，工具理性和实证主义正是客体被具体化和被表征的方式。它建立起了一种虚假的等式，使得平等关系只与客体的特殊功能（工具化特质）相关，而与客体的内在属性无关。这种不合理的表征式的等式实际上是对互动式的中介作用的妨碍：它阻止了主体进入客体。其结果就是,世界被设想成与工具理性对它的表征一致的样子。这种由同一性的第一性制造出来的表征主义是极端保守性的,它除了为现状背书之外,别无他能。而这种保守立场,是不可能对任何陈旧的东西发出挑战的,从而抑制和扼杀了新质素出现的可能。

阿多诺的非同一性概念探索了我们在何种程度上可以拒绝表征主义。"在主客体之间架设的同一性越少,对认知主体以及他不被束缚的能力和公正的自我映照的要求就越矛盾。"① 非同一性概念同时强调了客体的优先性和主体的能动性,拒绝用一种工具化的方式来表征客体。正是在这个基点上,非同一性成了反对表征主义和创新的关键。"新的东西渴望非同一性。"②

另外,阿多诺对大众文化的批判其实也是对表征模式的一种拒绝。因为大众文化作为一种意识形态过滤,制造出了不具有批判能力的一种镜像。而这种镜像本身的形塑取决于媒介控制者的意愿③,这也正是法西斯主义在德国得以被广为接受的心理成因。由于这种表征本身的目的论色彩,它必然以剔除和掩盖差异作为手段。这不单单是纳粹意识形态的散布方式,也是整个资本主义社会的文化逻辑:它以强大的文化工业和媒体控制成为表征理论最好的实例。也正是这个原因,导致阿多诺对一切形式的集体主义投了不信任票。因为集体作为一个利益总体,始终是以根除差异作为目标的。就这个角度而言,我们不但可以明了阿多诺对于极权主义的抗争,也可

---

① *Negative Dialectics*, p. 31.
② Ibid., p. 33.
③ 马尔库塞也批判了这种文化的非反思性。他认为这种功利性的文化的特质之一就是"肯定性"。他说,"所谓肯定的文化,是指资产阶级时代按其本身的历程发展到一定阶段所产生的文化,在这个阶段,把作为独立价值王国的心理和精神世界这个优于文明的东西,与文明分隔开来。这种文化的根本特性就是认可普遍性的义务,认可必须无条件肯定的永恒美好和更有价值的世界"(《现代文明与人的困境》,上海三联书店 1989 年版,第 120 页)。鲍德里亚后来对消费社会的批判在某种程度上沿袭了这一思路。

以一窥他对于阶级斗争所表示出极度怀疑的部分原因。

　　正是从反对表征主义的这个问题上，我们可以把德勒兹和阿多诺的理论认为是对同一个问题的路径争论。而差异与非同一性这对概念之间的差异也在很大程度上暴露了两人哲学立场的对立。于是，一个问题就出现了：如何实现差异或非同一性呢？在下一章中将从另一对概念来讨论德勒兹和阿多诺为他们的内在差异的实现所选择的道路。

第 四 章

块茎与星丛：新型的生产方式

> 经验主义的一个问题是：主体如何在超越既定的同时又由既定所建构？而关系外在于处于关系中的项这一限定正是解决这个经验主义问题的可能性条件。
>
> ——Ian Buchanan

在上一章的结尾，我提出了关于如何实现差异和非同一性的问题。这个问题的答案实际上就是哲学家自己理论中的正面建构。在面对这个难题时，德勒兹和阿多诺又一次不约而同地选择了用一种关系模式来应答。然而，这种关系逻辑并不是一种对关系的平面安排，而是一种以异质性为开端的开放模式：德勒兹的"块茎"和阿多诺的"星丛"。也就是说，当我们来思考"块茎"和"星丛"概念的内涵和意义的时候，需要建立在上面这个问题理解的基础上。德勒兹和阿多诺分别希望借助于所提出的概念来比喻一种由相互联系的关系构成的开放模型，在这个关系中，不存在凌驾于其他部分之上的某个单独部分。并且，在这两个模型之中，不同的部分相互作用、中介，并最终确定了一个网状的结构。这种新型的、松散的领域结构是由严格的等级制度和线性关系构成的范式。两位哲学家都相信，这样的关系模式可以提供一种方式，使得差异或者非同一性可以在这种非等级制的交往互动中被生产出来。"块茎"和"星丛"的模式实际上绘制出了主体的可能性，这个主体本身是由既定所建构而又能超越既定的。而我之所以将德勒兹的"块茎"概念和阿多诺的"星丛"概念放在一起，是因为我相信作为两种难免产生差异的关系模式，他们的交点又一次聚集在对由相互作用所带来的异质因素的重视上。不过，除了内在差异这个共同逻辑之外，这两个概念所体现的模式之间也有着非常大的区别：他们所强调的处于模式之中的各个部分的关系的方面完全不同，而这种区别则显示了两位哲学家对乌托邦完全不同的理念。在这一章中，我将首先讨论这两个概念的相似之处。

第一节 块茎：意义场的构建

"块茎"这个概念是德勒兹和加塔利在他们合著的文本《千高原》中提出来的，用来形容一种四处伸展的、无等级制关系的模型。在这个文本的导论中，作者划分了三种类型的写作逻辑，在这其中，块茎模式被提出来反对根—树模型和胚根模型。正如德勒兹和加塔利在文中所写的："块茎作为一种地下茎干，与木本根和胚根是完全不同的。"[1] 与根—树模式或胚根模式的二元逻辑的"精神实体"相反，块茎作为一种开放的系统，强调了知识和生活的游牧特征。块茎，从生物学特征来讲，是去中心化和全方位发展的，它是根—树的批判性的对照。在块茎的发展中，它不会追随任何固定的模式或路线。此外，它也不会被判断为任何一个特殊的器官（如根、叶、枝条和树干是完全不同的器官）；它仅仅是这个或那个球茎或突起，但仅仅是球茎和突起而已，与其他的球茎或突起在功

---

[1] Deleuze, G., & Guattari, F. (1987). *A Thousand Plateaus: Capitalism and Schizophrenia*. (B. Massumi, Trans.). Minneapolis, MN: University of Minnesota Press, p. 6.

能上毫无二致,所不同的只是所处的位置。球茎和突起都是块茎。尽管它们分别是特殊的个体,但从另一方面来说它们却又是同质的:它们起着相同的作用,也拥有同样的生产方式。它们的差异是区域和地理学上的差异。从这个意义上来说,一个块茎是在一个平面上发展起来的:它不断地延伸、发展,朝各个方向散射开来,形成了一个网络。这也是一粒草籽发展成一片草地的方式。但当我们面对着一整片草地时,却没有人能说出它是从哪里生长起来的。与之相反的是,对一棵树来讲,不管它长得有多高大,它总是在某个固定的点上,除非它被移植,但那又是被固定在一个新的点上。不管树的姿态是如何的奇异,没有人会搞错一棵树的生长地点。同时,树的所有器官在它生长的各个阶段都是可辨识的,你永远不会把一棵树的根与它的叶子相混淆。因此,树的成长是一个中心化、标准化的过程,它最终形成一个等级化的结构。

对于德勒兹和加塔利来说,块茎作为一个形象化的比喻,揭示的是反对组织建构中的总体化的倾向。作为《资本主义与精神分裂》的第二卷,《千高原》与第一卷《反俄狄浦斯》一样,详细论述了欲望产生的过程,这个过程挑战了为西方传统的国家哲学所鼓吹的模式。德勒兹和加塔利指出,根—树的比喻是根植于西方的思想和文化中的,而这种思想和文化认为,知识是现实的一种镜像,它是根据体系化和等级制的原则组织起来的。这也正是表征理论的问题所在。根据表征主义,在所谓的现实(根)的基础上,所有的映像形成了一个树状的结构,这种结构最终指向自我的同一化。这其实正是对多样化的表象(枝和叶)之后的"一"(根)的肯定。

> 树和根激发起了一种悲哀的思维的映像,这种映像永远模仿着在中心化或更高段位的统一基础上的多样化……甚至当连接自身像在胚根系统中那样增生扩散的时候,也没有人能够超

越一而二的逻辑，以及虚假的多样性……树状系统是有着意义和主体化中心的等级系统，它是一种如同组织化的存储器那样的中心自动控制。①

从普遍化和本质主义的立场来说，这样一种知识的根—树框架显示了一种潜力，它可以消除假定由"一"所派生出的并从属于"一"的多样性。诸如本质主义的树状结构是在二元逻辑的作用下生长起来的，这一逻辑正是西方传统哲学中认识客体和形成知识的内在法则。一个根—树的范式所体现的是一种表征主义的模式，它以二元论的方式对思维进行形塑。这正是德勒兹和加塔利力图颠覆的东西。在一个关于《千高原》的访谈中，德勒兹表达了他对莫瑞斯·布朗肖的开放系统的写作方式的青睐。他认为块茎正是这种开放系统的一个实例。按照德勒兹的理解，开放系统就是一个概念的系统，在这个系统中，概念与它们的条件相关，而与它们的本质无关。因此，概念之间不存在内在的等级秩序和固定的模式，相反，它们之间的关系取决于它们的条件，所有的元素都处于相互作用中。在德勒兹看来，概念与其条件是哲学应当研究的客体。而在开放系统中，因果的线性定律不再起作用。块茎本身拥有无数的线条和路径，它们可以通向四面八方。不过，这么多的线条和路径并不是从某个固定的"一"那里派生出来的，它们通过无数的节点和线条连为一体，并且所有的路径永远都在生成之中。德勒兹和加塔利对块茎系统的定义强调了它的多维性。

它［块茎—本书作者注］不是由单位而是由维度构成，或者，毋宁说是由运动中的方向构成。它既没有开始也没有终

---

① Deleuze, G., & Guattari, F. (1987). *A Thousand Plateaus: Capitalism and Schizophrenia*. (B. Massumi, Trans.). Minneapolis, MN: University of Minnesota Press, p. 16.

结，但总是在中间的。它从中间生长出来，也从中间溢出。它以既没有主体也没有客体的 n 个维度构成了线性的多样性。它可以在一个连续性的平面上被展开，"一"总是被减去的 (n-1)。①

上帝是喜欢线性因果律的，所以他说"我是阿尔法，我是欧米伽"②。而块茎则站到了上帝的对面，它的"从中间"——没有开始和终结——既打破了由时间次序造成的先后关系，也打破了由地域位置形成的中心和边缘。总之，一切的秩序都在块茎中消弭，它只是一个又一个的维度。n 是趋向于无限的，因此它总是能不断地开拓出新的维度，这些维度决定了多样性的本质。作为结果，多样性随着维度的变化，本质也发生了变化。而块茎的维度纯粹是由线条构成的，"分割线和断层线"以及"逃逸和去辖域化之线"。③ 事实上，德勒兹对线条的主题如此感兴趣是因为他坚持线条是优先于二维平面和三维立体的，并且线条与线条之间不存在优先性，它们的联系是由连接完成的。④ 具有一致化特征的线条构成了块茎，它是块茎的条件，纯粹的条件。因为它们没有根据某种特定的同一性来安排线条的布展，仅仅是靠连接和联系创造出了新的质素。

块茎是依靠"联系和异质性原则"⑤ 建立起来的。这是德勒兹和加塔利定义块茎时首先提出的两个特征。事实上，块茎是一个由线条构成的地图，它是一系列同步发挥作用的不同的线。块茎的任

---

① Deleuze, G., & Guattari, F. (1987). *A Thousand Plateaus: Capitalism and Schizophrenia*. (B. Massumi, Trans.). Minneapolis, MN: University of Minnesota Press, p. 21.

② 见《圣经·启示录》。阿尔法和欧米伽分别是希腊字母的第一个和最后一个。这句话的意思表明上帝既是开始又是终结，是时间中的永恒，是存在于时间之外的。

③ *A Thousand Plateaus*, p. 21.

④ Deleuze, G. (1995). *Negotiations*, 1972-1990. (M. Joughin, Trans.). New York: Columbia University Press, p. 32.

⑤ *A Thousand Plateaus*, p. 32.

何一个点都与其他的点相连接,线条是沟通任意两个点之间的桥梁。在我看来,对线条的强调本质上正是对一种生产性关系的强调。

> 在一个多样性[块茎]中,重要的不是构成元素的项,而是存在一个"中间",这个中间就是一系列不能彼此分割的关系。每一个多样性都是从中间生长起来的,就像一片草坪或块茎。①

连接构成了块茎的网络。块茎的节点不断地发散出根须和芽,以结合和断裂的方式建立起了新的维度,就像流一样。块茎的脉络就是去辖域化的流。与总是将一个新的生产维度界定为子领域的根—树的分叉线不同,块茎的线条形成了新的会聚圈,在这个圈中,新的点总是处于"极限之外或其他方向"②。就这样,线条构成了(n+1)维。这个新的维度并不是与既有平面(n维的辖域)相并列的另一个平面,它是对已有平面的超越。

在《千高原》中,德勒兹和加塔利用线条指涉一种构成了事物与事件的成分。他们把线条分成三种类型:刚性线、柔性线和逃逸线。这三种类型的线在功能上相互区别,每一种线都构成了一种特殊的空间或主体。要建立一个块茎,就是打破其他的会聚点和连接点,重新创作新的线条并将其联系起来。在这个意义上,一个块茎的组织实际上是一种结合、断裂和阻断的运动。众多的维度总是处于运动当中的,因为逃逸线是内在于块茎所建立起来的维度之中的。这就是为什么作者会说"块茎属于一种必须被创造和建构的地图,因为一个地图总是可分

---

① *Dialogues II*, p. viii.
② *A Thousand Plateaus*, p. 11.

开、可连接、可逆也可修正的,它有众多的入口和出口以及自己的逃逸线"①。逃逸线是从压制和分层的力量中逃离的自由出口,它们在块茎中到处都是,并且能够在任何时间穿越边界线。因此,一条逃逸线可以被理解为达及界外的一种方式。因为它们可以导向任何方向,它们也就可以创造出超越已建立的局限的、绝对的异质性来。我把这种异质性称为"绝对的"是因为它不可能通过归类或还原的方式从属于某个更高级的东西(同一性)。在块茎中,所有的线条和节点都是一致化无区别的。在优先性的意义上,它们相互独立;在现实的意义上,它们却是彼此相互联系的。并且,在这些线条和节点中不存在任何的等级秩序和定律。但是,正是这种异质性最终导致了绝对的异质性。

块茎是一种多样性。与二元逻辑所建构起来的树桩结构的伪多样性不同,块茎式的网状通过逃逸线肯定了纯粹的差异(异质性)。多样性"指出了一组不能被归结为其他的线条或维度"②。块茎是一个松散的系统,在其中除了连接和多样性原则外,别无他法。同时,多样性也是由纯粹的生成组成的,它能够不断地发展出新的连接。从这个角度而言,多样性是没有历史的。这也正是德勒兹对历史哲学的反证的一个出发点。并且,作为多样性的块茎中"既没有主体也没有客体,它有的只是决定、大小和维度,在多样性的本质不发生改变的情况下,这些东西在数量上也不可能增长"③。这句话的意思表明,多样性不是一种数量上的增长,而是数量级和维度上的扩展。块茎事实上是一个占据了所有维度的连续性平面。因此,多样性是一个多元的机器而不是一个个体的集合。这个多元化的机器与创造了形式化逻辑的根—树结构的二元机器是完全不同的,它

---

① *A Thousand Plateaus*, p. 21.
② *Dialogues II*, p. vii.
③ *A Thousand Plateaus*, p. 8.

通过去辖域化的方式产生出了多样性。换言之，块茎的发展不是复制分叉或子系统；相反，它总是试图冲破既定的边界而不断地试图超越它。对此，德勒兹和加塔利说，"多样性是由界外来定义的：由抽象的线、逃逸线和去辖域化来定义。根据它们，多样性在本质上发生变化并与其他的多样性发生连接"①。并且，作为突破口的逃逸线在各个方向都存在。它不是一种反对压迫性力量或秩序的被动的反抗，而是一种积极的、对自由和异质性的追求。因此，对于块茎而言，异质性和多样性的原则是相互交织在一起的，它们不能被割裂开来。异质性原则内在于多样性原则，而多样性原则是异质性原则的基础。

德勒兹和加塔利用"块茎"这个形象来意指一种非常不同的、去中心化的线条，这种线条可以构建多样性。② 块茎中去辖域化的功能是通过逃逸线实现的，逃逸线也是界外得以进入块茎的途径。这个界外不是外在于已有辖域的、远处的某个特定领域，而是一种可以穿透和侵蚀已有辖域的绝对的外在。这个界外遵循的是一种差异逻辑。差异在这里不是指概念性差异或比较性差异，而是内在差异，它使客体与其自身相区别。因此，块茎是一个向内在于其自身的差异开放的系统。这种差异通过线条的断裂和结合，或是通过对众多维度的确定进入已有的领域。然而，一旦差异成功地进入了体

---

① *A Thousand Plateaus*, p. 8.
② 德勒兹和加塔利的块茎理论引起了很多的关注。一些学者批评它意义不明。例如，Dan Clinton 声称，德勒兹关于块茎的文章与其说是一种论证，倒不如说是一种令人入迷的、对比喻的解释（见"Rhizome"，*Theories of Media*，winter 2003）。在 Clinton 看来，这样一种纯粹的静态的描述正是表达了一种对同一性的陈述，它违背了德勒兹和加塔利的初衷。对于这个观点，我不能完全同意。诚然，德勒兹和加塔利对于块茎的描述在很大层面上是一种比喻性的文字，但这并不妨碍它表达了一种反同一性的观点。非同一性并不意味着一种混乱的多元，这是对非同一性的误解。块茎正是以其无处不在的突破（逃逸线）实现了反系谱学的意义。在块茎的发展过程中，它既是动态的，也是反总体的，而这两个根本特征都是与同一性相背离的。相反，另外一些学者则高度赞扬了块茎理论。尤其是 Patricia Pisters 更是认为人脑系统正是块茎的一个实例（见 *The Matrix of Visual Culture: Working with Deleuze in Film Theory*），我在下文会援引她的这个例子。

系，或者说，一旦一条逃逸线被捕捉到，差异或逃逸线就被吸收到了原有的体系内部，并重新创造出了一个与之前体系不同的体系。其结果就是新的差异被引入存在之中，C. V. Boundas 把这叫作"过渡"或"补充"。① Boundas 认为这种"过渡"可以培育出新的去辖域化运动并释放出新的逃逸线。用德勒兹的语言来说，界外或绝对的自在差异是一种不断声称的虚拟力量，它不可能穷尽；它使个体——不管是块茎中个别点还是块茎本身——与更大范围的外在力量联系在一起。

尽管块茎这个形象看起来似乎是一个独立于时间之外的平面布展，但它实际上却描绘了一种关于未来的意象，这种意象能够将欲望从定在那里解放出来。这种未来意象当然不同于通常意义上的线性时间中的未来。在线性的时间中，时间的先后顺序是决定性的因素，因此，现在和未来是由过去所决定的。在这三者当中，现在是在过去和未来之间不断震荡的张力。过去所发生的一切构成了当下现状的条件。在这种情况下，三个时间段之间的割裂是绝对性的。为了解决时间的光滑性，伯格森用记忆的概念来沟通过去和现在。而德勒兹则更为彻底，它的块茎形象则完全打破了过去、现在和未来之间的单向的时间顺序。

块茎也是一个流变的系统，在其中，虚拟不断地刺穿和侵蚀实在。界外正是通过虚拟力量的存在来影响未来；或者说，虚拟就是未来本身。因此，块茎所勾勒的是现在与未来的并列。在这个结构中，单向的运行被双向的运行取代；未来不仅仅内在于现在，它也不断地作用于现在。只有通过这种方式，作为变化的未来才能够出现。克里斯·格罗夫斯将德勒兹的未来意象称之为"无目的的目的

---

① Boundas, C. V. (2007). Gilles Deleuze: A Touch of Decisionism and an Excess of Out-Worldliness. *The Deleuze Studies*, 1 (2).

论"（teleology without telos），[①] 其实所意味的正是一个流变的过程。变化是这一目的论的唯一指向，而恰恰因为变化本身，这个过程才不可能拥有一个固定的目的。也就是说，由逃逸线所勾勒出的虚拟从没有停止影响实在。最终的结果就是，块茎永远不是一个固定的存在，而是一个能生产出变化条件的生成。并且，正是这种刺穿和侵蚀的行为为块茎结构赋予了活力和流动性，块茎也为欲望的自由流动提供了场所。或者说，块茎是一个可以将欲望从既定中解放出来的机制。根据德勒兹和加塔利在《反俄狄浦斯》中提出的欲望机器政治学，块茎是一个无器官的完全身体：它是生产性的，但却不会在其组织中被僵化。换一种说法，无器官的完全身体使块茎中的张力进入了一个自我同一的永恒的生产模式。在块茎这样一个去中心化的结构中，欲望没有像在根—树总体性结构中那样被限制，它获得了被压抑性体系剥夺了的欲望的能力。然而，"一旦块茎被树化，它就完全结束了，再没有欲望可以被激发；因为欲望永远只能通过块茎流动和生产"[②]。

互联网是块茎的一个真实例证，它通过连接起作用并不断地膨胀。在互联网中，一个点可以和其他任何点相连接，点与点之间完全是平行且同步的，不存在任何阻碍连通的等级构架。因此，整个网络形成了一个非中心化的框架：它无法被归结为一或多。这种不存在等级秩序的连接使异质性的生产成为可能，因此它是非意指性的。互联网就是一个欲望可以自由流动的无器官的完全身体。互联网强大的生产能力已经不需要特别的证明，并且这种生产是以凸显异质性为其根本特点的。

人脑则是另一个例子。Pisters 指出，与假设了客体与其映像同一

[①] Chris Groves, "Teleology without Telos: Deleuze and Jonas on the Living Future". 在我看来，"无目的的目的论"这一表述其实也暗合了现实层面的政治性未来所必须面对的总体化问题：无总体的总体化。这一点我在后文会讨论到。

[②] A Thousand Plateaus, p. 14.

的眼睛的视觉工作机制不同，大脑是如同一个显示器那样运行的：它使得四散的多样性自由运动并将它们结合在一起。① 的确，就大脑本身的结构和运作方式而言，它显然都是块茎式的。脑的发育和由皮质层中的神经细胞伸出的树突所形成的庞大网络有密不可分的关系，人只要不停止思考或记忆，树突就会不断增加，一直持续发育。而当信息传导进入皮质层的时候，树突的轴突又与其他细胞建立广泛的联系，从而对传入皮质的各种信息进行分析，做了反应。可见，大脑的工作原理也正是通过去中心化的网状连接所构成的。

汉语是另一个特别的块茎。与字母语言不同的是，汉语的最小单位不是意义确定的词，而是字。字的连接构成词。在构词的组合方式中，连接、插入、干涉、方向同时发挥作用，使有限的字通过无限的连接而创造出差异。例如，"女子"和"子女"是由两个相同的字组成，但由于顺序不同，意义则完全不一样。不独名词如此，构句方式也是一样。汉语的时态不像英语、法语或德语那样对于不同的时态有固定的结构，尤其是谓语动词形态的改变。汉语中的时态往往体现在个别的助词之上，一个助词可以改变句子的意思。这样的逃逸线是无所不在的。这也正是汉语的精妙和难学之处。汉语（白话文）本来是不存在语法学的。尽管在五四运动之后，语言学家仿照英语的语法结构对汉语进行了类似的系统化，但仍有很多规则是不能够被标准化的。因为相对于英语的理性结构，汉语更像是一个巨大的块茎，它的生产机制是如此的奇特，使得异质性能够在任何地方被创造出来。

块茎实际上就是一个欲望机器的集合，它是以"和"的连接逻辑为规则的。这种逻辑，追求游牧的和非等级制的状态，对西方传统科学

---

① Patricia Pisters, *The Matrix of Visual Culture: Working with Deleuze in Film Theory*. 不过，对于这一论述中关于眼睛的部分，我不能表示赞同。准确地说，视觉的形成是按照线性的投射模式进行的，但在视网膜上所成的图像其实是与原物体相反的。假设其同一的不是眼睛，而是大脑。在这里，当视觉神经将倒立的图像信息传递给大脑的时候，大脑承担了将其颠倒过来的任务。

中的本质主义基础形成巨大的挑战。而后者正是试图通过一种确定的形式来肯定某种恒量。与此相反，游牧科学则旨在借助力和流、强度和速度的概念保留一种流变的状态。从这个角度而言，块茎是一种运动而不是实体，它可以渗透所有的维度，穿越任何的边界。

在德勒兹看来，知识和思维既不是对本体世界的表征，也不是对现象世界的表征，而是块茎的生产。思维总是在途中的，它是一种生成。因此，要研究块茎，并不是去问"它到底生产了什么？"这样的问题，而是去发现生成是如何发生的。从方法论上说，德勒兹和加塔利的块茎哲学拒绝了解释学或现象学甚至分析哲学这样的传统研究方法，因为他们在面对差异生成的问题上无能为力。如果说块茎哲学是实践性的，那是因为它总是在联系的基础上关注功能和条件的问题。我们可以通过语言的例子来理解这一点。语言也是一种块茎式的结构，它单纯通过字词和短语的连接发挥作用、产生意义："每个种类的语法链都与非常不同的编码方式（生物学的、政治的、经济的等等）相联系，这些编码方式所启动的不仅仅是不同的符号体系，而且是不同状态的事物。"[1] 在语言中，多样性和异质性只与连接语法链的条件相关。

但也有学者指出，即使块茎结构本身也面临着等级化和分层化的危险。[2] 在我看来，这更多的是一个政治实践层面的问题，而非理论化的问题。虽然，德勒兹和加塔利在表述上的不明确在很大程度上阻碍了我们将块茎理解成一种可以现实化的原则，但这并不妨碍我们对它的理论把握。而事实上，块茎模型是否真的能够付诸实践，哪怕是从微政治的角度仍然是一个值得探讨的问题。因为块茎本来就没有试图对现实提供任何的答案，而只是勾勒出了无所不在的逃逸路径。

---

[1] *A Thousand Plateaus*, p. 7.
[2] Taylor Adkins, Flattening Multiplicity: Deleuze and Guattari's Rhizome.

第二节　星丛：非同一性的乌托邦

"星丛"这个语词是阿多诺从本雅明那里借用来的，后者可以算得上是对阿多诺的思想影响最为深远的20世纪思想家。但事实上，这个概念也并非是本雅明的独创。它本来是一个天文学词语，指的是按照恒星在天球上的排列图像，将星空所划分的区域。德国浪漫派作家让·保尔首先在作品中从天文学以外的角度使用了这个词。它指的是"偶然性与必然性无法区分的共同状态，正如星空中的天体一样被一种内在规律支配着运动，它们彼此的接近和相遇在人们的眼里却产生了诗意般难以言说的美妙"[①]。而到了本雅明的文本中，"星丛"则有了不同的意义。他对这个概念是如此的青睐，以至于经常从完全不同的角度去使用它。一方面，"星丛"作为历史的一个替代模式，它与"进步"的线性模式相区别。与现代主义的"蒙太奇"相类似，星丛使过去的事件与过去的事件相联系，或者是将过去与现在相联系，它是一种将矛盾包含在自身内部且并不消融它的一种并存关系。它作为一种历史发展的映像，体现了从"神话"到真实历史观念的变迁。正如作者本人在对巴黎所做的研究那样，过去和整体的转换性关系已经被建立起来。在《德国悲剧的诞生》的序言中，本雅明将单个的理念比喻成单子式的行星，而将理念之间的关系比作星丛。[②] 可以说，阿多诺对"星丛"的使用

---

① [美]理查德·沃林：《瓦尔特·本雅明：救赎美学》，吴勇立、张亮译，江苏人民出版社2008年版，第102页。

② 除此之外，本雅明还将自己与布莱希特的关系比喻成"不同凡响的星丛"。从这些描述中可以看出，本雅明对星丛的一个基本的定义即是包含了异质性和矛盾的辩证共存的状态。对此，马丁·杰评论说"本雅明的思考总是比霍克海默与阿多诺的思考更富有比拟性，更关心特殊中蕴含的普遍意义"。

是直接从这里让渡过去的。① 但本雅明用这个概念追求一种真理的总体性，而阿多诺却坚决地反对同一性的绝对统治。并且，阿多诺没有将这个概念局限在文学性的描述上，而是扩展了它的意义，用来指涉现象与现象之间或概念与概念之间的相互联系和历史关系。阿多诺在本质性的一点上是赞同本雅明的，而这也正是他借用"星丛"概念的原因：他们都认为星丛内部的元素之间的联系是对总体化力量的反对。阿多诺把星丛理解为一种辩证模式。在星丛中，元素所体现的并不是它们所表达的东西，相反，它们形成了一个网络或空间；在它内部，不断发生着变化的元素是平等地处于同样地位的，且不会被归结为某个中心。以天文学的星座为例，每个星座内的星星都是和平共处的，没有哪一颗星比其他的星更重要，它们共同形成了星座的图像。对这个概念的青睐是阿多诺哲学的一个重要的特征，它贯穿了阿多诺的一生。

《哲学的现实性》是阿多诺第一次尝试对哲学的任务进行界定的努力。在这个文本中，本雅明的影响显而易见。阿多诺赞同本雅明所提出的星丛实际上是观察者所赋予的本无联系的恒星的一种形象。这也就意味着，在星丛之中，作为统摄性的总体其实是虚假的、不存在的，它更不可能决定各个部分。相反，是部分与部分之间的关系以及观察者的位置决定了星丛的形象，而这一形象会随着观察者看待部分的位置及角度的变化而有所不同。

作为一个比喻性的形象，星丛意味着"一群并列的而非整合的变化元素，它们不能被归并到一个公分母、本质性的核心或第一生

---

① 鲁路在他的论文《阿多诺星丛概念的解释学内涵》中对"星丛"概念从本雅明到阿多诺的发展做了一个不同的描述。他认为，"阿多诺的星丛概念得自于本雅明关于幻想能力的认识，本雅明认为这种能力旨在揭示事物之间的无限关系以及事物的开放性。星丛概念还受到韦伯的有关认识的启发，韦伯认为只有借助于诸多彼此异在的事物、人物、行动的相互联系，才能取得用来称谓变化着的事实的精确术语。所以，由此而来的阿多诺的星丛概念指的是围绕着事物形成的概念与概念、概念与事物的具体联系，而不是低级概念对高级概念的归属关系"（《晋阳学刊》2010 年第 5 期》）。

成原则之下"①。星丛是否定辩证法具体化的形式之一，它是作为反对概念的哲学体系的等级秩序和总体性的武器。星丛是根据差别原则、非同一性原则以及主动转化原则建构起来的。与本雅明的无时间性的、形而上学的星丛不同，阿多诺把星丛描述为一个由历史性的真实客体所组成的聚集体。②在阿多诺那里，星丛的空间特征可以解释它的各个组成部分之间非线性的张力。他希望用星丛的模式将思想从固定的范式中解放出来，它开启了一系列的可能性。

> 对处于星丛中的客体的认知就是对贮存在客体中的过程的认知。作为一个星丛，理论思维围绕着它想要开启的概念，希望它能像一个防护性能很好的保险箱锁一样突然被打开：能打开它的，不是一把或几把钥匙，而是一个数目的组合。③

星丛作为一种思维范式，在它之中，概念不是被当作一个孤立的客体；相反，它是被置于一个强调与其他概念之间的相互联系和作用的力场之中的。这一系列运动中的交互关系构成了认知的客体，一个作为自由开放过程的客体。客体不再是一个单独的、封闭的概念，它不断地更新自己的意义域。一个给定的概念作为一个保险箱，正是在这个意义上有无数把钥匙。换言之，星丛的模型为认知客体赋予了无限的可能性。

阿多诺用星丛概念对黑格尔的世界历史的观念提出了批判。在黑格尔那里，世界历史是一部普遍史（universal history），它意味着历史是一个连续的整体，它被一个或多个基本原则支配。按照阿多诺的批判性分析，这种普遍历史的观点在黑格尔哲学中所扮演的角

---

① Jay, M. (1984). *Marxism and Totality: The Adventures of a Concept from Lukács to Habermas*. Berkeley, CA: University of California Press, pp. 14-15.

② *Negative Dialectics*, p. 164.

③ Ibid., p. 163.

色和数学的自然科学在康德哲学中起到的作用一样：它提供了一个基础，使得世界在这个基础之上可以被理解为一个连续完整的过程。这其实就是总体性的基础。因此，在阿多诺看来，黑格尔"把普遍历史想象成同一性的，仅仅是为了说明它的矛盾"[①]。所以，正是在普遍历史观念的根基上，世界获得了它的总体性。这个总体性是一种绝对的总体性，它被黑格尔认为是哲学的主体。尽管黑格尔哲学借助矛盾概念来将差异元素或多样性元素吸收进它的系统内部并使整个系统发生运动，但在阿多诺看来，这种倡导绝对总体性的哲学还是在试图用一种肯定的方式实现无限性。而这种肯定的方式，不可避免地要失去其批判的力量，因为否定是批判的内在要求。而通过矛盾概念所建构起来的黑格尔的辩证法系统因为不能真正引入和容纳外在于它自身的因素，最终不幸地变成了一个封闭的体系。虽然它看起来像是一个"进步"或"发展"的动态过程。然而，批判理论对所有的封闭体系都投了怀疑票，因为拥有一种总体化的结束的体系杜绝了其自身自我更新的能力，而这种能力正是阿多诺试图用否定辩证法重新恢复的。

在黑格尔那里，范畴的自我反思的运动就意味着一个具有总体性的体系。而阿多诺的星丛概念正是反对这种由线性的自我观照所形成的体系的封闭性和有限性。原因在于，封闭的体系总是注定要结束的；而反体系的末端却是开放的，它不断地进行，不断地被更新，也不断地否定先前的状态。"星丛"正是这样的一个结构。它在各个特殊的部分的动态关系的基础上建构起了自己的动态领域。"星丛"作为一个反体系，是处于建构中，并且将要被不断建构的，这个过程没有终结。然而，反体系并不是对体系的简单否定，而是对体系的批判。也就是说，它要求对体系进行一种批判性的思考。

---

① *Negative Dialectics*, p. 319.

阿多诺相信，体系本身对于哲学解释来说是必要的，但它们的问题在于使思想变得僵化和绝对。在这个意义上，体系化的思想意味着一种无意识的唯心主义，它"在其发展的每个阶段上都证明了其原则的无穷大，并把思想的特征，一种独立的历史进化变成了形而上学"①。因此，作为抽象的绝对思维的体系消灭了所有异质性的存在，它不断地做着自我同一的证明。而星丛则反对这种自我同一的运动。一个思维的星丛通过构建一个力场来思考非同一性，这个力场是历史性的个体之间所建立的不固定的和平共存的关系。尽管这个概念是阿多诺直接从本雅明那里借用来的，但他却把尼采当作了首先形成原创性的星丛概念的先驱。阿多诺说：

> 尼采晚期有一个批判性的判断，他认为真理并不是与无时间性的普遍相同一，相反它只是可以产生出绝对形象的历史性。这个判断在尼采自己没有意识到的情况下，成了他实践的法则……他不顾一切想要冲破文化保守主义的牢笼，这种努力瞄准了历史实体的星丛。这些星丛并不是关于观念的一些普通的、可互换的例子，而是以自己的独特性构成观念，使其成为一种历史性存在。②

现在我们知道星丛本身是由独特的特殊个体所构成的，这些众多的、独特的个体包含着不能调和的差异和多样性，正是在这些异质性的存在中，"星丛"显示出了为阿多诺的否定辩证法所提倡的差异观念。因为这些范畴所体现的是来自于特殊个体的历史性的具体内容。与此相反，非时间性的普遍真理是有问题和可疑的。根据阿多诺对黑格尔哲学的理解，普遍历史的观念会导致一种真理的意

---

① *Negative Dialectics*, p. 26.
② *Nietzsche and Philosophy*, p. 231.

识形态，因为它只强化和巩固了被体系所同一化的东西，并将同一性思维不能消化的东西排除在外。

星丛是一个装置，它可以创造出一种潜能，将其元素们的直接性陌生化。这样一种疏离作用是通过元素之间的相互中介来实现的。正如我在第二章中已经谈到过的，在阿多诺看来，直接性的经验不足以产生一种对主体或客体的批判性意识；"星丛"的疏离作用正是激起一种关于其条件的批判的、辩证的意识。它将分离性的元素放在并列的位置，创造出了一个集合。这种集合不能被整合为一个统一体，相反，矛盾和不连续是它的内在属性。因此，星丛本身就意味着否定性。

因为阿多诺把星丛定义为否定辩证的批判模式之一，所以非同一性必然是它的核心原则之一。阿多诺借用这个概念创造出了一个由并列的元素所组成的并列的集合，以此来摧毁被既定的概念系统的总体性所同一化了的关系。在他看来，体系是隐藏了主体的黑格尔辩证法的源泉。不过，阿多诺仍然承认在主客体二分的基础上，主客体之间存在着相对的同一性，这种同一性是思维的基础，他所提倡的是这种相对同一性的前提——绝对的非同一性。这种非同一性实际上就是一个特定的概念体系的界外，即思维的界外。并且，阿多诺特别提出要提防关于同一性的一种混乱思想，即"将客体的不稳定性变成主体的一个禁忌"[1]。在他那里，内在于星丛概念的非同一性不是对所有种类的同一性的否定，相反，阿多诺希望实现的是相对的同一性与绝对的非同一性之间的辩证统一。换言之，星丛不是一个至高的主体，它是一种认知的方法或模型，它将思维的积极性与个体的物质条件以及经验背景联系在一起。在星丛中，"概念聚集在认知客体的周围，潜在地决定了客体的内部"[2]。正是以这

---

[1] *Negative Dialectics*, p. 161.
[2] *Negative Dialectics*, p. 162.

样一种方式，概念重新复原了在同一性思维中被从其自身切除的东西；也是在这个意义上，星丛的认知模型和体系正好相反，它关注了在阿多诺所谓的"肯定"辩证法的统一因素中被牺牲掉的特殊性。星丛中成员之间的关系形成了一种力场，认知客体在其之上，通过各部分之间的互动交流和互补激活了内在于它本身的特质和活力。另外，对于客体而言，它本身和与其相关联的其他事物之间的历史性关系的星丛，也使得它处于不断的变化当中。

星丛中各元素之间以共生的方式共存着。认知客体进入到这种关系之内，并发现了在它的表现之下的东西：不可合并的特殊性以及无法消弭的矛盾。阿多诺用语言的例子详细阐述了这个模型：

> 当它［星丛］丛本质上看起来是一种语言的时候，它就变成了一种表征形式，它不会定义自己的概念，但通过将围绕一个事物的概念置于关系当中来赋予它们客观性。语言正是这样促进概念的目的，来完全表达它所意味的东西。[①]

同样地，星丛不会提供一个符号体系来界定认知客体的概念；它只是创造出一个平台或氛围，在它之上，客体可以被有尊严地表现出来。在星丛内部，不存在任何等级秩序或固定的关系，某个环节的作用在于它与其他环节的交流性互动中。整个星丛呈现出一种流动性的特点。但是，这并不意味着星丛是一个不确定的、模糊的集合体，相反，星丛的各个环节之间类似于数学函数一般，形成一种动态的依存和应变关系。每个因素和环节都随着其他环节的变化而变化，但它们的整体却维持着一种动态的平衡。这种流动平衡的状态是可以被以一种自由的和思辨的方式来理解。这种星丛内部的

---

① *Negative Dialectics*, p. 162.

共存关系和流动平衡从本质上讲是辩证性的，它们打破了思想体系的具有强制作用的同一性和具有排他性的选择性。

现在我们已经清楚了星丛在认知过程中的作用。对阿多诺而言，星丛模型为释放封闭的概念提供了可能的路径。在星星所形成的星丛中，各颗星之间的平面的共存代替了由主次秩序决定的关系位置，和平的关系取代了被同一性所支配的辩证法中"异"被"同"所消化的模式。这种共生关系其实也是对各成员因素之间非同一的矛盾的肯定。当然，这种矛盾不是黑格尔意义上可以被综合解决的矛盾。也就是说，星丛作为一种批判性的模型，为辩证法重新赢得了否定的力量。阿多诺相信，只有这种力量可以防止辩证法不再迎合强制性的同一性或总体性，处于概念的星丛中的认知客体也才能够开启无限的空间，因为它超越了由体系强加给它的所有人为的界限。

并且，"星丛"作为一个认知模型，它不是固定的或完成的。因为星丛内部各因素之间的关系是动态的，这些因素本身也会随着社会和历史的条件发生变化。从这个意义上说，概念的星丛所试图抓住的是某个客体的社会和历史特征。事实上，星丛的模型是对条件的分析，它用动态的平衡取代了单一的本质。星丛强调的不是一个或几个的因素，而是由所有因素所构架起来的空间。换言之，星丛所表现的不是它的各个组成元素，而是由元素所形成的关系。这样的关系一定不是僵化的，它随元素的条件以及确定关系的条件的不同而变动。因此，星丛可以被看作是它内部的所有关系的一个结合。关系外在于它的项，所以关系不可能解释构成关系的元素的本质。关系同时是对元素的直接性的反对，它通过疏离作用暗示了内在矛盾的存在。而这种矛盾正是一种无法言说性，阿多诺认为这正是真正的批判哲学应该肯定和关注的东西。

某种不可言说的东西，或者说界外的力量，对阿多诺来说就是非同一性。因此，他的星丛概念也就意味着主客体之间辩证的非同一关系。由于阿多诺在主客体之间首先肯定客体的优先性，所以这个模型所反映的就是一种追问，即在什么样的条件下才可能拥有关于客体的知识。正如阿多诺所论证的那样，真理只可能存在于主客体之间相互渗透的星丛之中。[1] 所以，星丛不是在主客体之外的第三个环节，相反，我们可以从批判至高主体性和单一存在的角度来把握主客体之间的星丛，因为坚持至高主体性和单一存在的哲学总是试图强调一种直接的同一性。然而，星丛的模式却建立了一个主客体之间交往和互动的关系。星丛重视的是相互中介的作用，在它内部，一个中介总是被它已经中介的东西中介。换言之，主体和客体是被概念的星丛中介，而客体的星丛在认知和思考的过程中已经被主客体中介了。因此，主体和客体本身是被相互建构且不断建构的。它们既不是纯粹的主体也不是纯粹的客体，相反，主客体之间的星丛反映了三个维度的关系：客体之间的关系，主体与客体的关系，主体之间的关系。这正是阿多诺的思维解放之路。

第三节　关系：生产的力量

我之所以把德勒兹的"块茎"概念和阿多诺的"星丛"概念放在一起是因为它们都提出了一种非中心化的关系模式。这两位哲学家不约而同地用了一种比喻性的形象去描绘一种新的概念类型，用它们去取代一种线性的或等级式的认知和思维模型。在这两种新的模式中，每一个组成部分都被置于一个网络之中，条件的变化被解释为该元素与其他部分之间的关系变化。并且，这两种模式都不是静态地、表征式地对某种固定结构的描述，它们所表达的是一种

---

[1] *Negative Dialectics*, p. 129.

生产的机制，这种机制通过不同组成部分之间关系的变化所引起的条件的改变创造出了新的质素。我们可以从三个层次上理解这两个概念之间的关系。

首先，它们都强调了异质的多样性，显示了对体系的总体性和等级秩序的强烈不满。块茎或星丛所布展的是由不同维度的力所组成的一幅平面的地图。从它们各自的语境而言，块茎是用来反对树状结构的，而星丛则是反对一种线性的反映模式。不论在树状结构还是线性的反映模式中，二元逻辑都是构建整个结构的基础。而在德勒兹和阿多诺看来，这一逻辑必然导致等级制。在德勒兹和加塔利看来，根—树是从制造出伪多样性的二元化选择所派生出来的，这种二元选择从属于一种中心化的总体性；也就是说，这一伪多样性是服从于某种更本质的"一"的。一个树状结构发展的方式与细胞的分化不同。细胞是原来的个体发生分裂，一分为二。① 就这样，从一个母细胞开始，细胞分化创造出了真正的多样性，每一个新生成的细胞都是独立于母细胞之外的。一个单细胞的草履虫通过这种方式繁殖的最终结果是一群草履虫，而树的发展则不同。树枝从来都没有从树干上被分离出来，所有的树枝共享一个共同的基础：具有唯一性的根和茎干（榕树是个例外，但我不认为德勒兹和加塔利在这里将榕树的生长方式包括在根—树结构中）。而对阿多诺而言，等级制则意味着另一个问题。在他看来，主体能够完全掌握关于客体的知识的观点（用黑格尔式的语言来说，即客体的自我意识）——也就是主客体之间的同一——使得客观性从属于主观性。这样一种对认知的理解没有考虑客体的独立性，而是将一个客观的世界限制在一个社会历史主体的经验范围内。

然而，块茎和星丛都成功地避免了这些问题。在这里，一个块

---

① 这种方式与中国的《易经》中"道"的衍生方式非常类似。"易有太极，是生两仪，两仪生四象，四象生八卦。"

茎或是一个星丛都不是一个抽象的或先验性的系统，而是由经验元素所组成的模型。这两种关系模型强调的都是不同的元素和环节之间的交往和互动，并且这种运动是永恒的，既没有开始也没有结束。德勒兹和阿多诺以关系作为建构存在的条件，因为一个存在的全部意义是在关系中获得的；它也不可能脱离关系而存在。在存在内部，也有着不同维度的力相互交织，它们彼此之间的关系和相互作用决定了该存在的本质。这种观点无疑受到了马克思的巨大影响，尽管德勒兹的块茎概念所强调的远不止关系一项。上面的论证看起来简直就是马克思在《关于费尔巴哈的提纲》中所说的"人是他全部社会关系的总和"的翻版。在这个意义上，这两种新的关系模式可以被看作是对马克思的批判的继承。当然，德勒兹和阿多诺是在更动态的意义上强调了处于关系之中的存在的不断生成，而且，多样性正是内在于作为存在条件的关系的。

其次，这两种关系模式都开启了朝向界外的可能性空间。可能性空间是已经建立的辖域的一个新的维度，在这个空间中，真实的差异才有可能存在。正是基于这一点，这两种模式才可以被理解为生产机制。它们利用存在于自身内部的异质性因素创造出了条件和渠道，使得差异作为一种界外被生产出来。关系中因素不但决定了原有场域的内在，实际上也刻画出了场域的局限和边界。同时，它们也勾勒出了绝对的界外。换言之，这些因素不但决定了内在的局限性，同时也决定了界外的可能性。对于处在关系地图中的这些因素而言，支配它们的力是朝向各个方向的，它们因此也就具有了一种虚拟的力量，有希望超越出这些局限。于是，当关系不断地在生成和发挥作用，不断地超越原有的局限和边界的时候，新的事物就出现了。思维，从这个角度来说，的确是一种不断试图达及界外的努力。然而，界外本身没有任何的映像或所指，与内部的相对性比较起来，界外是绝对的。在内部缺失或无能为力的地方，就是界外，也就是说，它是由内部的极限所定义的。界外是作为一种边缘性世界而存在的，在这个世界中，差异（不同的观念和不同的客体）可以产生。这个边缘性世界实际上就是"虚拟性和潜在性的整个领域……它可以被现实化"①。在这点上，试图达及界外的努力实际上是去不断地挖掘和探索思维可以做什么。虽然界外作为一种绝对的外部永远也不可能被达及，但思维作为一种不断的生成总是在超越既定；它永远是年轻的。②

德勒兹和加塔利借助逃逸线将界外与多样性联系在一起，他们认为逃逸线实质上是一种去辖域化的运动。然而，界外不能被从空间角度理解为一种外界的领域或空间，它甚至也不是对既定场域的否定。相反，它所意指的是一种由偶然性所决定的全新的异质性。"这就是界外：它是不断地联结在偶然性和依赖性的混合所作的偶然选择的线条。"③ 在这里，德勒兹又一次用掷骰子的游戏来描述偶然性如何产生思维以及思维是如何被赋予了去辖域化的力量，即界外的力量的。界外表达了"最简单的力量（power），或者说力（force）之间的关系，这是由偶然性所达到的奇异点之间建立起来的关系"④。从这个意义上讲，思维总是来自于界外。

Alain Badiou 从德勒兹对所有主体哲学的反对的角度出发，把

---

① *Logic of sense*, p. 305.

② 路易·阿尔都塞在他的高等资格论文《论 G. W. F. Hegel 思想中的内容概念》的一开始就引用了黑格尔的一句话"内容永远是年轻的"。他用这个比喻来描述内容不断地自我更新和自我超越，我认为这是哲学真实性的一种体现。然而，与这里的块茎或星丛的模式不同，阿尔都塞利用黑格尔的三段论，统一了完全对立的几对范畴："必然性（奴役）"和"自由"，"形式"和"内容"，"外在性"和"内在性"，建构起了一个内容自我发展的辩证过程。从本质上而言，这是对黑格尔辩证法的一种证明和解释。

③ Deleuze, G. (1988a). *Bergsonism*. (H. Tomlinson & B. Habberjam, Trans.). New York: Zone Books, p. 118.

④ Ibid., p. 117.

他的思维的概念诠释为一种类型学的界外。① 德勒兹的这一立场与阿多诺的主客体二分形成了鲜明的对比。对阿多诺而言,星丛仅仅是知识形成过程中的一种认知模式,而概念作为思维的形式是思维的力量所在。星丛仍然与笛卡尔的"我思"的主体与客体有关。所不同的是,星丛打破了主体与客体之间的统一。当认知的客体被置于概念的星丛中时,这些概念实际上从历史的角度使新的经验和含义变得更加丰富。用这种方式,概念的星丛切断了主客体之间的直接性联系,产生出一种被力场所中介的判断。在某个星丛中,一个概念召唤另一个概念,它们之间的交流互动扩展了意义域。因此,在阿多诺看来,一个单独的概念是不足以表达经验的总体性的。只有当它们被置入星丛,它们才能通过与其他概念之间的张力提供一种物质性的(社会和历史的)中介。界外实际上是主客体同一性的外在,也就是阿多诺的核心概念非同一性,它是由概念的一致性创造出来的。

虽然德勒兹和阿多诺在知识形成过程上有不同的观点,但块茎和星丛的概念都成功地从界外引入了元素加入到新知识的生成过程。从对联系的重视角度而言,这两种模式从表面来看都非常的接

---

① Badiou, A. (2000). *Deleuze: The Clamor of Being*. (L. Burchill, Trans.). Minneapolis, MN: University of Minnesota Press, pp. 78–91. Badiou 提出了几个原因来解释德勒兹对主体哲学的反对:(1)人们必须首先从存在的单义性开始,然后才能在这个单义性之内安置表达或影像,而不是相反。(2)用一个主体来同一化一种思维存在,会赋予这个存在以构成性的内在性,这种内在性同时指向思维自身(自反性)和它的客体,而这些客体是被设定为与内在性(否定性)不同的东西。(3)主体哲学家,尤其是现象学者所提出的作为存在或先验形象的独立领域,是建立在某种影像基础上的。这个影像,德勒兹将之命名为"直观经验"(另一种影像被命名为"事情状态")。(4)在德勒兹看来,主体与(科学的)参照平面之间的强制联系既证伪了那些赞成结构的客观主义的学者,也证伪了支持了主观主义的学者(第79—82页)。不过,Badiou 并不认为德勒兹的作为类型学的界外的思维概念,能够真正抵制思维与存在之间的同一性。他认为,"在德勒兹看来,思维和存在的直观的同一性一旦被实现为一种界外的拓扑学强化,它就可以被追溯到一点上,即界外会对内在形成包围。于是,思维首先会先沿着这种包围(从外在到内在),再来发展它(从内在到外在),这种思维其实是在'一'的力量中的一种本体性的共同参与"(第87页)。

近于哈贝马斯所强调的交往范式①，尤其是阿多诺。不过，我对交往这个语词的使用是在不同于哈贝马斯的以批判资本主义为目的的、主体间的交往的意义上。哈贝马斯在《交往行为理论》一书的开始就声称：行为理论既非一种元理论，也非一种借助他人手段进行的认识论。这种定位本身就使得他的理论建构的出发点与以霍克海默和阿多诺为代表的第一代社会研究所学者的立场有着很大区别。在哈贝马斯看来，他的前辈们所面临的理论窘境在很大程度上是因为他们批判理论的基础并没有脱离传统的中心化的主体意识的理性观，因此，解决的办法只能是以建立在交往基础上的主体间性来进行去中心化。哈贝马斯按照人类行为的性质将其分为四类："目的性行为"（teleological action）、"规范性行为"（normatively regulated action）、"戏剧性行为"（dramaturgical action）和"交往行为"（communicative action）。他指出，传统观念认为符合理性原则的"目的性行为"其实只代表了理性的消极方面，即理性的工具性。而作为工具行为的目的性行为包括了马克思所说的生产/劳动行为，它指的是人类以发展自身为目的而发生的改变自然的行为。其特点是按照既定的以经验知识为基础的行动方案行动，有优先制定的规则和行为准则。而真正代表了理性积极方面的是交往行为。它是以语言为媒介，在一定的普遍性规范的基础上通过人与人之间的对话而达成彼此理解的相互作用。哈贝马斯强调，这种理解不是一者对另一者的强势，它不是以任何人的压抑为代价的，每一个参与交往的主体都在交往中实现自己的解放和个性化。哈贝马斯同样肯定了自卢卡奇以降对当代社会的物化现象的批判。但他认为，霍克海默和阿多诺对于工具理性的批判虽然是深刻的，但他们却没有

---

① 见哈贝马斯的《生产范式的退化》。在这片文章中，他将交往范式界定为生产范式的对立面。他认为生产范式是建立在启蒙主义主体中心化理性的基础上，而交往范式拒绝主体中心化的模型，以主体际交往性的互动为基础。

能真正找到问题的所在,因此更谈不上解决的办法。在他看来,作为工具的技术本身的目的性存在造成了工具性行为的功利性,并且,在科学技术愈加发达的晚期资本主义阶段,如阿多诺所批评的那样,"物"颠倒为对人的统治和辖制。同样不能幸免的交往行为由于受到其传媒工具的影响,也脱离了它应有的状态,变成了一种工具行为。工具理性压抑了合理的交往行为,导致了正常人际结构的破坏。在这种情况下,人与人之间的交往本身被扭曲,对话变成了争辩,交往的主体出于利益的考虑(背离了普遍规范)而采取自我中心式的立场,这必然导致矛盾激化冲突纷起,精神交往单一化,显示出崩溃的迹象。其结果当然是整个社会建构在文化、社会和人格三个层面的崩塌。

哈贝马斯认为,要解决这个问题,唯一的办法是通过致力于"交往行为的合理化"来实现"社会的合理化"。为此,他提出了两点措施:第一,选择能够正确表达双方意思的合适的语言进行交流,确保话语传递过程不发生扭曲。因为"在由语言开拓的世界里有着某种业已存在的共同点,人们可以将之称为业已存在的'认同'。……这种'认同'对于是否能够区分真与假、区分理性和非理性起着决定作用"[①]。第二,承认和尊重共同的社会规范,在利益发生分歧的时候,以该规范为准。从这里可以看出,哈贝马斯的交往行为理论仍旧是建立在一种普遍理性的基础上,他进而提出,作为具有普遍约束力的规范应当具有以下四种性质:可领会性、真实性、真诚性、正当性。用这种方式,哈贝马斯把社会批判与主体性建构统一在了一起。但他的这种模式本身是存在问题的,因为作为利益和解的共同规范本身是一种道德范畴。从这个意义上说,作为合理化交往行为最根本基石的普遍理性其实并没有跳脱出传统的道

---

① [德]阿尔布莱希特·维尔默:《论现代和后现代的辩证法——遵循阿多诺的理性批判》,商务印书馆2003年版,第88页。

德哲学的框架，甚至连哈贝马斯本人也没有描述出能够真实地被达成的这种规范的具体内容。于是，阿多诺那里对主体性的批判到了哈贝马斯这里却退化成了重建道德的任务。另外，所谓理性的普遍性正是在阿多诺批判的同一性范围之内，阿多诺所害怕的正是理性自身发展到极端工具化的结果。尽管哈贝马斯通过区分理性的消极方面（工具行为）和理性的积极方面（交往行为）的方式来展开自己的论证（且不谈他所设置的这种对立是否真的成立），但他其实并没有能够回答阿多诺的问题。事实上，他的所谓的共同规范本身也是一种乌托邦式的理想建构。在一个利益多元化的社会中，要建立所谓的能够被各方面接受的共同准则就意味着必然要压抑某些方面的利益。如果不能解决这个问题，即使交往行为的其他技术性条件全部满足，也仍然是没有实际可行性的空中楼阁。因此，所谓的主体间的交往也是一种理想状态下的交往。德勒兹和阿多诺的关系模型虽然在强调无中心的互动角度与其类似，但它们实际上是完全不同的类型。

并且，对德勒兹和阿多诺而言，块茎和星丛内部的元素之间的交往行为意味着元素背后的力之间的阻碍与干预。这两种模式都用生成代替了存在，从而真正地变成了生产的模式。块茎意味着本体层面上的空间和权力关系的生产和扩张，它解决了哈贝马斯所提出的目的性行为（生产）与交往行为对立的问题。因此，我们甚至可以直接宣称，存在就是生产。然而，生产对于阿多诺而言指的是历史性知识——真理的——生产。相对于德勒兹的本体层面的生产，阿多诺更关注的是认知的运动。这一点重要的区别凸显出星丛不同于块茎的意义，它是作为一种批判模式，表达了对主客体关系的理念批判。然而，这两种模型都具有一种批判性的乌托邦意义。星丛概念揭示的是现实的动态特征，它的作用是在所有的客观性经验中保存了主体性。这种救赎式的目的将具有历史性的真理从绝对的主体性中解放了出来。在星丛中思维就是去发现由"言说不可言说"的悖论所产生出来的张力和不连续性,这种思维方式可以有效地指出并超越表征主义思维方式的局限。用阿多诺的话说,"星丛独自从外部表现了概念从内部剪除的东西,概念所努力表现的东西'越多',实际所能做到的就'越少'"①。

言说不可言说,本身就是一个乌托邦。与德勒兹的由逃逸线勾勒出来的类型学的界外不同,阿多诺把绝对的界外定义为不可言说的非同一性。这个界定从一开始就带有了很浓的乌托邦色彩,它实际上是为思维设定了一个永远也达不到的目标。换言之,阿多诺相信,哲学必须思考不能思考的东西,言说不可言说的内容。② 他设想这种看起来似乎很悖论的命题可以通过星丛的理想模式来实现。然而,在他对同一性的批判中,乌托邦或拯救都是不可能的。想象一个乌托邦的图景,实际上已经远离了乌托邦意义上的思维的本质,因为思维从本质而言就是同一化。因此,人们不可能以一种同一化的方式设想出一个作为绝对的界外存在的、不能被归结为任何同一性的乌托邦。在这一点上,它非常接近犹太人对描绘天堂图景的禁忌。在犹太人看来,任何对于天堂的想象和描绘都是粗陋肤浅的,它不可能达及真正的天堂。因为这种描述是以现实作为其想象的根源,不管描述的方式是模仿现实还是否定现实。这个禁忌的意义在于对人类作为有死者的局限性的承认。天堂或是带有上帝属性的事物永远都超出这些局限性之外,任何对它们进行描述的努力都是一种亵渎的行为。阿多诺仅仅建立在批判现实基础上的救赎也是这样。

---

① *Negative Dialectics*, p. 164.
② 德里达也有类似的观点。在谈到解构必要性的时候,他曾说过,"要思考哲学就必须以某种方式超出哲学;也必须从别处着手。而在解构一词名义下被寻找的正是这种东西"([法]德里达:《书写与差异》上,商务印书馆2001年版,第12页)。思考必须是在别处的。

对事物进行设想的唯物主义渴望想要的恰恰是它的对立面：要想思考完全的客体，只有在映像缺席的情况下才可以。这种缺席与禁止偶像的神学禁忌是一致的。唯物主义允许以肯定的方式描绘乌托邦，从而将其世俗化，这正是它的否定性的内容。

因为思维的过程就是一个同一化的过程，一旦不可思维的东西变得可以思维，它就进入了一个新的同一化的循环。阿多诺借助星丛的各因素之间的交往与波动，废除了主体与客体之间直接的对待与匹配的关系，拓展了概念形成的条件。但是，当他这样做的时候，他也在星丛内部构筑了一种不那么精确严密的同一性，这就是一种非概念性的中介。通过中介而不是包含的方式，星丛关注到它的客体，创造了一种"知识的乌托邦"，[①] 也就是所谓的以历史为条件的真理（historically conditioned truth）。

因此，尽管德勒兹（和加塔利）的块茎概念与阿多诺的星丛概念有不少相似之处，但最终它们指向了不同的生产方式。正如我在前两个部分所论述的那样，块茎所布展的是一个有无数出口和入口的类型学地图，而星丛则建立在与其他非己元素的关系基础上。从本质方面而言，块茎本身是一个生产的非体系化系统：一个处于水平平面上的茎干从它的节点处向四周发散出无数的根须和芽状物。将它与木本植物的树根进行区别的最重要的特征在于它能够将它的茎发展成新的根，成为另一个生产的源头。块茎这个平面由无数的不同方向的力和流组成，它本身蕴含了数不清的逃逸线，这些逃逸线勾画出了块茎的局限和边界。另外，这些线也标注出了生产的可能性领域，或者说，是创新生产的可能性。逃逸线是朝向界外的，

---

① *Negative Dialectics*, p. 21.

它们从块茎的中间出现。所以，生产可以在块茎中的任何地方发生。在这个意义上，一个块茎就是一个机器，它通过析取综合的方式实现了多样性的生产。

《千高原》延续了《反俄狄浦斯》对资本主义的批判。该书中的块茎概念与《反俄狄浦斯》中的"精神分裂症"相呼应，体现了资本主义积极的潜力："自由、灵活性和持续的革命。"[1] 在德勒兹和加塔利看来，资本主义通过将禁锢的欲望解放出来而使普遍历史成为可能。这种对于资本主义社会的态度与阿多诺的内在性批判是很不一样的。简单地说，解码和去辖域化之流使资本主义成为可能；但是，当这些流变成了再编码和再辖域化之流的时候，它们就阻碍了资本主义的进一步实现。

现在我们要进入块茎和星丛之间的最后一个重要区别。显然，德勒兹和阿多诺都试图建立一个凭借自身可以不断超越自身局限性的机制，这种超越的行为是对已经被意识形态所同一化和总体化的东西的一种疏离。然而，块茎和星丛的模式却有着不同的实践意义。德勒兹和加塔利的星丛作为一种现实模型，可以通过对边缘性界外的重视而实现。在这样一种积极的模式中，由内在所勾勒出的局限可以被真实地超越。因此，既定可以变成不同于自身的东西。相反，阿多诺的星丛则更像一种乌托邦的形象，它只是对一种观念中的理想模型的表达，这与非同一性的乌托邦特质紧密相连。对直接性的疏离意味着一种拒绝调和可能性的矛盾的存在。阿多诺以及他的后来者们都没能为星丛模型找到一个真实的例证。我认为这是以元批判为己任的否定辩证法不可避免的结果，而这样一种区别也必然影响了两位哲学家在政治立场上的取向。

---

[1] Holland, E. W. (1999). *Deleuze and Guattari's Anti-Oedipus: An Introduction to Schizoanalysis*. London: Routledge, p. 2.

第 五 章

肯定的建构主义 vs 瓦解的逻辑

德勒兹和阿多诺的理论看起来似乎是一种绝对的矛盾。当德勒兹追随尼采,提倡"永恒的回归"的时候,阿多诺却表达了一种显然与之相矛盾的道德上的绝对:奥斯维辛的畏惧绝不允许再发生。

——Nick Nesbitt

在前面的章节中,我已经讨论了德勒兹和阿多诺所共同支持的内在差异逻辑,以及从一系列的观点出发得出的差异。这个共同逻辑所反映的是对同一性的基始性的拒绝,而区别则体现了两种不同的哲学立场之间的对比。我从整体上把这两者之间的差异概括为"积极的建构主义"和"瓦解的逻辑"。事实上,这两个描述性的词组都不是我首创的,它们在两个作者自己的文本中都可以发现。[1]这两个短语之间的区别使得我们可以理解德勒兹和阿多诺的理论的很多重要不同,对他们的很多哲学命题和立场提供了概括化的描

---

[1] 德勒兹(有时也包括加塔利)在文本中不止一次用到了建构主义这个词。特别值得一提的是,这个词在《什么是哲学?》中出现了很多次,是这本书的中心主题之一。瓦解的逻辑这个用语也出现在阿多诺的《否定的辩证法》中,他将自己的方法论描述为"瓦解的逻辑"(第144页)。

述。因为这种根本性的区别同时是建立在一个共同基础之上的，即不管是德勒兹的积极的建构主义还是阿多诺的瓦解的逻辑，都表达了对所有先验的拒绝。换言之，两者的理论都是以对本体哲学和先验哲学的批判为基础的[1]，同时也批判了那些似乎对本体论进行了批判的理论。对此，同样反对同一性的哲学家德里达曾做过一个概括，他认为"逻各斯中心主义就是作为存有论的哲学，也就是作为在者所是科学的那种哲学。而意味着存有论或无论什么科学学科的那个'论/逻辑'（logie），正好就是某种聚集性的合理性观念。我的感觉是，尽管在西方哲学史中存在着所有那些差异和断裂，逻各

---

[1] 这里的"先验哲学"与德勒兹的"先验的经验主义"的意义是不同的。这两个语词中共同的形容词"先验的"被康德用来意指一种先在的思维形式：它是一种先天的原则，使意识获得了表达自己感知的能力，并使经验能够被理解。事实上，"先验哲学"并不仅仅以康德为开端，它肇始于自笛卡尔以来至今仍然起作用的欧洲近代哲学传统。经验哲学将"先验"定义为超范畴的意思。存在之先验的规定，表示存在之普遍的、超感觉的、在一切经验以前被知觉认识到的特性。康德将"先验哲学"应用于对纯粹的意识的研究中，它也可以被称之为"先验的唯心主义"。康德认为：客观物质世界只能给人们一堆杂乱无章的感觉材料，而知识的构成全靠用人的头脑里固有的"先天形式"来加工整理，因此先天形式和后天的经验是构成知识的根本要素。这些先天就有的东西就是一种先验的既定物，它作为一种直接性为先验主体所具有。它们不是与对象有关，而是与我们关于对象之认识方式有关的认识，只要它们是先天可能的，都称作 transzendental。transzendental 并不意味着某种超越出经验的东西，而是某种虽然先于经验，但除了使经验成为可能以外还没有得到更进一步规定的东西。因此，先验哲学所探讨的并不是对象，而是我们对先天可能之对象的普遍认识方式。然而，德勒兹的"先验的经验主义"就集中关注了经验既定的条件上，他反对一切作为直接性的先验的既定物，认为它们其实是囿于表征理论的模式。先验的经验主义并不是一个探求意识或自然或现实的本质的学说，也不是如一般经验主义那样研究理解如何从感性中生发而来。它所关心的是"感性经验的具体的丰富性"（《差异与重复》，第54页）。"先验"与"经验"本来是相对立的两个范畴，但在这里却被统一在一个术语当中。在德勒兹看来，经验既定是感觉经验的原素材，它不是解释其他事物的根基性的东西，其本身是需要被解释的，因为它本身其实已经被概念的可能性中介。非语境化的概念只能生成看上去很完美，实际上没有意义的形而上命题，例如，将"因果关系"这个概念超出经验地讨论，就会讨论出"先有蛋还是先有鸡"这样的无解的命题。德勒兹将康德的说法反转：经验的生产性使其超越概念，而这富有差异性的经验能够使得概念被生产、让我们不被分类法所桎梏，让我们不受限制地思考。所以，他以区分概念性差异与真实差异作为其"先验的经验主义"方法论的开端，将真实的差异定位在感性存在上。在这个意义上，德勒兹的先验的经验主义可以被理解为同时是对先验的唯心主义和经典的经验主义的拒绝。

斯中心的母题却是恒常的"①。当然，德里达采取的是另外一种不同的方式：解构。

第一节 德勒兹的积极建构

在这一章的标题中，我已经把德勒兹哲学概括为"积极的建构主义"。"积极的"这个形容词并不是暗示了一种新的哲学流派，而只是强调了德勒兹哲学的一个显著的特征。这样一种积极的精神不是被黑格尔和法兰克福学派的哲学家们所批判的、对现状的被动接受；"积极"拒绝的是消极的、被动的否定（见第一章），但它并没有忽视内在与否定的巨大的力量。德勒兹总是不断地强调差异和多样性，这实际上就是一种积极的精神，它暗示了一种否定性的力量。这种积极的建构主义是批判性的，因为它可以不断地开启一个新的领域，不断地超越原有的极限。

"建构主义"这个术语在艺术和学习理论中被广泛使用。艺术领域内的建构主义，在20世纪第一个十年源起于俄国，是绘画、雕塑和建筑领域中的一种未来主义潮流，它提倡一种乐观的、非写实主义的风格。而学习理论中的建构主义一般是指让·皮亚杰的认识论，它指的是个体通过将其经验结合进现有的框架而建构起知识或意义。然而，德勒兹对这个术语的使用与这两种用法都不同，他是以一种建构的方式来反对表征主义的原则和主体中心化的认知理论。在这里，我是在一种反根本主义的意义上使用建构主义这个词的：它反对真实是现成在手的观点，试图发现知识是如何在经验内部被生产出来的。德勒兹从来没有将一种主体中心主义的立场置于知识形成过程的核心，他想象出了一个先验性平面，用力的相互作

---

① ［法］德里达：《书写与差异》上，商务印书馆2001年版，第11页。

用来解释经验形成的条件。在他看来,由主客体运动形成的人类的认知,本身也是被构成的;它不能够胜任解释经验的任务。相反,需要有一个基础来对它进行解释。知识形成的过程必然同时是一个认知过程,德勒兹的先验经验主义和建构主义正是从这一点出发。他声称经验是在先验性平面上被建构起来的,事实上,这一立场使他在认识论上与同时代的哲学家极大地区别了开来。建构主义这个语词在这里有两层意义:一方面,它与一种批判主义的方式有关,揭示了先验的知识的无效性以及其中存在的假设,它的形成实际上取决于它的条件和未知情况。另一方面,它体现了先验性平面上的概念的创造过程,知识也是在这个平面上形成的。

让我们从《差异与重复》中的一个论证开始。在这里,德勒兹提出,从写作方式上而言,一本哲学书籍应该同时是一本侦探小说和科幻小说。① 这是什么意思呢?它当然不是说哲学书籍应当与这两种文学的子类型混淆,而是表明,在德勒兹对哲学的特殊理解中,思维不是由意志驱使的,而是从"到底发生了什么"这样的问题开始的。这实际上就是一种相遇。换言之,思维的活动是发生在震惊的感觉中,这种感觉是由一个特殊事件所引起的,并且,概念是在一个既定的情况中展开的问题式框架,而不对由事件所引起的一个问题的简单答复。事件、问题、概念,在哲学思考产生的过程中相互交织在一起并布展了自己的推理领域,在这个领域中,它们三者的角色也是各有千秋的。然而,在所有这些领域的背后,存在着某种让它们产生了共鸣的东西:这就是贯穿它们的可能性、偶然性、突发的事故或无意识的碰撞。这个环节即思维的运动,它是由张力和无穷大的速度所造成的。

在德勒兹和加塔利所合著的最后一本著作《什么是哲学?》中,

---

① *Difference and Repetition*, p. 3.

两位作者对这个核心性的问题给出了答案，他们把哲学定义成"形成、发明和构造概念的艺术……它［哲学］必须确定它的因素、时机和环境，确定它的前景和角色，以及确定它的条件和未知"①。这一描述将哲学与确定条件和哲学问题的任务联系在一起，拒绝了那种声称发现了关于世界的绝对"真理"或"事实"的言论。在德勒兹和加塔利看来，哲学思考的核心是创造概念，但这种概念不是像柏拉图的"观念"或毕达哥拉斯的"一"那样需要被具体化为二级范畴的本体性存在。德勒兹认为哲学思考的真正力量并不在于它对客体的反映，而在于超越了当下的思维极限的外部的可能性世界。也就是说，在所有的对局限性的思维中，存在着一种"去辖域化"的运动，这种"去辖域化"既不是某种处于局限性之外的东西，也不是对局限性的犯界，它在现存的局限中出没，同时使其出现自相矛盾的状况。德勒兹哲学的大厦正是建立在这个基础之上的，他正是不停地寻求这种"去辖域化"的力量，这也是弱势因素的力量所在，它是创造性和多样性的源泉。

事实上，《什么是哲学？》这个文本可以被当作德勒兹和加塔利把哲学界定为建构主义的努力来解读。他们在书中多次用这个语词来形容他们的哲学。他们提出，哲学问题、对哲学问题的解决，以及问题的未知领域三者相互独立开来的时候，不具有任何意义。但在哲学思考中，发现问题、找寻答案、确定条件这三种活动"连续地从一个过渡到另一个，它们彼此相互支持，其中的一者可能有的时候领先于其他，有的时候追随于其他两者之后，共同构成了建构主义"②。也就是说，德勒兹和加塔利的建构主义哲学包含了这三个相互作用、彼此确定的因素。在这个意义上，哲学所应当展示的是一种方式，通过这种方式，不同的体系在与其他条件的相互影响下

---

① *What Is Philosophy?*, p. 2.
② Ibid., p. 81.

第五章　肯定的建构主义 vs 瓦解的逻辑

显示了自己的可能性和复杂性。并且，德勒兹和加塔利还用建构主义这个词表征哲学中的思维运动。在他们看来，不仅是哲学和哲学体系，思维本身也是一个建构的过程。这是因为对于思考来说必不可少的概念，其实是哲学最先创造出来的。概念及其角色是内在于思维的，它们是思维本身的可能性条件。然而，它们并不是一个超验存在的馈赠，而是在思维运动中被生产出来的。尽管概念的创造在逻辑上先于哲学思考①，但这并不意味着前者在时间上先于后者。实际上，概念的创造本身也正是思维运动的产物。从这个意义上而言，概念和思维本身都是被建构的，这样一种建构主义的立场与德勒兹的经验主义方法论是相呼应的。

德勒兹承认这一理论观点。他的"先验的经验主义"的唯物主义态度主要体现在他和加塔利合著的三个文本中：两卷本的《资本主义与精神分裂》（《反俄狄浦斯》和《千高原》）以及《什么是哲学？》。尤其是在《反俄狄浦斯》中，德勒兹和加塔利对不同社会形态（包括"原始社会""专制国家"和"资本主义政体"）中的生产、铭记和消费的组织化进行了分析。他们认为：资本主义是一种可以实现欲望生产的形式。在他们看来，欲望是一种生产性的力量，它通过欲望机器发挥作用。欲望机器是欲望生产的场所。德勒兹和加塔利所发明的这个综合体，既不是抽象的也不是物质性的，而是将欲望和机械论做了一个有机的联结，是一种功能的组合关系。"机器"在两位作者的笔下并不是比喻性的形象，而是真实的运作机制：机器驱动其他机器，机器又被其他机器驱动，当然具有所有必要的连接和牵引。这就是"和"的逻辑，也就是联系的逻辑。机器本身是被建构的，它在截断其他流的同时，也生产出了其他的流。德勒兹和加塔利认为，世界是由相互联系的欲望机器建构

---

① 哲学思考必须借助概念，因此从逻辑上讲，概念的发明应当是前哲学的。

或组成的，它们在回流中的运动——流动、阻碍和合流——创造出了新的欲望之流。每一个流都通过限制或干预的方式切断了其他的流。这样一种由欲望机器联结而成的多流体的世界有效地从建构主义的角度说了主体性的出现：它来源于欲望机器的投入。

《什么是哲学？》这个文本以问题作为书名，通篇是作者对这个问题的回答。他们提出了一种与传统的哲学定义——思考、反思或交流（contemplation, reflection or communicatio）——完全不同的界定，认为哲学是一个创造概念的学科。人们通过概念获得知识，但知识的必要条件是在一个能为它提供必要的土壤的场域中对它进行建构，因为"建构主义需要每一步创造都成为一个平面上的建构，这个平面赋予了它独立的存在"。[1] 这个场域或平面对德勒兹或加塔利来说就是内在性平面。也就是说，建构这样的一个平面是发展建构主义哲学必要的一步，这也就是德勒兹把内在性平面的组成认为是前哲学的原因。接下来就是在这个平面之上创造概念，从这一点可以看出，建构主义哲学是由相互补充的两个方面组成的：内在性平面的布展和概念的创造。

在德勒兹和加塔利那里，对哲学模式的传统理解，也就是将哲学与思考、反思或交流相联系的方式，只不过是唯心主义的变种。思考、反思或交流的这些概念不是具有确定性的哲学行为，它们本身必须首先被创造出来。并且，思考、反思或交流的方式是构成每一个学科的普遍的机器：它们不是专属于哲学的，而"概念作为一个专门的哲学发明，它一直是一个奇异点"[2]。这就是说，思考、反思或交流的概念作为一种机器，它不能解释其他的东西，反而需要被解释。而且，它们也必须在与其他机器的联结中才能发挥作用。[3]

---

[1] What Is Philosophy?, p.7.
[2] Ibid..
[3] 在德勒兹和加塔利看来，思考和反思的普遍性会导致客观唯心主义和主观唯心主义，而交流的普遍性则会导致主体的唯心主义。

因此，哲学是一种多样性的逻辑，将哲学当作一种建构主义表达了一种探索多样性产生条件的精神。内在性平面和概念都必须首先被建构，前者同时也是后者被创造的场所。

"创造概念就是在平面上建构某个区域，在现有的区域之上增加一个新的区域，开拓一个新的区域，将空白的地方填满……如果新的概念始终不断地被生产出来，那是因为内在性平面需要被一个区域一个区域地建构，合乎逻辑地建构，从一个点到下一个点。"①

创造就是生产，建构实际上就是在混沌中生产清晰。创造概念的运动在内在性平面上划分出了众多的区域，但这并不是一种分割的行为；相反，它是一种力和维度的布展。概念之间不断增加的结合点保证了概念性的联结，而处于联结中的这些概念则保证了平面的伸展。思维就是这样被建构起来的。

在德勒兹和加塔利看来，建构或创造的活动是哲学特别而且确定性的特征。这种将哲学定义为建构主义的观点刻画出一幅内在性生产的图景：不是某个特别的主体在生产，相反，是连接在进行生产。并且，生产不断地激发出新的生产。这种再生产的方式不是资本的重复式的再生产，而是新的维度上的生产。这种生产模式拒绝了一个中心化的主体的存在，因而也将历史排除在生产过程之外，强调了一种非历史性的时间和生成。建构既是辖域化的运动，也是去辖域化的运动。不断增加的连接使得不间断的去辖域化的过程成为可能。

Hanjo Berressem 把德勒兹哲学描述为"激进的建构主义"，认为他所反对的是"社会建构主义"②。社会建构主义与现实的社会构造过程相关。它认为个体是在一定的社会语境中理解知识的，其目的是发现人类主体是如何通过社会建构的中介作用来获得知识

---

① *Negotiations*, p. 147.
② 见他在第一届国际德勒兹研究大会上提交的论文《Eigenphilosphy: A Radical Deleuze》。

的。这更多的是一种心理学构造，而不纯粹是一种经验性的建构。从这个意义上而言，社会建构主义是一种狭隘的建构观，它只关注人类或是语言是如何对世界进行构造的。因此，一个难以避免的结果就是，社会建构主义必然是坚持人类中心主义立场的。而与此相对，激进的建构主义则主张，知识是人类意识中的一个自我组织化的认知过程。尽管人类主体在这个过程中发挥了重要的、必不可少的作用，但这个知识建构过程本身实际上是自我控制的。德勒兹哲学的无主体特征显然是对社会建构主义的理论态度的反对。在他作为哲学家的整个生涯中，他同时反对人类中心主义和二元论。他一直致力于探索思维发生的过程和方式，其目的就是发现世界是如何被建构起来的。这同时也是激进的建构主义的任务。根据激进建构主义最重要的支持者之一 Ernst von Glaserfeld 的理论，知识是被构造起来的，且这个构造过程是一个非人为的自组织化过程。[1] 从这一点来看，德勒兹的哲学理念非常明显地反映了一种激进建构主义的观点。

  然而，我却没有沿用这一表述，因为在我看来，德勒兹的建构主义与 Ernst von Glaserfeld 的建构主义之间还是存在一点重要的区别之处。Ernst von Glaserfeld 并没有刻意地避免或废除主体中心式的认知方式。在他的论文《抽象、表征和反思》中，他把知识当作一种通过感官感知或交流的方式主动接收到的信息。因此，对他而言，知识的确是被建构的，但是由一个认知主体积极地建构起来的。而德勒兹则相反，他走得无疑比 Ernst von Glaserfeld 更远，或者说更激进。虽然他没有否认主体认知模式的存在，但他没有将此绝对化，而把它当成了内在性平面上的一个由偶然性决定的纯粹的事件。因为在他和加塔利看来，不仅是知识和主体性，甚至连它们

---

[1] Ernst von Glaserfeld, "Abstraction, Representation and Reflection". Steffe, Leslie P. (ed.). *Epistemological Foundations of Mathematical Experience* (New York: Springer, 1991), pp. 45–67.

的生产场所——内在性平面——本身都是被建构的。

第二节 阿多诺的瓦解逻辑[①]

阿多诺在《否定的辩证法》一书中将辩证法定义为"瓦解的逻辑"[②]。这一界定暗示出这样一个意义：辩证法只有在否定的意义上才能是批判的。在阿多诺看来，唯一可靠的哲学是那种不会幻想自己掌握了绝对的哲学。[③] 这一断言显示了一种反本体论的倾向，因为这样的哲学不会再去花力气寻找或肯定类似于真理这样的绝对概念。相反，真正的哲学应该被理解为一种"批判，对不断扩张的他治的抵抗"[④]。这样，它才有可能为自由提供一个遮挡风雨的避

---

① 事实上，有学者认为，阿多诺所谓的"瓦解的逻辑"也是从本雅明那里挪用来的。在本雅明的思想中，他从对"技术"的批判入手，预言了现代社会必然会出现的暴力、断裂和忧郁，但他同时指出，艺术作品的机械复制不仅会改变传统的艺术概念，而且还催生了一种新的由大众参与的、和资产阶级对立的、在感受方式和社会功能上有异于传统的文化类型（当然这也导致了一种认为它是技术决定论的批评）。而阿多诺和霍克海默后来对启蒙的工具理性的批判算是对这个问题的一个回应，《启蒙的辩证法》实际上是将辩证法意像植入了现代性研究。不过不同的是，本雅明将对现代艺术的考察、波德莱尔的研究将现代审美经验与现代工业社会联系在一起，"从人类文明的碎片中寻找现代性失落的意义和拯救的潜能"。也就是说，尽管本雅明对现代性的发展怀着深深的焦虑，但他始终没有放弃救赎的希望。但他的救赎并不是在崩溃之后的重建，也不是对崩溃本身的推延或挽救，而是包含在崩溃之内的。废墟之上本来就有希望的闪光，因为救赎不在将来，而在当下。Beatrice Hansen 在她的 *Walter Benjamin's Other History*：*Of Stones*，*Animals*，*Human Beings and Angels* 一书的第一部分中将 Benjamin 与 Adorno 做了一个连接，指出了他们在很多方面的共同性，其中就包括这个主题。在辩证法问题上，美国学者 Susan Buck-Morss 指出，阿多诺是沿用了本雅明的理论构思，认为辩证唯物主义是一种立足于康德的经验结构的认知方法（*The Origin of Negative Dialectics*，p.31）。不过，在 20 世纪 30 年代的阿多诺与本雅明的争论中，阿多诺批评本雅明所谓的辩证法因缺少中介而成为一种平面的、非辩证的东西——凝固化的单子。对此，詹姆逊认为，"本雅明是一个与阿多诺不同的辩证批评家。阿多诺是从辩证关系的抽象结构开始，然后再在展开论述的每一个过程中赋予它以新的内容和不同的解释；本雅明与此相反，似乎是从大量孤立的、具体的人事或内容开始（例如，某种创新，某类政治人物，某种法律，某种城市的空间形式，某种语言等），然后将这些具体现象并列起来，使它们互相吸收，互相参证，最后从这些生动的、孤立的历史材料中获得辩证的抽象理论"。

② *Negative Dialectics*, p.144.
③ Ibid., p.7.
④ Ibid., p.10.

难所。

　　作为社会理论研究所的创始人，霍克海默把批判理论定义为"将人类从奴役他们的境况中解放出来"[1] 的一种理论。这也就意味着，一种理论只有在它致力于一个特殊的实践目标的时候它才是批判的：寻求人类的全面解放。阿多诺沿着这条道路展开了自己的理论建设。然而，这并不是说辩证法是为这个目的服务的一种纯粹的方法，在阿多诺看来，作为批判理论的辩证法本身就是一种思想，是在矛盾中的思想。当然，正如我们前面所一再谈到的，这里的矛盾不是黑格尔的通过综合在同一性中将对立面相调和的矛盾，阿多诺的矛盾是不需要被调和的。矛盾本身就是哲学的元素，这也正是真正的哲学被他定义为否定的意义之所在。事实上，阿多诺和黑格尔的区别之处正在于前者将辩证法描述为瓦解的逻辑。根据这一逻辑，所有形式的同一性和总体性都是可疑的，尤其是传统上认为认知主体和客体之间的对等匹配关系。这个问题我在前面的章节已经讨论过了，这里不再赘述。

　　因此，我这里所讨论的是作为瓦解的逻辑的辩证法的另一个维度，即阿多诺用辩证法作为反对一切本体论的武器，包括反对海德格尔哲学。然而，要进入这个主题，我们首先还必须来思考阿多诺对所有封闭体系（尤其是法西斯主义）的态度。事实上，这是一个与他同时代、绝大多数具有反思精神的哲学家所共有的立场。在经历了战争的痛苦与恐怖之后，很多思想家都开始反思造成战争的深层原因。他们开始逐渐意识到，对绝对同一性的偏好是造成法西斯主义和集中营现象的哲学根源。同样的，这种偏好还导致了如斯大林主义这样的共产主义集权主义。在阿多诺看来，一切声称具有总体性的封闭体系，不管它是哲学的、音乐的还是政治的，在根基

---

[1] Horkheimer, M. (1982). *Critical Theory: Selected Essays.* New York: Continuum, p. 244.

(其实阿多诺本人是非常不喜欢这个语词的)上都是可质疑的。而且,正因为它的不开放性,它注定是要被超越的。从这个立场出发,阿多诺提出,奥斯维辛所意味的其实是文化的彻底失败,包括它创造意义和超越性的能力。人类的尊严被以工业化形式组织起来的集体大屠杀完全地摧毁了。当面对法西斯主义的时候,诸如"自由""解放"这样的语词完全失去了它的意义,这也就是为什么在奥斯维辛之后谈论任何的理论都是荒谬可笑的。

> 在奥斯维辛集中营之后,我们的感情反对任何关于实存具有空谈、虐待牺牲品的肯定性的说法,我们的感情反对从牺牲品的命运中榨出任何一种完全被耗尽的意义。在这些事件判定关于内在性意义(由肯定地确定的先验性所散发的意义)的构想是一种嘲弄后,我们的感情的确具有它的客观因素。①

在奥斯维辛之后,人们不再寻求肯定文化或文明的意义。取而代之的是,他们逐渐开始思考这些原则的局限性,尽管这些原则在人类历史的发展中曾发挥了巨大的作用。启蒙思想和同一性原则一样,促进了文明的进步,但同时也为它自身设置了无法超越的局限性。在这样的反思中,阿多诺对资本主义在文化和工人阶级的心理状态上的影响进行了批判性的分析,从而解释了为什么斯大林主义和德国法西斯主义能够在工人阶级的意识中被接受,以及为什么社会主义运动无一例外地遭遇到了失败。关于这一点的原因,除了《否定的辩证法》对同一性的批判之外。在与霍克海默合著的《启蒙的辩证法》中,阿多诺特别提出了对工具理性的责难。他认为,这两个曾经对人类理性和启蒙思想贡献良多的原则,都导致了空前

---

① *Negative Dialectics*, p. 362.

的灾难。换言之，正是启蒙本身导致了启蒙的失败，这种失败在某种程度上是历史发展不可避免的结果。阿多诺认为这正是文明所内在具有的自毁性特征。

阿多诺的政治关注就是探索避免这种悲剧性的失败的可能性。他提出的问题是：为什么启蒙一定会失败？为了对这个问题做出回答，阿多诺沿着卢卡奇对马克思的偏离之路又前进了一步。他不仅将所有的极权主义精神与法西斯的精神实质联系在一起，而且还延伸了在文化领域的批判。在他看来，大众文化的生产是同一性思维的具体表现形式，它同时也是生产方式的一个组成部分，因此不可能被生产力的发展克服。阿多诺所采取的途径是试图通过对同一性的批判来找到可以克服内在于人类理性的局限性的方法。这种哲学努力从本质上讲是要发展出一种批判性的替代物来取代同一化的作用。

为了实现这个目的，阿多诺走得足够远，步子也迈得足够大：他摈弃了对于马克思的理论来说甚为关键的几个问题。阿多诺对历史失败的原因的解释是，人类理性范围内的问题阻碍了历史力量的发展。工具理性没有能力来应对道德问题，或者更准确地说，它没有力量应对任何与人的目的和意义相关的问题。它仅仅是被作为一种有效率的方式[①]来使用，它把所有与之相关的客体都当作是为某个特定的目的而服务的，而不去考虑它们在其他方面的意义。从这个角度上来说，理性必然导致意义的缺失：人类主体的人性和能动性都被有选择地忽视掉了，一个客体变成了市场中可替换的一个同质化的原子。主体被同一化变成了物或工具，异质性、多样性和非同一性被完全忽略了。在这种情况下，法西斯主义或是其他形式的极权主义的出现就是难以避免的事情，它们可以是政治的、经济

---

① *Negative Dialectics*, p. 136.

的、心理的，以及文化的。

这样一种全方位的压迫是人类理性和文化发展的必然结果，它不可能被人类主体的实践克服。这也就是阿多诺之所以反对1968年巴黎的"红五月"运动中的学生运动的一个出发点。在他看来，卢卡奇的阶级意识不能成为一个行动的主体，它仅仅是创造出了一种通向自由的否定性之路：用无产阶级的方式进行思考。但实际上，这种方式本身也并不成立。因为所谓的无产阶级意识不是一个与外界隔绝的自我发展系统，它是在资本主义社会大环境中成长起来的。在同一性的统治愈加全面的社会中，这种意识甚至也不再是尼采所嘲笑的黑格尔的主仆关系中复仇性的奴隶心理，而是已经被资本主义的文化生产全面侵蚀了的意识。

正如我在这一节的开始所说的，阿多诺将辩证法定义为"瓦解的逻辑"是建立在对一切本体论的反对之上的，这也是他的元批判哲学的立足点。在《否定的辩证法》的第二部分，阿多诺将他的批判矛头指向了海德格尔，这个在他看来用存在的小把戏忽悠了世人的狡猾的家伙。他说，"在批判本体论的时候，我们的目的不是建立另一个本体论，甚至也不是成为某种本体性的东西"。这很明显是对海德格尔的存在本体论的批评。这种本体论在表面上似乎克服了哲学传统的本体论的掩饰之下，实际上又暗度陈仓地再次引入了唯心论的、以同一性为基础的概念。

事实上，这个问题本身牵涉到阿多诺与海德格尔在主客体问题上的分歧。[①] 在前面的章节中我已经谈到过，尽管阿多诺反对康德式的先验主体的概念，但仍然坚持了传统的主客体二分的框架。这在很多同时代的思想家那里是对先验主义的一种保留，海德格尔就

---

① 其实，阿多诺和海德格尔有争议的方面远不止于此，主要集中在以下几个方面：（1）主客体问题以及对传统认识论的批判问题；（2）形而上学的本质问题；（3）对海德格尔的存在本体论的看法问题；（4）哲学术语的本质问题以及哲学语言的用法；（5）现代性和文化现代主义的解放潜能问题。在这里，我只涉及了与我讨论的主题相关的（1）（3）（4）三个方面。

是其中之一。他认为传统认识论对认知主体和思维客体的划分其实是一种人为的割裂，因为主体本身始终并且已经是"在世中"的，它就嵌入在它本身所试图理解的所谓的"客体"之中。因此，海德格尔认为：人类意识根本没有可能超出客观世界来对它进行全知式的认识，这是神目观的理想假设。对于这一点，阿多诺本人其实也是承认的。他以主客体相互中介的方式来进行诠释，并在此基础上力求通过否定的辩证法恢复主客体之间非同一性。而这在海德格尔看来也是行不通的。也正是从这个角度出发，海德格尔抛弃了主客体对立，将"存在"（Dasein）本身从一切的存在者——不管是主体还是客体——中萃取出来，形成了存在的本体论。"存在"在这里成了独立于一切事物、先于一切事物的一种预设。

阿多诺在他的文本中对海德格尔的"Dasein"概念进行了尖锐的批评，他认为这样一个概念只不过是对存在状态与存在者之间的分离的抽象而已：

> 本体论者害怕接触真实存在的东西而弄脏了自己的双手，他们认为这种存在只应该留在实证主义哲学家的手中……海德格尔的哲学日渐关注这一点。存在，对于他而言，是一种对被动意识的自我表述，是一种直接的、独立于中介主体之外的东西，就像实证主义学者眼中的事实和感官数据一样。[1]

阿多诺反对这种分离，他说"没有实体就没有存在"[2]。他认为，海德格尔的绝对的存在只是一种对概念的绝对形式的追求，它将思想的具体而真实的内容从自身剥离下去，并把形式作为一个能

---

[1] Adorno, T. W. (1998). *Critical Models: Interventions and Catchwords*. (H. W. Pickford, Trans.). New York: Columbia University Press, p. 8.
[2] *Negative Dialectics*, p. 135.

第五章　肯定的建构主义 vs 瓦解的逻辑　／　165

指加以绝对化。① 在海德格尔对这一点所做的具体的现象学分析中，虽然他本人拒绝将实体看作某种真实性的东西，但却始终试图寻找一个范畴来代替实体。于是，原本表达一种意义连接的系动词 be——它指的是存在者和存在的状态——变成了一种现象之后的本体论状态。而实际上，系动词 be 本身并不是一个具有真实性的范畴：它只体现了一种世界中的关系，或者说是存在者与世界的关系，而不是一种实体性的存在，更没有办法被上升到绝对的层面。因此，海德格尔对存在的绝对化（Dasein）无疑是错误的。这种命名和绝对化的行为"或明或暗地建立在某种特权（即某种给事物命名的、意义构成的主体）的基础之上，因为无论是否情愿，它都参与到将理性主义传统理想化的进程之中，尤其是将含义作为'既定的东西'加以具体化，而这些含义恰恰跨越了理性主义和经验主义之间的区别"②。正如阿多诺所论证的那样，海德格尔自己并没有想到，"哪里教导某种绝对的'第一'的学说，哪里就会谈论比它低级的东西，谈论与它绝对不同的东西，这是它内在的逻辑联系"③。因为"第一"总是等级构架中的第一。也就是说，海德格尔的存在本体论仍然是一种"第一"哲学，Dasein 实际上假设了一种独立于主体之外的客体，来反对自由个体的基始性。在他看来，这样一种个体仍然是康德意义上的、将自己定义为"大地的主人"的先验主体。④ 然而，海德格尔对康德的反驳仍然被阿多诺反驳。阿多诺指出，当海德格尔对先验主体的概念表现出不信任的时候，他实际上用 Dasein 概念提出了另一种第一性——独立客体的第一性。在阿多

---

　① 张一兵在他关于阿多诺的著作的《无调式的辩证想象》中将之形象地形容为"从某事之阶梯攀上了观念的高处，可是又在思的云端上蹬去了梯子"，这是很贴切的比喻。
　② ［德］阿尔布莱希特·维尔默：《论现代和后现代的辩证法——遵循阿多诺的理性批判》，商务印书馆 2003 年版，第 85 页。
　③ 同上书，第 138 页。
　④ Heidegger, M. (1982). *The Question Concerning Technology and Other Essays.* (William Lovitt Ed.). New York: Harper, p. 27.

诺看来，一方面，一种拥护基始性或第一性的学说必然包含某种绝对的等级结构，起支配作用的基始概念统辖着其他被决定的概念。另一方面，海德格尔的这种独立的客体忽略了客体之所以为客体的方式：它是被主体定义的。这就是海德格尔的客体的第一性与阿多诺的客体的优先性之间最大的区别：前者通过将客体的存在绝对化而赋予了思维一种极权主义的形式，而后者则专注在客体的存在环境以及它的形成方式上。正如 Brunkhorst 所说，在反对康德的先验主体方面，"阿多诺的尝试与海德格尔是朝着同一方向的，然而比起海德格尔对存在的追问，他对形而上学的先验进行了更为激烈的批评"[1]。

在《本真的行话》(*The Jargon of Authenticity*) 中，阿多诺猛烈批判了存在主义的语言，其矛头直指海德格尔。他指出，作为行话的语言其实是一种被改造和降格了的语言，它先剥离了语言本身的真实内容，使它成为一种能指的空洞，然后又往里面填塞上了具有不确定意义的语词，使其服务于一种意识形态功能。阿多诺认为海德格尔的存在本体论尽管以诗意和玄思为外表，但在骨子里还是马克思所批判的旧式的德意志意识形态。

而在阿多诺那里，辩证法之所以必然要反对同一性，正因为同一性的本质就在于它预设了一种原初的本体论。一方面，"第一"的哲学概念本身是一种意识形态的意识，因此，"根的范畴、起源的范畴是一种统治范畴"，"它本身是一种意识形态原则"[2]。所以，基础本体论的起点本身就暗示了一种隐约的极权主义倾向。这也就

---

[1] Brunkhorst, H. (1999). *Adorno and Critical Theory*. Cardiff: University of Wales Press, p. 1. 张亮在他的论文《"崩溃的逻辑"、"否定的辩证法"与阿多诺》中借用萨弗兰尼斯基（Rüdiger Safranski）的话肯定了"否定的辩证法"与海德格尔哲学之间存在的相近性，但同时指出了他们背后的深刻对立。这与 Brunkhorst 的观点在很大程度上是一致的。张亮同时指出，阿多诺无论是颠覆存在主义的思想起源（克尔凯郭尔）问题上，还是其本人的方法论基础（胡塞尔）建构，目的都是为了彻底解决海德格尔问题。

[2] *Negative Dialectics*, p. 155.

是为什么阿多诺把对第一哲学和同一性思维的拒绝阐述为他的否定辩证法的前提，这正是辩证法作为瓦解的逻辑的两个维度。

这种理论定位同时也与阿多诺对现实实践的态度形成了呼应：他认为理论应当反对实践。这种悲观的立场来自于他对资本主义，或者说是同一性统治的普遍性和广泛性的相信。阿多诺在《启蒙的辩证法》中肯定了启蒙理性是在工业化的过程中趋向于全面胜利的事实。然而，这个朝向胜利的过程充满了痛苦和虚伪。在马克思那里，这些痛苦和虚伪只是资本主义生产关系所特有的问题，但阿多诺显然不同意这个观点。他看到了比马克思所处的工业化初期更高效集中，也更强化的资本主义效应，因而他也远比马克思更悲观。所以，他批判了马克思的单纯的生产力发展的观点，以此来反对实践的本体论。

在《否定的辩证法》的第三部分，阿多诺在对"自由"的主题进行讨论的时候，清楚地表明了自己对实践理性的反对。他说：

> 马克思从康德和德国唯心主义者那里接受了关于实践理性的首要性的论点，并把它磨砺成一种改变世界而不只是解释世界的要求。因此，他认可了像对自然的绝对控制这样的大资产阶级的纲领。[1]

在阿多诺看来，实践理性的首要性是工业文明的产物，它其实就是生产的基始性。阿多诺否认了马克思认为解放了的生产力可以将人们从强制性实践的奴役中解放出来的命题，他相信将人类的自由建立在实践的基础上是不可行的。同时，阿多诺认为马克思相信生产力具有历史必然的基始性的观点太过于乐观。自马克思的时代

---

[1] *Negative Dialectics*, p. 244.

以来，生产力已经得到了极大的发展，但这并没有解决奴役的问题，也没有改变生产关系或使人们变得更自由，相反，人被更牢固、更全方位地束缚了。用高度发达的被用来以工业化的方式实施对人类本身的大规模屠杀，即使在这种情况下，现有的生产关系也没有任何崩溃的预兆。这就是晚期资本主义的现实。这一社会现象证明，对生产力和生产关系之间关系的传统马克思主义分析已经不适用于现代社会，即晚期资本主义社会。因此，阿多诺对马克思片面强调生产力的基始性的拒绝正是因为这种观点是仅仅将生产力与生产现象紧密地联结在一起，而不是寻求如何解放它。而阿多诺本人更关注的是探索将人类从生产中解放出来的可能性问题。

因此，阿多诺坚持有必要对生产力与生产关系之间的关系进行重构。所有的生产力都是处于特定的生产关系之下的，因此生产力本身并不具有特别的基始性特征。事实上，它们是被社会关系中介的。

正是在这个意义上，阿多诺反对行动实践。他强烈地拒斥了马克思学说中对理论与实践相统一的传统性诠释，他认为这种人为设定的同一理论本身蕴含了对直接性的政治行动的需求。而事实上，实践不应当是直接的[①]，而必须通过理论的中介。但这并不意味着实践是在理论的领导之下，相反，在阿多诺看来，思维本身就是一种行动，理论本身因此也是实践的形式之一。[②] 这种思维与实践的两分法实际上是从属于思维的纯粹性的意识形态的。这一意识形态首先错误地将思维与实践分裂开来，然后再用一种假想的联合将它们统一起来。他说，"无论是在黑格尔那里，还是在马克思那里，辩证法都试图为理论和实践提供一个纽带，而这个纽带在当代文明社会和当代哲学那里是支离破碎的"。从这里可以看出，阿多诺认

---

① *Hegel: Three Studies*, Introduction, p. xi.
② *Critical Models: Interventions and Catchwords*, p. 261.

为在现代社会中理论与实践之间不存在直接的连接，辩证法对批判意识的内在要求注定了它无法成为建构性的。

由某种特定的口号或学说所激发起的任何的直接性的政治行动都注定会失败，因为它是盲目且被动的，因此也是反动的。而造成这一点的原因在于非理性的实践，即没有将思维包含在自身之内的实践，都是从劳动中兴起的。这个事实意味着实践总是对某种剥削性行为的反应，因此，"它背负着一种非自由的因素：一旦它为了自身的自我保存的目的而必须去反对享乐原则的话，那么尽管劳动已经被降低到最小程度，这一事实就不再需要与自我否定捆绑在一起"①。实践作为一种被动的行为，并不意味着理论的应用。它不能够实现改变社会秩序的目的，相反，它必然是以被特定的秩序同一化而告终。并且，由于阿多诺认为文明具有自我毁灭的逻辑，他拒绝一种调和的乌托邦，认为它蕴含了一种潜在的极权主义倾向。在他看来，体系就自身而言就是不可靠的。因此，不可能通过一个启蒙化的政治实践而找到一个"安全的"体系来避免启蒙理性的失败。

阿多诺反对直接的政治革命的另一个原因在于他无法确定一个历史的"主体"。根据他所坚持的客体优先性原则，客体的优先性突出了非同一性，而主体的现在性则只能臣服于某种同一性。因此，一个和谐的社会不可能由某个特定的阶级来实现，甚至无产阶级也不行。对资本主义社会的抵抗只有通过对艺术或文化进行批判才有可能，而文化和艺术是作为生产关系的媒体而出现的。

阿多诺反对实践的立场根源于他辩证批判的方法论。悖论而又合理的是，这既成为他的批判观点的动力源泉，又是他在政治上悲观和无力的原因。对此，马尔库塞悲壮地总结道："批判理论既不

---

① *Critical Models: Interventions and Catchwords*, p. 262.

提供希望，也不展示成功，而是始终如一地否定。因此它要始终忠实于那些不抱任何希望，已经和正在为大拒绝贡献终生的人们。在法西斯主义初露端倪的时代，本雅明就写道：'唯因没有希望，希望才给予我们。'"① 这正是对整个批判理论的价值立场的一种明辨，与悲剧英雄主义的情节是何其相似。

第三节　如何实现内在差异性？

阿多诺的否定辩证法作为一种瓦解的逻辑，通过对同一性思维和第一哲学的批判，表明产生差异的条件在传统哲学中一直处于被压制的地位。然而，由于其批判理论的否定性，阿多诺的差异逻辑显示了一种乌托邦倾向：他对实践的反对立场被证明是在政治意义上的一种无力。因此，在阿多诺对同一性的批评和差异的创造之间存在着一条鸿沟：他知道差异为什么和在哪里被压制，但却不能指出它在哪里可以被产生出来。非同一性与其说是一种真实的条件，还不如说是一种批判性的观点。这也就意味着它发现问题的深刻不等于它能够为问题提供一个解决答案。然而，德勒兹却以他的积极的建构主义弥合了这条鸿沟。他并不像阿多诺那样尝试发明一个新的概念用来代替同一性，以期解决问题。相反，他试图避免一种认知的传统模式，以一种建构主义的方式来确定差异的条件。无论是建构主义还是瓦解的逻辑，它们都反对哲学不可分割的同一性。历史充满了以"唯一真理"为幌子而进行的谋杀，被谋杀的对象就是所有不兼容于这个"一"的异质性。而"哲学姿态的那种同一性或持续性，我认为就在我称之为'逻各斯中心主义'的那种东西之中，即那种将在者整体、存在整体，以逻各斯的权威或面对着它，

---

① ［美］赫伯特·马尔库塞：《单向度的人》，张峰、吕世平译，重庆出版社1993年版，第216页，译文有改动。

或作为它的一极、它的相关项聚集在在场形式中的东西"①。德里达在说这个话的时候，肯定的正是作为"一"的逻各斯中心主义在哲学历史中的恒常性。

事实上，阿多诺的否定辩证法的命题可以被理解为一种在拒绝内在总体性的综合的情况下保持黑格尔的辩证法的批判指向的努力。为了实现这个目的，他反对黑格尔解决矛盾的方式，因为它通过将对立同化在同一性中的方式实现了一种综合的扬弃。在这一点上，他与德勒兹的观点是一致的，认为非同一性不可能通过否定之否定的方式达成。然而，他与德勒兹不同的地方在于创造出非同一的差异的方式。对阿多诺而言，"非同一性不可能像某种肯定性的东西一样直接得到"②，这个断言实际上强调了非同一性的否定性因素，并将其实现方式定义为批判。这种描述从本质上将非同一性定义为一种乌托邦蓝图，因为它否认了任何以肯定方式达及它的可能性。换言之，建构是没有可能的。阿多诺把否定的辩证法解释为带着矛盾思考，在他看来，肯定的思考只是背书，根本不是思考，因为批判精神是思考本身所固有的。尽管这最后的一句话没什么错，但这种对肯定性因素的彻底拒绝其实就是一种消解（undoing），不管这消解的客体是什么。这是阿多诺与德勒兹最大的区别，是做（doing）与不做（undoing）的区别。

德勒兹既反对这种什么也不做的消解，也反对用"不是什么"的方式来定义差异，而这正是阿多诺定义非同一性的方式。正如我在前面谈到的，德勒兹彻底废除了一切形式的二元论模式，因此他需要用一种新的模式，这种模式要能够有效地克服所有的二元论范畴，诸如：矛盾、对立等等。这种新的模式就是建构主义。而建构本身就是创造，它是一种完全肯定性的行为。然而，这种建构本身

---

① ［法］德里达：《书写与差异》上，商务印书馆2001年版，第11页。
② *Negative Dialectics*, p. 158.

不是盲目的乐观，它就是建立在批判性视角之上的。所谓的批判性视角又是通过对经验的条件的关注获得的，它类似于德里达在论述解构哲学时所做的定位。德里达说，"解构哲学，恐怕就是以那种最忠实、最内在的方式去思考哲学概念所具有的一定结构的那种谱系，同时也是从某种它无法定性、无法命名的外部着手，以求确定那被其历史所遮蔽或禁止的东西，而这种历史是通过一些对有利害关系的压抑而成就的"[①]。只有首先了解了这些遮蔽和压制是如何进行的，以及它们的对象是什么，有效的去蔽和建构才能成为可能。这个视角促使我们在理解德勒兹将哲学定义为概念的创造的命题上更进了一步。这一区别不仅体现在两位哲学家的理论立场上，还造成了他们在政治立场上的极大分歧。

尽管如此，德勒兹的建构和阿多诺的瓦解还是在一个基本点上相遇了，这就是马克思的资本主义批判理论。马克思以商品作为自己批判资本主义的入口，通过对商品中所凝聚的剩余价值的分析揭露了资本主义社会中资本的运作方式。阿多诺的批判则更多地继承了马克思的拜物教批判理论，直接将矛头指向了在资本主义生产逻辑之下的同一性。德勒兹没有继续这种经济政治学的思路，他通过和加塔利的合作，在马克思主义与弗洛伊德学说之间进行了某种连接，形成了独有的批判方式。这种批判更使他所谓的"精神分裂分析"（schizoanalyse/schizoanalysis）的方式深入到话语、政治、经济、制度等各方面。德勒兹对《反俄狄浦斯》一书做出了如下描述："这里确实有两个方面，一是对俄狄浦斯和精神分析学的批判，再是对资本主义和它与精神分裂的关系的研究。而第一方面又与第二方面密切相关。我们在以下的观点上反对精神分析学，这些观点与它的实践相关，也同样与它的理论相关：俄狄浦斯崇拜、向利比

---

① ［法］德里达：《书写与差异》上，商务印书馆2001年版，第13—14页。

多和家庭包围的简化。"① 从这里可以看出，德勒兹（和加塔利）认为资本主义和精神分析（psychanalyse/psychoanalysis）之间存在着某种共通性，因此可以从反对精神分析的角度来进行对资本主义的批判，而这种批判本身也是对精神分析所围绕的中心概念的一种去魅。作为精神分析的替代物出现的"精神分裂分析"，所提倡的正是对中心化的结构的解构，这正是德勒兹（和加塔利）应对精神分析神话的武器。他们认为，俄狄浦斯情结不仅仅是一种精神分析的建构，而且是帝国主义的一种表征。因为精神和社会生活的俄狄浦斯化所表达的是一种被压迫的生活，这和资本主义制度对人的压迫是一致的。俄狄浦斯情结和资本主义制度所指的并不单纯是一种精神倾向或经济制度，而是一种无所不在的权力结构，是霸权话语，它们渗入社会生活的每个方面而形成了一种巨大的同一性。因此，所谓的反俄狄浦斯就是反对资本主义精神对社会生活的全方位的压迫，这在目的上和马克思主义哲学是一致的。

所以，当德勒兹（和加塔利）用所谓的"精神分裂分析法"来对不同的社会形态进行分析的时候，我们可以很明显地看到马克思的影响。类似于马克思所使用的生产力和生产关系这一对核心概念，德勒兹（和加塔利）也通过一对概念，即欲望和身体之间的不同作用，来展示各个不同的社会形态的差别和运行机制，并指出了资本主义社会是如何在释放了之前社会所压制的欲望的同时又造成了对欲望的更大的禁锢。这种批判模式从根本上和马克思从经济政治学角度所进行的批判是完全一致的。在论证中，德勒兹（和加塔利）还采用了马克思的社会分期，即原始社会、野蛮的专制国家（封建社会）和文明的资本主义社会。不过，在他们的社会谱系中，并没有社会主义社会一说，这实际上是对马克思的乌托邦式的社会

---

① ［法］吉尔·德勒兹：《哲学与权力的谈判——德勒兹访谈录》，商务印书馆2000年版，第23页。

理想的一种反拨。德勒兹并没有在批判的基础上构造出一种系统性的新型社会制度,相反,他所提供的解决途径是微政治的:去辖域化(déterritorialisation/deterritorialization)。这个结论与德勒兹的历史观是一致的。德勒兹认为存在的本质是不断地生成,因此也不存在历史的终结。去辖域化本身并不会建立起一个封闭的体系,而是通过不断地将异质性元素引入原有的系统,从而不断地产生出新来。从表面上看,去辖域化是对原有的辖域的消解,但实际上这种消解并非否定性的颠覆,而是积极的建构。去辖域化同时又是一个再辖域化的过程,而这个再辖域化的结果又将成为新的去辖域化的对象。从这一点上来讲,去辖域化和再辖域化在某种程度上类似于总体化概念。但其中的区别在于,去辖域化是不以生成一个同一性的总体为目标的。相反,它运动的轨迹是沿着逃逸路线,试图打破辖域(总体)的统治。它既打破了经典的马克思主义理论对构造封闭的理想国的青睐,也反对了以阿多诺为代表的法兰克福学派的悲观立场。去辖域化所追求的不是否定的非同一性,而是差异的多样性;逃逸的路线不是唯一的,而是无穷的,因此去辖域化本身是无法被规定的。

　　Eugene W. Holland 在《德勒兹和加塔利的反俄狄浦斯——精神分裂分析导论》中指出,从某种角度而言,《反俄狄浦斯》一书既受到了法国1968年的"五月风潮"的启发,也是对这场运动的一个反映。书中所体现出来的革命热情以及它所提倡的去中心化的、小规模的"微观政治"与"红五月"运动的精神如出一辙。[①] 如题目所示,该书对提出了"俄狄浦斯情结"的弗洛伊德的精神分析学发动了猛烈的攻击,这种清算主要体现在两方面:首先,德勒兹和加塔利批评了心理分析的治疗方法:它在本质上充当了服务于统治

---

① Eugene W. Holland, *Deleuze and Guattari's Anti-Oedipus—Introduction to Schizoanalysis*, Routledge, 1999, p. ix.

者的科学以及使对象适应社会的工具。在精神分析过程中，心理医生就仿佛是一个现代牧师，在道德层面上驯化对象以使其服从既定的规范。其次，《反俄狄浦斯》对心理分析的理论本身进行了批判：弗洛伊德虽然揭示了无意识，但又立即扭曲了无意识的真正本性，将无意识虚构成了一个俄狄浦斯情结。而事实上，这个所谓的情结并不是一种自发的东西，它作为一种被非法预设的前提，实际上不过是一个人为的圈套。所谓的俄狄浦斯情结其实是对欲望的一种引导，人类的欲望先被引诱其中，然后又在那里被固定下来。精神分析本身正是对这种引导的强化。更重要的是，资本主义和俄狄浦斯情结之间的关联不仅被弗洛伊德及其之后的精神分析学家忽略，也为绝大多数的社会理论家所忽略。可见，该书虽以精神分析学和俄狄浦斯作为论敌，但其目标却不仅仅在于此。德勒兹和加塔利所要做的是通过对俄狄浦斯情结的这种禁锢式引导作用的解析来反观资本主义对当代社会各方面的影响。在这里，俄狄浦斯只是一面镜子，一个入口，一种机制，它所折射出的是与之具有同构性的资本主义运作机制对欲望的全面抑制。也正是在这个意义上，米歇尔·福柯认为此书体现了一种反法西斯主义的政治或伦理。他在于1977年为该书的英文版所做的序言中写道，《反俄狄浦斯》一书所反对的"不仅仅是历史上的法西斯主义，……，而且是存在于我们所有人中的法西斯主义，是存在于我们的头脑和我们的日常行为中法西斯主义。这种法西斯主义使我们恋慕权力，使我们渴望那能够统治和剥削我们自己的东西"。

德勒兹和加塔利认为，在他们看来，如果不存在对欲望的压迫，也就不可能形成特定的社会秩序。资本主义也是如此。根据弗洛伊德的理论，当欲望与现实相遭遇的时候就会受到后者的压制，而这种压制的模式就是俄狄浦斯情结：男孩想和自己的母亲结合，但却由于父亲存在的现实而无法实现。《反俄狄浦斯》则提出，俄狄浦斯情结根本不是人类与生俱来的本能，而是资本主义社会的压抑所造成的结果。因此，不但不应该把它当成不证自明的鲜艳前提，反而应该从其社会、政治以及经济的基础上来对其进行分析。而且，这种资本主义所特有的压抑模式不仅仅是对人的性欲望产生了影响，而且是影响了整个社会的欲望之流，并影响了整个社会的生产。很明显，出于对一切先验概念的反对，德勒兹和他的合作者对可疑的俄狄浦斯情结的来源进行了质疑，而马克思成了他们在这里反对弗洛伊德的武器。

　　前面我们提过，德勒兹和加塔利的"欲望"不同于弗洛伊德式的由匮乏而引发欲望。其实不止于此，在他们笔下，"欲望"与"社会生产"完全是一回事。欲望本身不属于自我，而是社会性的。精神分析学的错误在于，它总是试图在一个预设的总体性和统一性的基础上来整合本应呈现为多样性的欲望。在精神分析学家眼中，人是一个统一的整体。从这个角度来看，个体主体的概念正是对本质为"分裂"的人的最大的俄狄浦斯化。相反，精神分裂分析则认为所谓的个体主体，其实是在社会和自然机器中发挥作用的不同部分的集合，它所关注的是各个身体部分及其之间的社会联系。简单说来，精神分析以一个假想的统一化的主体为前提进行思考，而精神分裂分析则是在尊重其自身之内的"碎片"（或者说"零件"）的独立性的基础上探寻其之间的联系，打破由俄狄浦斯化所造成的对"碎片"的压抑。因此，反俄狄浦斯从根本上说是反对个体主体的概念，也从根本上批判了弗洛伊德的"自我"。德勒兹和加塔利将这种对比扩展到社会中，将作为主体内在理论的心理分析与作为客观理论的社会分析联系了起来。在分析中，他们利用"偏执狂"和"精神分裂症"来指征资本主义社会所内含的两种基本的组织原则和动力。"偏执狂"的特征是幻想出一个包括一切的系统，并自愿沉溺其中，不肯自拔。而"精神分裂症"则是以分裂为特征的对前一种系统性的颠覆，它的最大特征是没有预设一个具有连续性和统一性的自我，或者更确切地说，精神分裂症拒绝了自我的俄狄浦斯化，因而避免了被整合到这个被预设的系统中。两位作者试图以这种比喻性的语言来指出资本主义社会内部相互矛盾的两种力量：前者所代表的是资本主义陈旧的一面，即传统的、以信仰为中心的社会组织形式的复兴；而后者所象征的则是资本主义精神所暗含的积极的潜能：自由、独创性、永恒的革命性。在德勒兹和加塔利看来，资本主义要想发展下去，本应该遵循"精神分裂症"所代表的后一种趋势，而现实的社会生产却被俄狄浦斯化了，失去了释放欲望和追求自由的能力。而精神分裂分析正是恢复这种能力的途径。因此我们可以说，德勒兹和加塔利的这种社会理论不在于创造一种新型的制度，而旨在于提供一种方法，借助于该方法，我们可以重新发掘社会中的新型关系。

在批判中，德勒兹和加塔利沿袭了马克思对资本主义两面性的分析：它一方面摧毁了封建等级制度，释放了欲望（他们称之为"去辖域化"）；一方面又将所有的生产变成了商品生产（"再辖域化"），就仿佛以俄狄浦斯式的三角公式将所有的欲望变成了"爸爸—妈妈—我"之间的关系（弗洛伊德）。但不同的地方在于，马克思认为资本主义的局限性所造成的对生产力的阻碍是在资本主义制度内部无法解除的，唯一的出路是以无产阶级作为主体的革命。德勒兹和加塔利却否定了这种颠覆性的主体革命的方式。因为在他们看来，可疑的主体概念正是俄狄浦斯化的一个阴谋。在弗洛伊德的精神分析中，强调自我的认同是治疗精神分裂症的方法。因此，德勒兹和加塔利拒绝使用这种人格化的主体，而提出在内在性平面上建构主体性的理论。同时，他们认为可以利用精神分裂分析的方式来克服资本主义对欲望，即社会生产的抑制。这种精神分裂分析既是对弗洛伊德的精神分析学说和俄狄浦斯三角的批判，也是对马克思革命理论的批判。应该说，在他们看来，马克思同样是被俄狄浦斯化的。

从这里我们可以看到，德勒兹和加塔利针对的其实是两个同样为马克思主义理论家所关心的问题，一个是同一性与差异的问题，另一个则是一般性的社会生产。《反俄狄浦斯》中的资本主义批判主要是围绕着这两个方面展开。从德勒兹本人的思想发展的历程来看，第一个问题仍然延续了他早期在《尼采和哲学》以及《差异与重复》中所建立的差异本体论的基本立场。只不过在这里，他将抽象的同一性和差异放到了具体的社会现实中，使这两个概念获得了现实的批判意义。而后一个问题其实既与德勒兹对哲学的本质界定（创造是哲学的使命，也就意味着生产是哲学的根本任务）有关，也受到了马克思历史唯物主义思想的影响。不过德勒兹这里的生产的含义不仅仅包括了马克思的物质生产的层面，也包括了其他物质与非物质层面的生产。只不过，在他的资本主义批判中，德勒兹也遵循了马克思的方法，从资本主义社会的物质生产入手从而揭露其"自由"表面下所隐藏的极大的压迫性。内在差异只有在突破了这种假性的自由的情况下才有可能生发出来。

第六章

寻找自由的出口

> 要寻求自由，必须在行为本身的一种特殊的细微差别或性质中进行，而不是在这个行为与它所不是或它应该是而不是的东西的关系中进行。
>
> ——伯格森

在前面的几章中，我已经讨论了德勒兹和阿多诺理论所共享的内在差异逻辑的具体表现以及在差异概念上的区别。在这一章中，我将转到一个具体体现了他们的这种共同逻辑和不同立场的政治性主题上，这就是自由的主题。差异的哲学概念与自由的伦理学概念之间的联系也许并不那么直接，但如果我们试着将两位理论家的哲学思想理解为是关于差异生产的条件探索时，我们就可以在很大程度上理解这种关系。一方面，作为经验主义者，德勒兹和阿多诺都关注如何在经验领域内确定自由地产生异质性（德勒兹的差异、阿多诺的非同一性）的条件。马丁·杰在《马克思主义与总体性》中这样赞扬自阿多诺以来对总体性和同一性的批判："西方马克思主义者不可能再为整体的表现论辩护，这种表现论认为有一个既是历史的主体又是历史的客体的元主体。历史本身不再被看作是以肯定结论作为其目的的一个连贯整体。总体性不再能够忽视历史与

'自然'的非同一性,不再把后者屈从于人类统治。人们不再能够满怀信心地用黑格尔传统的总体化认识论反对资产阶级的思想的二律背反。"[1] 自由在这里就与差异发生了联系:它也同样寻求能够摆脱同一性的统治,思想被从系统论的历史观中解放出来,曾经作为例外存在的历史和经验中的断裂、碎片以及他样性获得了释放。尤其值得一提的是,马丁·杰在这里甚至提到了总体化认识论的式微,而这种衰落本身就意味着从总体性中解放出来的自由不是现代性意义上的自主权利,而是一种极限的自由。当然,这种所谓极限自由绝不是无政府主义的肆意妄为,而是一种对资产阶级自由观念的超越。从这个意义上看来,我们就不难理解德勒兹和阿多诺所追求的自由所意指的不是一场政治革命,而是一种可能性空间,一种用另外的方式思考和生活的可能性,是以非权力话语的方式思考,是生活在别处,是创造出无法被同一化的差异。在此,自由与差异的关联集中在一个点上:它们都寻求摆脱同一性的绝对统治。正是在这一点上,对差异的哲学要求同时可以被看作是对自由的政治追求。

另一方面,这样一种对自由的求索在所有经历了二战的当代思想家中是一种非常普遍的情绪。事实上,自由在哲学史中从来就不是一个新问题,它一直是一个牵涉到政治、伦理、社会和哲学话语的复杂的、与语境密切相关的主题。在第二次世界大战中,启蒙思想所鼓吹的所有价值——诸如人性、自由、尊严等等——都被无情地、最大限度地摧毁了。在战争之后,思想家们都开始反省造成这场人类历史上前所未有的大悲剧的深层原因,德勒兹和阿多诺也不例外。从一个侧面来讲,在他们各自的理论反思中,他们表现出了对这场极大的不自由的相近理解,尽管在

---

[1] Jay, M. (1984). *Marxism and Totality*. Berkeley: University of California Press, p. 71.

形式上还有所区别。在他们看来，不自由并不局限在纳粹主义或战争本身，它延伸到了社会生活领域中。因此，从反对一切形式的极权主义和强制的视角来说，德勒兹和阿多诺（包括他们各自的合作者）的观点是一致的。而从另一个侧面来看，在对这种不自由状态的根源进行了批判性的分析之后，就不可避免地要导向自由之路的探索。在这一个问题上，德勒兹和阿多诺就展现了不同的观点和路径。

德勒兹所关注的自由概念与个体主体并无关系；相反，他所讨论的是自由与产生变化的条件相关，而回避了法律和道德领域。之所以会出现这样的情况，是因为德勒兹式的自由在很大程度上是承袭尼采的，而尼采早已对康德涉及法律和道德领域的自由哲学进行了严厉的批判。从这个意义上说，他也是站在尼采这位巨人的肩膀上来完成自己的使命的。德勒兹的自由不是试图反抗某种暴力压迫的政治自由，它所意味的既不是行动的自由性也不是取得某种利益的权力，而是产生出一种或几种新的关系的能力或潜在可能性。他的"先验的经验主义"方法论指出，不同流之间的相互阻碍、各种元素的相遇以及力的方向的改变或合并都可以产生出新的关系。这些新的关系是能够创造出异质性的积极的力，因此，这种自由也就意味着创新的自由。Paul Patton 认为：德勒兹对自由概念的这种解读非常接近于尼采的"自我超越"概念。对此我表示部分地赞同。但我认为这两者之间的本质不同在于，尼采的自我超越是一种对现状进行否定的能力，它意味着通过自制或克己的方式来达到自我提高。而这一过程本身是有目的性的，即它是朝"提高"的方向行进的。因为在尼采那里，作为生命本体的权力意志本身就具有自我超越的内在要求。他借查拉斯图特拉的口说："这便是生命亲自说给我听的秘密：'看呵'，他说，'我便是那必须时常超过自己的东西。'"① 也正因为如此，尼采所设立的理想模式"超人"（overman）才能够不断地超越人类的局限性。这根本不需要任何的外因来支撑，因为超越是内在于意志的。从这一点上来讲，尼采又是理想主义的，他的这种理想主义以人的创造性自由为指向。因为作为价值的创造者，人所创造出来的价值并不是如基督教的神性价值那样是固定的，这从根本上就要求人不停息地超越。② 因此这种进场是向上性的。德勒兹的自由概念虽然也提出创造的目的，但是并不具有这种明确的指向性。新型关系的出现仅仅意味着条件的改变：不是提高，不是退步，只是改变——纯粹的改变。尽管这种变化本身也意味着对先前状态的否定甚或是颠覆，但这一过程本身并没有预设任何的方向性或目的性。因此由新关系所造成的改变可以被认为是中性的。从这一点我们可以发现，德勒兹所勾勒的自由不是由内在或外在现实的压迫性所激发的自由，而是生产体系的自由——自由的流、自由的选择和自由的综合。尽管德勒兹在他的很多文本中都表现出了对尼采的青睐，但我很质疑他的自由概念是直接来自

---

① ［德］弗里德里希·尼采：《查拉斯图特拉如是说》，商务印书馆1992年版，第113页。
② 陈逢麒在《尼采的超人学说与现代自由主义》一文中详细论证了这个观点。他认为，尼采提出超人理想的直接目的是求反上帝。他是在宣布上帝之死的同时提出超人理想的。尼采反上帝的根本原因在于关于上帝的说教颠倒了人类与其超越理想的关系：上帝作为人类的超越理想是人类的作品，是属人的理想存在，但关于上帝的说教却把上帝当作绝对不可超越的超越性，人作为上帝这一理想存在的作者被当作上帝的作品；上帝作为人类的超越理想本是人类超越性的标志，却被关于上帝的说教当作人类失败和无能的表征。周国平在对尼采的自由概念的研究中（《尼采：在世纪的转折点上》，上海人民出版社1986年版），恰恰认为人的超越本质体现了尼采对意志自由的反对。因为超越本质所反对的是人作为先验主体的意志自由。所以，这里所说的意志其实是先验的意志，而不是权力意志。在康德那里，先验主体的意志其实也不是完全自由的，因为它受制于理性法则。尼采同时还认为这种所谓的自由意志其实是对人的控诉。因为"意志的学说实质上是为惩罚的目的，也就是寻找罪恶的愿望而发明的……人被认为是'自由'的，以便能够加以判决和惩治——以便能够成为有罪的……基督教是刽子手的形而上学。"（《偶像的黄昏》，载《尼采全集》第8卷，中国人民大学出版社2011年版，第99页）这种自由和超越的创造的自由是相对立的。权力意志的超越的自由是不受道德法则制约的。

于尼采的"自我超越"的观点。我认为，这是与他的特殊的哲学关注分不开的，也是他本人原创性的观点。但除此之外，有一点是毋庸置疑的，即德勒兹的创新的自由确实是尼采的主动力学说的哲学应用。

阿多诺则是完全不同的另一回事。如果我们把德勒兹对自由的理解看作一种创造的自由，那阿多诺的自由就是一种社会生活中的自由，是一种思考在界外，生活在别处的自由。阿多诺并没有像德勒兹那样完全避开了康德。他在对康德的自由理论进行元批判的基础上发展出了自己对自由的理解。① 在阿多诺看来，自然的必然性和自由意志之间的二律背反是康德道德哲学的核心问题。他认为康德的自由意志因为缺乏任何真实的内容，所以实际上是从属于必然性的。阿多诺指出，一方面，因为康德的道德哲学与对自然的认识是紧密联系在一起的，道德律因此在起源的方面是从属于自然的必然性的，它同时也为先验主体天然地具有。在这种情况下，自由意志也是从属于自然律的。用德勒兹和加塔利的话说就是："服从得越多，就越是主人，因为你仅仅是在服从纯粹理性而已。"② 另一方面，正如黑格尔对康德所进行的批判那样，他对道德律的解释是将自由归结为主体性的知识，而一切个体或集体的认知都是受其历史存在的条件限制的。因此，具体的自由可以被视为由具体的历史现实衍生出来的。由于以上的两个原因，康德的自由其实是由自然的必然性以及个体或集体主体的经验所决定的。阿多诺认为，康德是将自由实现的希望建立在历史必然性的基础上的。然而，他本人却希望克服这个问题，找到一种对一切条件都具有批判性的自由。但

---

① 见阿多诺的《否定的辩证法》的第三部分的第一节以及《道德哲学的问题》。自由，作为一个概念，是康德的批判哲学的三本著作（《纯粹理性批判》《实践理性批判》和《判断力批判》）的一个重要组成部分。在这里，他区分了自由的三个层次：先验的自由、经验的自由和自由意志。

② *A Thousand Plateaus*, p. 376.

这并不意味着阿多诺完全否定了康德，相反，他肯定了在康德对自由的解释中理性的合理因素。

> 自由需要康德叫作他治的东西。根据纯粹理性的标准，没有某种偶然的因素就没有自由。自由和偶然之间的绝对分裂像自由和合理性之间的绝对分裂一样是任意武断的。根据一种非辩证的合法性自由，自由的某一方面看起来是意外的；自由需要反思，而反思凌驾于法则和偶然的特殊范畴之上。[1]

为了寻找一种批判性的自由，阿多诺首先开始的工作是将人类历史中不自由的现象描述出来。在他的文本中，他把社会生活中的不自由归结为是将人们仅仅束缚在同一性思维之上的社会机制的问题。例如，在资本主义社会中，在工资劳动的自由表面之下是雇佣工人不得不选择被剥削的不自由。而按照马克思对资本主义生产的批判，这种表面上的自由掩盖了工资劳动的剥削本质。资本主义生产，或者说得更精确一些，工资与劳动的交换，不管它在表面上是如何的"自由"与"公平"，其本质都是从无产阶级劳动者那里榨取剩余价值。阿多诺指出，这一社会生活中自由的缺乏状态会导致文化上的巨大灾难，纳粹的集中营和对犹太人的大屠杀显示出了在社会生活中对绝对同一性的追求。在揭示了法西斯主义的这一深刻根源之后，阿多诺提倡一种对自由的新意识——非同一性的思维。在他看来，这一对自由的新思想是符合自由社会的本质的，因为"在一种非自由状态中，没有人能有一种解放了的意识"[2]。然而，阿多诺并不打算对自由的社会给出一个具体的描述，这是因为阿多诺的自由的乌托邦和他的哲

---

[1] *Negative Dialectics*, pp. 236-237.
[2] Ibid., p. 416.

学体现了一种否定性的总体特征。

尽管德勒兹和阿多诺显示出了对自由非常不同的理解，并以各自迥异的方式展开了论证，但他们对这个概念的论述在一点上仍然是统一的：保存外在于同一性的异质性因素，以及寻找一种不同的生活方式。关于这一点，我在第三章中讨论德勒兹的差异概念和阿多诺的非同一性概念时曾略有涉及，在本章中，我将集中在他们对自由的追求方式上，并将就他们在各自理论中是如何实现这种自由的展开讨论。

第一节　德勒兹：进取的自由

德勒兹的自由概念和他的整体哲学一样，显示出了一种非人格化和非主体化的特征。在《千高原》中，德勒兹严厉批评了现代哲学对主体的热衷。在他看来，康德哲学和黑格尔哲学，甚至是哈贝马斯的哲学，都倾向于将主体塑造成一个立法者，尽管他们所刻画的主体形象大不相同。在这种主体性思维中，这些哲学家无一幸免地陷入了一个"恶的循环"："服从得越多，就越是主人。因为你仅仅是在服从纯粹理性而已。"[1] 德勒兹认为，即使撇开这些不同形式的主体哲学的逻辑问题不谈，其对自由的诠释也只强调了主体自由的一个维度，即作为立法者的自由权力。而德勒兹则希望建立一种不同的理论，它能够将哲学思考从主体性倾向中拯救出来。不过，这并不意味着要废弃主体的概念或否定主体在思维中的作用；相反，他的哲学建构是要将人类从一切社会、历史、政治的约束力中释放出来。但实际上，"自由"这个字眼很少出现在德勒兹的文字（包括他和加塔利合著的文本）中。据加塔利的描述，德勒兹本

---

[1] *A Thousand Plateaus*, p. 376.

人很不喜欢以重音结尾的法语词汇,"自由"(liberté)就是其中之一。① 我不确定这种在语言上的喜好在多大程度上决定了德勒兹对概念的使用,但它显然不足以作为唯一的解释和根据。在我看来,德勒兹一直试图将自己的哲学区别于从笛卡尔到黑格尔的整个哲学传统,于是他尽量避免使用那些容易让读者想起传统哲学的字眼。对"自由"概念的舍弃应该就属于这种情况。在《差异与重复》的导论中,德勒兹将传统的自由概念解释为传统哲学用来诠释重复的三个概念同一性之一。然而,我在本文中仍然使用这个术语,为的是凸显德勒兹哲学所具有的追求自由和解放的精神。他的"先验的经验主义"的整个构架以及全部概念的使用都试图能够实现自由,流和力的自由,人类和思维的自由,创新的自由。

德勒兹努力恢复被康德的道德哲学所压抑的自由的积极主动方面,这包括两个层次的意义。首先,进取性的自由意味着主动力量的胜利。在其早期著作《尼采和哲学》的英文版序言中,德勒兹言明,自己的立场是反对"被动力量在人类身上的胜利"。因此,用尼采的主仆关系来比喻德勒兹所要的自由是主人的自由,而这种自由并不是指个人主体的自主性。正如我在本章开头所指出的那样,德勒兹的自由概念与经验主体的自由无关,这里的主人也不代表统治的个体或阶级,而是指主动性力量处于优势地位。其次,我用"进取性自由"这样的字眼所强调的是这种自由持续地影响现实的能力和潜力。德勒兹的自由不是一种监禁的解除或关系的脱离,而是主动实施的自由。这种作为生成的自由是一个不间断的过程而非结果;它不能被具体化或僵化——它总是指向更多和更大的自由。

这两层意义在一点上是统一的:要达到进取性自由,主动力不仅要占据主导地位,还要改变被动力。这个改变的过程其实就是

---

① Smith, Daniel. 2003. Deleuze and the Liberal Tradition: Normativity, Freedom and Judgement. *Economy and Society*, May, 299–324.

"在原先同质性占优势地位的地方创造出多样性"①。在这个意义上，德勒兹的自由不仅与各种形式的不自由相对立，而且与奴隶的自由也相对立。套用他对尼采的解读，进取性的自由是一种狄奥尼索斯式的自由，它与新质素的产生息息相关。事实上，德勒兹正是从尼采的"权力意志"概念中借鉴了进取性的特质，因为"意志想肯定的正是它自身的独特之处"②。我之所以把德勒兹的自由称为"进取性的"，原因在于它能够彻底开垦出自身能力所及的范围：自由地保存差异以及产生差异。它的进取性正表现在它试图通过对主动力的据有来生产和创新。进取性自由允许主动力发挥建设性的作用，而不是以某种特定的法则或价值的名义将其驯化。德勒兹为了形象地描述进取性自由的创新过程，将生产力界定为非个体性的欲望，同时也创造出欲望机器这一生产机制，它的功能是产生欲望流。于是，自由则成为了该生产机制的内在属性。

尽管德勒兹在他的哲学建构中有意回避了经典马克思主义理论的阶级斗争问题，但我们仍然可以通过他对主人与奴隶关系的论述上对这个主题进行思考。在尼采本人那里，主人与奴隶的关系不仅仅是一个关于主动力与被动力之较量的比喻，同时也体现了一种阶级统治的情形。在追溯奴隶道德的起源时，尼采把它看作古犹太人在沦为奴隶民族后所形成的一种价值观念，基督教接受和强化了这种价值观念。不过，他也指出，所谓的"主人"与"奴隶"，不应该被狭隘地理解为对应的阶级身份，而是内心的一种心理状态，是对自我身份的不同理解。换言之，主人道德和奴隶道德既可以同时存在于主人的身上，也可以同时存在于奴隶的身上。"主人"是价值的自我立法者，主人道德的主要特征是：自我肯定、骄傲、主

---

① Buchanan, Ian. 1997. Deleuze and Cultural Studies. *The South Atlantic Quarterly*, 96 (3), 483–497, p. 491.

② *Nietzsche and Philosophy*, p. 9.

动。奴隶道德则是：自我否定、谦卑、反动、怜悯。并且，奴隶对"自我"身份的认同是在主人的刺激之下，或者说，是在对主人的报复性意识中形成的。

> 只有当怨恨本身变得具有创造性并产生出价值的时候，奴隶在道德上的翻转才会发生：这种怨恨是属于那些对行动的适当反应被否定、而仅仅只用假想的复仇来代替它的人们。[1]

我认为，奴隶的这种翻转正是其主体性产生的过程，因为这是奴隶在察觉自身与主人不同的情况下对自我进行反思的结果。但作为这种结果的奴隶的主体性并非是一个自发自主的意识，而是一种补偿性的报复。虽然这里的"主人"和"奴隶"更多的是一种价值形象，而非人格化代理，但我们仍可以将其还原到原初语境中，把这种奴隶的道德理解为尼采对于被统治阶级意识的描述。从这个角度出发，我们也就可以理解为什么尼采的自由只可能是超人的自由，因为只有这种自由才能指向主动的、积极的、肯定性的维度。对于他而言，被统治阶级对于他们认为自由的社会制度的构想只能是一种奴隶的翻转（slave's revolt）。尽管在这个过程中蕴含了主体意识的浮现，但从根本上来讲，它是以一种虚幻的颠覆为运作方式的。例如，在很多朴素的无产阶级的观念中，革命的目的不是建立一个真正的平等公义的社会，而是自己"翻身做主人"，将过去的主人变成奴隶。或者，我们也可以这样理解，奴隶所要的并不是未来的普世的平等，而是对过去自己所遭受的痛苦的一种弥补。这其实也就是尼采所谓的原始虚无主义（original Nihilism）的价值设定（value-positing），它是权力意志这种为实现自己意愿而创造条件的

---

[1] Nietzsche, Friedrich. *On The Genealogy of Morality*. Edited by Keith Ansell-Pearson, Cambridge: Cambridge University Press, 1994, p. 21.

过程。对于被统治者而言，革命的自由和彼岸的真理一样是被创造出来作为对感觉世界中所受痛苦的补偿，因为现实世界难以为权力意志提供一个它可以尽情发挥的场所。而对于主人或统治阶级而言，他们根本不需要去思考自由的问题，自由是内在于他们的生活本身的。

那么，情况对于德勒兹是否也是这样呢？或者说，当德勒兹借用了尼采的主人与奴隶的比喻的时候，是否意味着他同时也赞同了尼采在这个问题上的观点呢？我认为答案是否定的。因为在德勒兹那里，虽然主人与奴隶之间存在着主动力与被动力的差别，但他们完全不是处于一种阶级对立的状态。更准确地说，德勒兹根本不是从这一角度来思考这个问题的。在本书的第一章中，我曾经提到过，德勒兹认为主人与奴隶之间的对立是对两者之间差异的一种简单化误读，是一种选择性呈现的结果。在他的解读中，主人对奴隶的驾驭诚然是一种主动力对被动力的胜利，但它并不是一种阶级统治的情形。他更多地将主奴之间定义为一种纯粹的多元差异，而这种差异本身是中性的。那这是不是意味着德勒兹假定了一种不存在阶级统治的社会形态呢？话不能完全这样说。从德勒兹对弱势因素与强势因素的区分来看，他本人是承认现实世界中的支配性价值的存在的，但却并不将价值上的差异单纯地解释为阶级立场的差异。在他那里，弱势与强势的区分是体现在各个方面的，人—动物，男人—女人，白人—黑人，成人—儿童，弱势文学—强势文学……这与尼采提出不能将主人道德与奴隶道德人格化的观点其实颇为接近。德勒兹的这种做法摈弃了经典的马克思式的分析（尽管他总是声称自己继续了马克思的工作），实际上更接近于后现代的文化语境。如果我们试着用"阶层"或"群体"这样更为中性的语词来代替意识形态倾向过于明显的"阶级"一词，我们就可以清晰地发现这一点。然而，德勒兹与尼采不同的地方在于，他不但没有将强势与主动、弱势与被动之间画上连字符，而且更肯定了弱势因素对于创新的关键性作用以及要求强势吸纳弱势（这就是一个生成弱势的过程）。① 所以，对于德勒兹而言，不是哪一个阶级能实现自由的问题，也不是谁的自由的问题，而是创造异质性的自由。

德勒兹把自由问题归结为"界外思维"之一。他指出，这种思维总是不融于现存条件的。不过，这种"界外思维"并非来源于一个外部的领域或文化，要产生"界外思维"，就要"使得思维成为一个战争机器"②。战争机器这个概念，使德勒兹成功地回避了传统哲学的主体特征，而专注在创新的条件上。战争机器是一种有助于保存异质性的游牧力量，在《千高原》中，德勒兹用它来反对国家机器。德勒兹认为，国家机器作为对现存体系和同一性的维护，总是试图保持同质性和极权主义。尽管各个具体国家的政策可能不尽相同，但它所遵循的发展趋势是不断地复制自己或与自己保持同一。因而，作为国家机器的对立面，战争机器所意味的是在国家秩序之外的无政府存在，因为战争是"直接反对国家形式的最可靠的机制"③。在这里，战争并不必然表现为一种混乱状态；相反，它只是提出了一种与国家秩序不同的新秩序。在这个意义上，战争机器可以被看作是一种生产机制，它引入了界外因素，对现存体系提出了挑战。"必须把战争机器看作一种纯粹的外在形式，与此相对照的是由国家机器所构成的内在形式。我们常常习惯性地把后者作为范例，或是根据它来进行习惯性的思考。"④ 但是，"战争"一词在这里并不意味着武装暴力冲突，只是对既定秩序的一种反抗。尽管

---

① 当我这样表述的时候，更多的是在理论上对德勒兹的差异的中性状态的认可。但在现实中，情况要更为复杂。"生成弱势"的过程有时候在某种意义上是尼采的奴隶的翻转的颠倒过程。

② *A Thousand Plateaus*: *Capitalism and Schizophrenia*, p. 377.

③ Ibid., p. 357.

④ Ibid., p. 354.

在某种程度上战争的目的在于消灭或征服敌对力量，但它本身更多的是一种对既定秩序的逃离，而不是战斗。因此，战争机器并不以发动战争为其目的，它是一个建立在逃逸线基础上的线性集合：它创造出了游牧状态。与国家相对，战争机器扰乱了固定秩序，并使其变得动荡不安。所以，所有被规定和统治的因素都被从常规秩序中解放出来，变成了新的流。在其运行的过程中，这些新的流必然和统治体系相冲突，从而形成了自己的辖域来保存自己。所以，这个过程可以被看作对原来的权力流的去辖域化。但是，这个去辖域化的过程同时也是一个再辖域化的过程：它开放了新的空间。正如德勒兹所言，战争机器的目的其实旨在创造出"不断建立、占领和拓展的平滑空间。而游牧状态正是战争机器和平滑空间的结合"①。

德勒兹用游牧来表达一个过程，在这个过程中界外不断地渗入国家机器内部。在游牧状态中，一切事物都处在生成的关系当中。因此，它不是一种恒常的稳定状态，而是不断地生成异质性，或者用德勒兹的话来说，生成弱势。换言之，德勒兹将差异当作一种外在性引入到了内在性之中，这种引入的路径本身可以不断地超越各种限制：这就是虚拟。虚拟从另一个平面或维度引入力，作为界外因素发挥作用，从而在原平面内产生出变化。这是一种新的综合，它使自由创新成为可能。德勒兹把这种综合解释为不同力的相遇，这样一种模式在今天的现实世界中有着深刻的政治意义：它提倡要重视弱势的边缘价值。对于德勒兹而言，所谓的弱势意味的是一种角度或价值，而不是数量，它与处于主流地位的强势形成对比。处于弱势地位的并不是一个固定的团体；它随着条件的不同而有所改变。因此，德勒兹的"生成弱势"实际上是要求强势引入弱势。然而，这样并不意味着要颠覆当下世界的法则或把边缘变成主流；相

---

① Deleuze, Gilles. 1995. *Negotiations, 1972–1990*, trans. M. Joughin. New York: Columbia University Press, p. 33.

反，它只是要求不要忽视弱势因素。德勒兹正是通过这样的方式来实现多样性。

居无定所当然是游牧状态最显著的特征。在德勒兹看来，这种生活方式可以不断地穿越由战争机器所开启的新的空间。游牧民并不是从一个国家迁移到另一个国家，他们只是处于不断的变动当中而从来不会安定下来。因此，他们游离于任何的国家机器之外。但是，尽管游牧民处于不停的运动当中，他们仍然有自己的辖域。这个辖域并不是固定不变的，而是由游牧轨迹上的众多点所构成。在该辖域中，逃逸线随处可见，因此这样一个不断变动的辖域本身就有着去辖域化的功能。游牧状态也在这个意义上可以被看作一种生成，它是德勒兹所寻求的自由的现实形式。这种生成论表达了德勒兹对制度化和极权化的反对。在这里，自由不再是涉及法律和道德的命题，而成了一种生活方式：它一直在途中。这种生活方式创造了导向更大自由的机会。这种自由是处于阻碍的流和未受阻碍的流之间的一种变动的张力。但是，游牧本身并不是无目的的生活：它是国家权力的绝对界外。它可以"在空间上使界外辖域化；并通过建立第二个相邻的辖域巩固前一个辖域；通过从内部瓦解来去辖域化敌方；通过放弃一地去另一地去辖域化自身"[①]。这种生成性自由的内在本质就是差异、多样性和变化。对于德勒兹和加塔利来说，必须要将欲望从存在那里释放出来，让它能够自由地进入生成。并且，这种自由本身是积极主动的，因为它追求不断地生产创新。从某种程度上来讲，它甚至是进取性的或侵略性的。当我这样说的时候，我当然不是意味着德勒兹的自由鼓吹一种入侵性的战争或是提倡暴力，相反，我是强调德勒兹哲学中自由精神的主动性。

Paul Patton 把德勒兹的这种自由概括为"批判性自由"。他认

[①] Deleuze, Gilles, & Guattari, Félix. 1986. *Nomadology: The War Machine*, trans. B. Massumi. New York: Semiotext (e), p. 4.

为。这种自由模式"不同于所有正统的肯定或否定形式的自由概念，因为它所集中关注的是主体中变化或转化的条件，并且不同于所有形式的个体主体或集体主体的本质"①。从这个意义上讲，真正的自由是能够决定社会结构本身的变化条件的。作为一个先验的经验主义者，德勒兹始终关注构成真实经验的条件问题。这也就是为什么德勒兹和加塔利在《反俄狄浦斯》中花费了大量的篇幅来描述各种不同的社会形态，其目的就是为了论证在什么条件下生产可以超越俄狄浦斯三角所造成的限制。当他们这样做的时候，其目的是将资本主义的积极潜力——创造出元素之间的恒新关系的能力——从它的衰退趋势中拯救出来。而这种趋势是将所有的关系都还原为某种特定的生产公式，即资本衍生的方式。这种解放就是在不同的自由力流的基础上建构生活的行为。在德勒兹看来，生活本身就是自由，是差异：它是以不同的方式思考的自由。这种自由不仅仅是对现有压迫的抵抗，而且是对新道路的追寻。而这一新道路、新出口对于当下体系必然是绝对的界外。用尼采的话说，自由的生活是狄奥尼索斯式的"是"，因为它

> 知道如何说不：它是纯粹的肯定，它已经征服了虚无主义，并夺去了否定自治的力量。但它之所以这样做是因为它用否定来为肯定服务。肯定就是创造，不是忍耐、容忍或接受。②

这一论证将对差异的纯粹肯定与创造的行为联系在一起。德勒兹认为，差异在其自身之内已经包含了自由的因素并能够进入生活的每个角落。因此，要创造差异就是德勒兹式的自由，尽管这一自由表现为绝对的界外，但它却可以在经验世界中被实现。自由对于

---

① Patton, Paul. 2000. *Deleuze and the Political.* London: Routledge, p. 83.
② *Nietzsche and Philosophy*, pp. 165–186.

他而言，是一种在当下世界中可以存在的革命性因素，但仅仅是以虚拟的势能形式存在的。

这种进取的自由哲学在某种程度上与拉克劳、墨菲的激进民主政治理论形成了呼应。后者在《霸权与社会主义的策略》一书中提出了要放弃主体性的阶级斗争，利用新社会运动的力量，实现激进的民主和多元民主的政治。这种颠覆了经典解读模式的后马克思主义理论反映了在晚期资本主义社会条件下对新的同一性的反思。德勒兹试图奠定差异的本体性地位正是要求在最大程度上实现多样性，这也正是激进民主对新形势下政治实践的探索所追求的目标（尽管两者对于多样性的指向有不同的强调）。他们都在理论上提出了增强社会宽容度的策略，这既是后现代社会不断进步的标志，也是经济上实现全球化的晚期资本主义维护自我的体现。但拉克劳和墨菲的这种激进多元民主与德勒兹的微政治的自由途径不同的地方在于，正如齐泽克对前者的批评那样，"他们［拉克劳和墨菲］假定了一个（霸权的、性别述行的……）抽象的、先验的、形式的模式……他们都潜心于一种'伪造无限性'的逻辑之中：没有最后的决定，仅仅是无休止的复杂的部分移置的过程"[1]。而在德勒兹那里，自由或解放的持续性从来不取决于任何先验的形式，而在于不断地"生成弱势"的逃逸线上。

德勒兹用欲望的编码、解码和再编码来解释资本主义对他所谓的欲望之流的作用。在前资本主义社会，欲望被由血缘等所形成的等级制度编码。到了资本主义社会中，欲望并不是根据一个特别的社会性客体来被管理或编码的。相反，资本主义对之前的登记制度的颠覆使得欲望被解码，使得原有的社会场域变成一个无器官的身体，欲望也被当作一个去辖域化的领域释放在这个身体上，于是产

---

[1] 拉克劳、齐泽克、巴特勒等：《偶然性、霸权和普遍性》，胡大平等译，江苏人民出版社2004年版，第112页。

生了精神分裂症。欲望和无器官的身体之间的作用是通过后者对前者的截断来完成的。不过，资本主义社会仍然建立了自己的编码系统。他们将所有的社会客体看作是一种一般性价值——金钱——的代表，而这种一般性价值可以作为任何系统的解释者。于是，欲望降低了自己的强度，变得只对一种东西感兴趣，即作为一般性价值的金钱，它自己也最终变成了这种一般性价值的符号。而这正是欲望的再编码过程。这种编码的特殊性在于：在资本主义社会中，一切其他的基础被打碎，所有的欲望之流都变成了一种以市场为基础的可以量化和公理化的资本运作。这其中的要点在于，在资本主义社会中，只要我们的欲望的存在形式可以被勾勒成一种一般性价值的样式，我们相信什么抑或想要得到什么都无关紧要；我们必须能够将所有欲望中的事物看作某种根本的一般性性质的象征。所有商品都可以简化为资本，所有的性欲望都可以简化为一种常规的人类"生活"。这正是一种过度编码。

"欲望机器"指向的是生产，而且是一般性的社会生产。而这个生产过程之所以成为可能，欲望之流必须作用在"无器官的身体"（un corps sans organs/body without organs）上。因为无器官，所以拒绝了被以固定的形式组织化。而如果把欲望的主体化和人格化当作是某种形式的编码过程，那么无器官身体在本质上是尚未编码的身体，这种未编码的身体可以与任何机器相连。对于精神分裂分析来说，无器官的身体既是压迫发生的场所，又是自由的潜在之地。它作为一种无疆界的领域，使欲望之流在其上被释放出来。而资本主义对其之前的专制制度的颠覆正在于它使得原本完满的有机体被摧毁，从而使得新的社会生产成为可能。

第二节 阿多诺：美学自由的救赎

在本章开始之时，我就曾经讨论过，阿多诺是在对康德的道德哲学——尤其是他的实践理性概念——进行批判的基础上发展出了自己的自由理论。① 他想通过揭示在他看来的康德自由概念的真实内容，而论证在实践意义上实现自由的不可能性。阿多诺对康德的批判聚焦在对他的第一批判，即《纯粹理性批判》上。康德将自由与道德联系在一起，自由是在合乎道德的前提下的自主权力，而是否合乎道德这一判断则由理性根据先验主体所具有的知识来判断。也就是说，康德的道德哲学又是建立在先验理性基础上的。在康德看来，人们通过知道自己的义务从而明白自己是自由的。因此，人的自由在于他能够根据理性原则选择行动，这种理性原则实际上就是一种自我反照式的判断。在康德的这个观点中，自由概念实现了一种理论（理性）和实践（行动）的统一。然而，这正是阿多诺要反驳的论点所在。

在阿多诺眼中，尽管自17世纪以来的所有哲学都把对自由的追求当作最终的使命，但他们的这种关注本身是有问题的。自由的观点从一开始就失去了它的力量；它从来也没有在这一历史中被实现过。这是因为自由概念首先是在理性哲学中被定义的，它对自治性的要求与理性的必然性之间产生了冲突。

> 它［自由的概念］反对了旧的压迫，却提出了新的压迫，这新的压迫是藏在理性原则本身之后的。人们寻找一个能够表达自由和压迫的共同的公式，将自由归结为理性。而理性限制了自由，并将自由从经验主义中除去，因为人们甚至不希望看到自由在经验主义中得以实现。②

----

① "自由"是阿多诺的《否定的辩证法》的第三部分的第一个主题。这一部分的子标题就是"关于实践理性的元批判"。

② *Negative Dialectics*, p. 214.

在康德哲学中,自由观点是从属于因果律的,因为因果律作为存在的条件,居于人类意识被建构的方式当中。因此,不管自由的内容是什么,它首先必然与人类所获得的、根据因果法则所构架起来的知识相一致。这个因果法则体现为一种双重意义:自然法则和人类理性。在康德看来,前者是对律法的尊重,因为"意志自由地服从法则,这种服从是自由的,但又与对其所有倾向行使的——尽管只能通过一个人自身的自由来行使——不可避免的强制密切相关联"[1]。这也就是说,人们不可能在自然律之外追求他的自由,他的自由意志只有在遵循这些自然律的时候才有可能被实现。这第一个意义维度是与人类作为自由的代理者的认知能力有关的。当遵守了所有的自然律之后,人类才有权力去自由地选择。然而,哲学选择的决定必须根据主体的知识来做出,有关外在的知识——关于社会情境的知识,和有关内在的知识——关于主体自身以及他的自由抉择权的知识。而第二个意义维度则是与一种将理性当作知识之源的理性主义观点有关。实际上,自由和理性主义哲学之间的关联使得自由观念更多地成为一个抽象而空洞的观念,因为理性的先在性除了让自由顺服于理性之外并不能赋予它任何真实的、具体的内容。这也就意味着,自由的实现,甚至是对自由本身的认知,都依赖于作为经验主体的代理人的知识。但对于一个经验主体来说,知识本身是有限的,因为认知取决于个体经验和他获得知识所使用的方式。这也正是传统的自由学说的另一个方面:自由意志是理性的、经验的和主观的。但从阿多诺的观点来看,将自由意志的问题定位在经验主体身上的做法仍然是一种失败。在包括康德的唯心主义者那里,自由或自由意志和理性一样,在逻辑上是先于经验的。然而,自由意志内在于经验主体本身,而经验主体本身又是"具有空

---

[1] *Negative Dialectics*, p. 232. 这段话是康德的《实践理性批判》中的原文,阿多诺在《否定的辩证法》中对其有所引用。

间暂时性的'外部'世界的一个环节"①。因此，经验主体对于外部世界而言没有任何的逻辑优先性，这一逻辑矛盾体现了唯心主义自由概念的不连续性。

阿多诺对康德的这一批判在一个方面是与尼采相同的，即受制于自然律和理性的先验自由实际上刻画了一种真实的不自由。尤其在阿多诺那里，理性本身并不如康德所认为的那般美好，它具有自毁性的发展趋势使得它根本无法面对和避免必然会来临的灾难性后果。在这种情况下，更不要去谈所谓"服从了理性的自由是真的自由"的命题。阿多诺对启蒙理性的批判从根基上摧毁了康德的自由观，但尼采对康德的批判还包含了另一个阿多诺不曾涉及的方面，即自由的道德主义批判。尼采认为，康德的自由包含了两方面的要求，它既必须是理性的同时又是道德的，或者说，道德本身就是理性所内含的东西。而这种建立在道德主义基础上的自由观和基督教价值一样，早已经用道德的桎梏束缚了意志的自由程度。换言之，这种主体的自由只能是合乎道德的自由，不道德的自由是被康德天然阉割了的。换言之，人只有从善的自由而没有为恶的自由。主张扩张性"权力意志"的尼采当然鄙弃这种做法，在他看来，这种道德限制的本身就是对生命的压抑，狄奥尼索斯的肯定是对一切人类道德的命题都嗤之以鼻并抛之脑后的。阿多诺这样的好孩子当然不会触及这么挑战他价值体系的观点，他对康德的自由意志的批判更多的是一种对理性的元批判。

站在一个悲观主义的立场上，阿多诺提出在现代世界中实现自由是不可能的，因为这样一个"组织化的世界"或"被管理的世界"拥护的是一种个体化的原则。自由，或者说得更准确些，自由意志对这种个体化的方向发挥着引导作用，它表达了一种无限制的

---

① *Negative Dialectics*, p. 213.

体系。然而在现实中，自由总是被一种二元化的方式定义为不自由的反面，它的实现在于用否定取消矛盾。这一界定意味着对限制了经验主体的个体性的总体性的一种消极被动的依赖。其结果就是，极端地反对总体性和历史中的总体化运动的自由，却在现实中被它所否定的本体论所界定。因此，自由变成了一个具有两重意义的环节："它不是简单对立的，而是交织在一起的。而从暂时性的角度来讲，它不过是自发性的一个瞬间，是一个历史的节点，通向它的道路在当前条件下是被封锁的。"①

在这里，自由遭遇了一个进退维谷的局面，这种情况与阿多诺的非同一性概念类似②，它仅仅显示为对不自由的一种抵抗。如果我们也把自由称之为"界外"，那也不是在德勒兹意义上的作为游牧主义的界外。在阿多诺看来，要在一个高度组织化的世界中（资本主义社会）实现完全自由的尝试，相当于要在内在中达及外在的努力：它是完全不可能的。通过这一论证，阿多诺表达了他对于将自由定义为否定特定的不自由状态观点的悲观主义立场。这种悲观主义比马尔库塞之类的批判理论家们更为深层，因为从一开始就让他绝望的并不是一个具有压迫性的社会中的普遍的、无法克服的不自由，而是自由本身的问题。

但是，这并不意味着康德的自由概念完全没有了价值，也不意味着在经验生活中就不可能有自由。我认为，阿多诺在此想要论证的是在实践的意义上实现肯定性只可能是一种幻想③，自由实现的不可能性指的正是肯定性的自由。在他的论证中，康德的自由概念不能够打破它与既定的情境中的经验主体之间关系所造成的束缚。

---

① *Negative Dialectics*, p. 219.
② 见第三章第二部分。
③ Isaiah Berlin 在否定性的自由和肯定性的自由之间做了一个区别。在他看来，不受限制的自由是一种不愿意屈服的情绪，在这个意义上它是否定性的自由，而肯定性的自由则意味着一种选择的权力，这种选择可以导向直接的行动。

由于这种无法避免的束缚，肯定性的自由绝没有可能在现实世界中实现，它只能变成一种否定性的自由，一种对压迫的抵抗，有时候它在某种程度上甚至是不自由的一种变化了的形式。因为否定性的自由是作为对不自由的否定而出现的，那么在把它本身看作一种乌托邦的时候，它实际上就是对不自由的一种屈从。虽然黑格尔把自由与辩证法联系在一起，但他却没有彻底地解决这个问题。他与康德的区别在于他对历史的关注。不过，正如阿多诺在《启蒙的辩证法》中讨论的，随着文化和启蒙理性的发展，社会中仍然存在着统治和压迫，人类历史实际上是一部到处书写着不自由的典籍。

并且，这种不自由并不是法律或财产上的不公义、不平等造成的，而是启蒙理性本身的原因。很多哲学家都将历史描述为能够克服不自由现象的发展或进步的过程，马克思也是其中之一。然而，只要历史本身还是为理性所支配的，就没有办法避免这个问题——它是必然性的王国。因此，甚至从黑格尔辩证法的角度来看，历史虽然承诺了普遍性的自由，但它实际传递的却是普遍性的强制，即不自由。这正是自由学说的压抑性特征。在阿多诺看来，之所以造成这样的结果，是因为康德和他之后的唯心主义理论家们都是根据一种相信普遍性和平等性的资产阶级价值观来定义自由的，因而自由不得不面对由它自身所引发出来的强制和压迫。这一资产阶级意识形态将自由与同一性原则联系在一起，因而没有能够对可以导致思想和行动的差别性因素给予重视。其结果就是，它对普遍权力的表面上的平等感到满意。例如，在资本主义的自由市场中，在自由和平等的名义之下，雇用工人的工资收入和商品的所谓"等价"交换掩盖了工人劳动所创造的剩余价值。在这种情况下，自由确实是市场中交换发生时的原则，但工人的自由仅仅在于他们对工资的接受与否，正如消费者的自由也只在于他们是否接受价格。表面上看起来似乎的确没有人强迫他们，但他们却是被强迫的，并且，只要他们还生活在这个社会中，除此之外他们就没有其他的选择。

但是，不管他们真的接受与否，隐藏在同一性原则背后的不平等都不能被改变。所谓的自由其实就是去选择始终相同、不曾改变的东西。事实上，也是在这个意义上，同一性原则不可能实现肯定性的自由；相反，它更强化了社会中原本就存在的强制。"我们感觉到同一性是普遍的强制机制，我们最终也需要将自己从这一机制的普遍性强制中解放出来。正如自由只能通过强制化的文明才能实现，而不是通过任何'回到自然'的方法。"[①] 退回到自然是不现实的，当然也不可能产生自由。同时，追求文明就是要面对和承受它所造成的强制和不平等，这也正是阿多诺和霍克海默在合著的《启蒙的辩证法》中详尽论述的启蒙理性所难以解决的问题。

这一对自由的批判也可以应用在马克思的理论甚至是后马克思的理论（如卢卡奇的理论）中。虽然马克思和卢卡奇对异化持完全不同的态度，但他们的一个观点是相同的，即自由可以通过无产阶级的努力来克服资产阶级的意识形态而实现。但在阿多诺看来，这种乌托邦式的理想在现实意义上根本就不可能实现，因为无产阶级——这个被假定革命主体或代理人并不是生活在真空当中的，革命意识也并不是天然就在他们的血液中流淌的。事实是，在资产阶级利用学校、国家甚至传媒等一切意识形态机器所进行的教化之下，无产阶级根本就不可能获得要创造出一种完全不同的自由观念的意愿。对于普世化的资本主义来说，界外是不存在的。用阿多诺和霍克海默的语言来表述，这种资产阶级意识形态是被文化工业塑造而成。而且，自由的意识也不是根植于无产阶级的思维之中的某

---

① *Negative Dialectics*, p. 147.

种既定的东西，而是从社会情境的条件中生长出来的。由文化工业所生产出来的标准化的价值一直致力于驯服大众，并引导他们进入一种被动的、否定性的精神。当然，这不能简单地说大众（用马克思主义的术语来说就是无产阶级或工人阶级）已经丧失了革命的意识。在一个更高的程度上，甚至连他们关于自由和革命的意识都只不过成为了一种对现有压迫的被动反抗而已。阿多诺的这一观点与我们在上一节谈到的尼采的奴隶的翻转既有相似的地方，同时又对尼采有所超越。一方面，阿多诺肯定了被统治阶级意识形成的局限性，它在很大程度上是以对现状的报复性颠覆为基础的。但另一方面，阿多诺指出，这种局限性的形成并不完全是由于作为被统治阶级的大众只拥有假想性的复仇，他们的意识也是统治阶级意识形态驯化的结果。这和尼采认为主人道德是完全自发的，只有奴隶道德是对现状的一种被动反应的观点完全不同。在阿多诺那里，主人为了维护自己的主人地位，以教育、文化等各种意识形态机器（阿尔都塞语）不断地将奴隶道德灌输给奴隶。因此，如果说尼采对主人道德的肯定继承了人本主义理想的高贵人格，那么阿多诺对无产阶级作为革命主体的不信任更具有历史批判意义。[1] 从某种程度上讲，后来麦克卢汉和鲍德里亚对媒介的批判正是遵从和延伸了阿多诺的大众文化批判的思路。

我认为，在这一点上，阿多诺和德勒兹又在一定程度上不谋而合，他们都对作为奴隶道德根本的报复性意识提出了质疑和批判，认为它不是基于创造的革命。对于奴隶来说，真正离开主人的、完

---

[1] 萨特其实也注意到了这个问题。在《辩证理性批判》中他指出，个人的任何实践，包括生产劳动，都是受到历史情境的制约的。他和青年马克思一样，认为生产劳动是对异化劳动的反抗，但他更进一步认为，这种反抗的内容和形式亦是被教化的。但他把这归结为"工具的可能性场域问题"，表面上看这和阿多诺的悲观主义立场就有了很大的区别。因为异化（姑且用这个词吧，尽管阿多诺和德勒兹都不喜欢它）在他这里不再是一种价值判断，而成了无法改变、必须被承认的事实。但萨特骨子里的绝望一点也不亚于阿多诺，因为异化是绝对无法摆脱的，正是异化为反抗提供了武器，因此反抗也早已打上了异化的烙印。

全自主性生活的自由是他难以想象的。他所能设想的，不过是现有情况的反面，是对现在所受压迫的报复性意识。因此，奴隶的自由只是颠倒的自由，而不是创造的自由。同样地，真正超越了资产阶级价值观的肯定性的自由也是处于资本主义社会中的大众所难以想象的。这种不可思议性反映了意识和想象的局限性，因为它们是隶属于一定的存在条件的。我们可以将这一点与科幻小说写作中的一个问题——对外星生物形象的刻画问题——联系在一起。不管这些外星生物的形象是多么奇怪和恐怖，它们不过是根据经验筛选的原则选出来的人类或动物的某些特征的变形和组合。对外星存在进行表现的困难也就是对极端的他性想象的困难，反映了对新的力量和因素的需求，这些力量和环节可以为具有自发性的主动革命提供理由。然而，这种新的力量在现实中却难以被发现。这就是马克思和他的追随者们的情况：他们没能发现一种可以生发出关于积极的自由的新意识的源泉。准确地说，这样的评判实际上是有失公允的。其实，从马克思本人的理论来看，被视作革命主体的无产阶级并不是凭空获得他的反抗意识的，而是在被压迫的现实中产生的。"哪里有压迫，哪里就有反抗"被马克思视为真实的社会历史对意识的形成作用的总结。不过，马克思确实没有论及资产阶级的意识形态教化作用。根据我的分析这里的原因有两点：第一，在马克思所处时代的资产阶级与无产阶级之间的对立处于直接而尖锐的状态，并没有像后来的发展阶段中那样具有掩饰性，这一点是不难理解的。在资本主义发展早期，资本家也还处在不成熟的阶段，他们还在通过延长劳动时间和增加劳动强度来增加自己的利润，还没有能够发展出足够的策略来缓解两大阶级之间的生产性对立。第二，尽管部分的意识形态国家机器早已出现，但整个资本主义社会还没有能够建立起如今天这般强大而无孔不入的意识形态铁幕。现代意义上的文化工业更是还没有发展成熟，它的驯化功能以及制造幻象的本领还没有发展到登峰造极的地步。因此，对于马克思来说，意识形态幻象的问题并不是十分突出，事实比一切幻象和说教本身更具有说服力。他在《资本论》第一卷的序言中曾高度赞扬了德国工人阶级的理论修养和批判意识。如果这是一种事实描述而非有意为之的目的性话语的话，那么足可以证明当时当日的无产阶级的处境与资本主义高度发达的今天确实是有所不同的。相对于马克思而言，阿多诺的批判无疑更具有当代意义，也正是从他所站立的这个角度来看，无产阶级的自由在这个意义上同时失去了它的形式和内容。这一批判是符合全球化的晚期资本主义现实的。阿多诺自己也曾提到了这种现象是历史地发生的。他说："从宏观上和微观上所表现出来的统一性，说明了人民所代表的文化的新模式：普遍的东西与特殊的东西之间的虚假的一致性。在垄断下的所有的群众文化都是一致的，它们的结构都是由工厂生产出来的框架结构，这一点已开始明显地表现出来。"[1]

然而，德勒兹和阿多诺的分界点在于界外是否存在于资本主义内部。20世纪60年代的欧洲还远没有呈现出今天这样清晰的全球化的态势，但是阿多诺从启蒙理性自身发展的规律出发，看到了同一性的强大逻辑在资本主义社会的必胜前景。他认为，在这种具有空前普遍性的同一性面前，除了借助否定的辩证法来恢复批判的力量之外，在资本主义内部是没有任何可以抵抗这一逻辑的积极的、正面的力量。换言之，界外本身就是一个理想的概念，它在横扫一切、席卷一切的同一性面前没有容身之处。而德勒兹则肯定了资本主义世界的内在差异。强势因素和弱势因素的区分虽然是相对的，但其实是对资本主义政治经济及文化逻辑发展的不平衡性的肯定。这种不平衡使得弱势因素总能以主流价值的界外的面貌出现，也就

---

[1] [德] 马克斯·霍克海默、特奥多·威·阿多诺：《启蒙辩证法》，洪佩郁、蔺月峰 译，重庆出版社1990年版，第113页。

是说，界外是内在于资本主义本身的。这一点分歧在很大的意义上决定了他们对自由之路的不同结论。

阿多诺本人也尽力避免抽象的和无力的自由。他对马克思的自由的反对实际上正体现在他反对实践的态度上。他认为，"自由预示着经验生活的可能性。自由短暂的足迹变得越来越稀少，自由开始成为极限值，人们甚至不敢将其作为补充性的意识形态提出来"[1]。自由的真正的问题不是去发现自由本身是什么，或自由反对什么，而是自由是从哪里生发出来的，也就是自由的条件。不幸的是，阿多诺并没有能够确定这些条件，这可能与他认为自由在实践意义上是虚弱的政治信仰相关。为了找到一种代替性的方案，他最终将救赎的方式限定在审美领域中。他将艺术界定为实现自由的媒介，认为它可以将思维从限制了它的学说——工具理性——中解放出来，因为"艺术不可能将乌托邦具体化，甚至是以否定的方式也不可能"[2]。阿多诺在美学中也沿用了他关于主客体关系的理论，强调了客体在艺术作品中的先在性。在他看来，"艺术中客体的先在性，可以被理解为将生活从控制中解放出来的潜在的自由，在不拘泥于客体的自由中体现了自己"[3]。这是因为不以效忠政治意识形态为目的的艺术作品，有着独立于现实之外的自主性。因此，它可以被看作一种批判的力量。内在于艺术作品的客体的先在性是不同于现实世界经验的艺术的经验，作为一种被创造出来的作品，艺术本身是被中介的。所以，它的经验既不与自身同一，也不与它所表现的世界同一。"然而，审美的同一性在一个重要的方面是不同的：它有意协助非同一性来反对压抑性的同一化强制，这种强制支配了

---

[1] *Negative Dialectics*, p. 274.

[2] Adorno, T. W. (1984). *Aesthetic Theory*. (C. Lenhardt, Trans.). G. Adorno & R. Tiedemann (Eds.). London, Boston, Melbourne and Henley: Routledge & Kegan Paul, p. 48.

[3] Ibid., p. 366.

外在世界。"① 因此，阿多诺实际上是通过赋予审美经验以一种非同一性的因素而开启了审美经验的一种可能性世界，这种非同一性来源于艺术作品和审美体验与经验世界的距离。在阿多诺看来，这种距离蕴含了某种批判性的力量，这一距离同时也实现了非同一性与世界之间的和解。Shierry Nicholsen 在为阿多诺的《黑格尔：三项研究》的英译本所做的序言中肯定了阿多诺的这种努力，他说，阿多诺

> 试图为否定的思维提供一个哲学的基础，试图使思维从"理性统治"的牢笼下解放出来，试图在最广泛的历史意义的层面上为解放理论提供一个哲学基础，由此使解放理论包含了批判阶级统治、官僚合理性的"铁笼"、集中营的恐怖统治、"表现主义"以及变形了的经验。②

也就是说，阿多诺的自由从一开始就是否定性的、逃离性的，是对一切层次上的禁锢的挑战。这正是作为哲学基础的辩证法的批判力量所在。

而在另一方面，这个自由的概念是作为一种创新的潜在力量发挥作用的。阿多诺正是通过这种方式反对了自由与个体之间的联系。自由并不特别地与个体的情景和权利相关，它来自于创新的需要。这里的"新"指的就是与现存条件不同的他性。在阿多诺那里，"新"必然的是一种抽象的东西。因此，创新的自由不是去实现一个现实的目标，相反，它承诺的是一种可能性。而一旦它被现实化，它也就走到了尽头。

---

① Adorno, T. W. (1984). *Aesthetic Theory*. (C. Lenhardt, Trans.). G. Adorno & R. Tiedemann (Eds.). London, Boston, Melbourne and Henley: Routledge & Kegan Paul, p. 6.
② *Hegel: Three Studies*, Introduction, p. xii.

第三节　通向自由的逃生口：自由从哪里浮现？

德勒兹和阿多诺展开了两种截然不同的自由理论。不过，他们最终却殊途同归，到达了一个相同的理论目标：一种非主体性的、创新的自由。无疑，德勒兹和阿多诺都没有将自由与个体的经验和境况联系在一起，而是与一种可能性和潜力联系起来。除了这一个相同的目标外，这两条不同的自由之路也反映了他们对经验生活实践的不同观点。

在德勒兹的哲学中，差异被定义为一切事物的内在要求，即肯定和发展自身的独特性。因此，创造出发展这种差异的条件就是德勒兹想要寻求的自由。德勒兹努力证明差异的基始性来使其与一种形而上学的抽象存在相区别；然而，他却无法隐藏他作为一种形而上学界定的本质。与此完全不同的是，在阿多诺那里我们找不到类似于自在的差异的这种本体性假设。尽管阿多诺也力图确定能够自由创造新的他性的条件，这种他性，即异质性的因素，却是由客体与其所表现的世界之间的非同一性那里派生出来的。因为这两者之间的距离所产生的离心作用可以将非同一性因素带入客体与世界之间的关系中，而这些因素则可以创造出一种创新的力量来。从这两种界定来看，阿多诺在抛弃形而上学方面远比德勒兹的步子迈得更大。阿多诺从一个非常彻底的程度上反对一切前哲学的假设，不管这种假设是康德的先验的主体"我"，还是马克思的工人阶级的解放了的意识，因为所有的这一切概念都是一种先验的既定。实际上，德勒兹的自在的差异也属于这种范畴。德勒兹并没有像阿多诺那样解释差异的来源，只是将差异当作一种既定的存在（或者用他自己的话说，生成）。某个存在中的差异所肯定的东西不是它与其他客体不同的他性，而是希望展示它自身独特性（差异）的冲动。

当阿多诺提出，"新"就是对"新"的渴望的时候，他和德勒兹又一次重合在这一点上了。① 也正是在这个意义上，他们两人共享了同一个哲学目标。这一自由概念解决了一直伴随着传统自由学说的问题，并冲破了由理性主导的自由所带来的压迫和强制。自由不仅仅是对现有的压迫进行抵抗，而且还要找到一条全新的道路，这条道路外在于现存的体系。在战后世界中，对这样一条道路的探索对于避免集权化统治意义深远。

不过，尽管目标相同，德勒兹和阿多诺对它的实现却是在不同程度上的。德勒兹求助于先验的经验主义方法论，建构了一条能够确定变化条件的肯定的道路；而阿多诺则陷入了一种审美自由的乌托邦主义。德勒兹用内在性平面的生产体系从根基上克服了否定性。被完全从主体性经验和知识中解放出来的生产是建立在不同方向的力的相互作用基础之上的，在德勒兹哲学中，他将这条道路具体化为对弱势因素的重视。弱势因素，或者说边缘性因素，是被占统治地位的意识形态所排斥的东西，但它却是能够反对强势因素的革命性环节。"生成弱势"是一种避免法西斯化的方式。在一个统治机器中，弱势因素扮演着虽然弱小但却十分突出的角色，因为它预示了变化的方向和可能性。弱势因素并不必然的是强势因素的反面，它只是强势因素所忽略的东西，是在某种条件下可以发挥作用的虚拟性力量。齐泽克曾这样描述他的乌托邦理念："乌托邦与想象一个不可能的理想社会毫无关系；乌托邦的特征，实际就是构筑一个无空间的空间，一个位于现存社会范围之外的社会空间"。从表面上看起来，这一界定似乎与德勒兹的"界外"思想有类似之处：它们似乎都强调不融于现存社会的某些价值。齐泽克所举的例

---

① 詹姆逊在《晚期马克思主义》中的阿多诺的"新"提出了批评。他认为，阿多诺的美学理论虽然重新开启了将"新"概念化的可能性，但这种"新"实际上只是一种意识形态的补偿或美学价值，它是资本主义产生在历史层面上一个具有原创性的范畴。

子——巴西的 Canudos 城、巴拉圭的"耶稣约合会"或者秘鲁的"光明之路"——似乎也验证了这一点。但事实上，这两者之间还是有根本性的区别。德勒兹的"生成弱势"寄希望于边缘价值对主流价值的渗透以及主导体系自身的去辖域化（虽然它本身也是一个再辖域化的过程），但齐泽克则更强调这个社会空间相对于主流空间的独立性，这也就是为什么他能够肯定乌托邦的现实性。但这样一种丧失了乌托邦原有维度的乌托邦，是没有未来的。

和德勒兹不同，阿多诺坚持自由在实践意义上是不可能的。尽管他退回到审美领域，建立了一种由艺术作品的独立性所派生出来的非同一的关系，但他的救赎性的自由仍然是抽象的。由于阿多诺的瓦解逻辑的绝对的否定性，新的存在只能是一种具体化的潜力，这种潜力的表现预示了另一种还没有实现的潜力。这和德勒兹的作为虚拟力量存在的势能是不同的。因为德勒兹给出了虚拟能够实现的条件，而阿多诺却没有做到这一点。因此，就实现方面而言，后者没有能够描述出一种肯定性的自由，尽管他成功地证明了否定性的自由是有问题的。我认为，阿多诺对艺术的求助也更多的是一种理想化。事实上，艺术并不比哲学更有能力使乌托邦具体化。和对理论与实践之间的错误统一的批判性反思一样，艺术除此之外也没有特定的内容。阿多诺认为，"艺术远胜于实践，因为艺术通过远离实践，抨击了现实生活的保守和不真实"[1]。既然艺术也难以具体化"新"的存在，阿多诺就将之定义为一种纯粹的意志。在他看来，"新"的本质仍然是崩溃、瓦解和否定的形象。如果自由想要永远保持它的生命力，它就不能够被现实化，并且一直保留自己的乌托邦特色。自由只是地平线上一幅日出的景象，它永远在夸父奔跑的身影之外。但是，这个乌托邦式景象的存在却为真实历史提供

---

[1] *Aesthetic Theory*, p. 342.

了批判的理论意识，因为自由的乌托邦维度本身是与对现实的批判性解构相一致的。缺少了这种维度，理论就真正成了为现实的正名所做的注脚，必然是恐怖而绝望的。事实上，阿多诺也提出了开放性思维（open thinking）作为他的自由实践，因为"在一切具体的特殊的内容之外，思维实际上首先是一种抵抗的力量"[1]。这本身其实正是一种西西弗斯式的努力：是在理想与现实的永恒差距面前的拒不退缩，是在同一性与非同一性的张力中保持批判锋芒的持续抗争。这是包括阿多诺在内的很多左派思想家所必然面对的悖论。施特劳斯曾经说过，如果哲学活动对于某件事物寻求答案的兴趣超过了对它提各种问题的兴趣，那么哲学活动也就结束了。从这个意义上讲，这种悖论也许才是哲学必须经历而又无法承受之重吧。

在对比了这两种不同的自由理论之后，我们可以清楚地发现两位哲学家的对立的立场：德勒兹的肯定性与阿多诺的否定性。这种区别显示了两种不同的努力。阿多诺认为，我们需要一直不断地发现问题，尽管我们不见得能找到答案。[2] 他的否定辩证法更像是一种反对错误的抵御性武器。相反，德勒兹在某种程度上看起来似乎已笃信自己答案在手，这也就是为什么他所提供的道路比阿多诺的更具有实践性。但是，这是否意味着阿多诺忽视了德勒兹所看到的作为积极力量的界外因素呢？我觉得不是。德勒兹之所以将这些弱势因素视为革命性的力量是从微政治的角度着眼，试图通过"生成弱势"而在社会生活的各个方面抵御同一化的大潮（它表现为强势因素的不断巩固和同质化扩展），这也正是 Bondas 所说的"局部的可理解性原则"。在我看来，这种微政治的界外观可以被认为是列斐伏尔于 20 世纪 40 年代所提出的日常生活批判的一种改版。主体

---

[1] *Critical Models*, "Resignation", p. 165.
[2] 在与 Ernst Bloch 的一个对话中，阿多诺就曾这样说："在我们还不知道什么是对的东西的时候，我们却确实地知道，什么事情是错的。"

性在不断地与具有分子倾向的弱势（界外）产生折叠，从而产生出不断的变化与更新，抵制了克分子的强势价值的驯化。所不同的只是，列斐伏尔通过对日常生活细节的微政治含义的剖析，反对的是人的异化，这里所体现的是青年马克思的人本学逻辑。而比列斐伏尔晚了20多年的德勒兹显然抛弃了这个角度，他看到了这些微政治角度中被权力捕获的东西（从某种意义上说也就是列斐伏尔所说的异化），而对之以局部的去辖域的方式。从这个意义上说，德勒兹的"生成弱势"更像是针对列斐伏尔问题的解答，而不是阿多诺。因为阿多诺的着眼点是宏观政治哲学的维度，是更大范围的社会整体和思维。这也就是为什么阿多诺不去关注和探讨微政治角度的自由。既然如此，我对德勒兹的肯定性和阿多诺的否定性的对比是不是因为对象不一致而失去了其意义呢？我当然不这样认为。德勒兹的进取的自由不是作为阿多诺的否定的辩证法的替代或补充出现的，而是从另一个角度出发继续了阿多诺的元批判事业。这样说看起来似乎有些奇怪，但当我们把问题以另一种方式提出来的时候，一切就显得简单而明了了。德勒兹对自由的正面态度不是因为他看到了与阿多诺完全不一样的社会图景，相反，他十分清楚同一性在晚期资本主义社会中的独尊地位，并且和阿多诺一样不相信会出现一种全新的社会制度，因此只能转而寻求微政治角度的解构与解放。一言以蔽之：既然社会就是像阿多诺所说的那样了，否定辩证法的实施难度又太大，我们还能做些什么呢？好吧，还是像德勒兹一样行动吧——"生成弱势"。

也正是因为这样，当我们将德勒兹的答案付诸政治现实中时，它仍然可能遭遇一种风险。一方面，这一风险解释了阿多诺的否定性以及他在实践意义上的无力的根源。另一方面，它也降低了德勒兹试图逃离既定体系的努力的效果，将他的进取性的自由贬低为一种局限性的自由。

第 七 章

自由的局限：永恒的总体化[①]

只有在没有希望的地方，希望才给予我们。[②]

——瓦尔特·本雅明

在前面的六章中，我讨论了德勒兹和阿多诺理论的六个方面，它们既体现了两者理论的共同基础——内在差异逻辑，又表现了他们在概念理解和具体路径上的鲜明对比。一方面，这一共同逻辑反映了他们对认知和生活领域中的等级秩序的反对。而等级秩序通常

[①] "总体化"一词与总体性概念息息相关。"总体性"是黑格尔哲学的重要特征。作为有其内在的差异的"具体的总体"，它构成进行和发展的开端，其发展的结果是"与自身同一的整体"。在马克思主义哲学中，虽然马克思本人并没有明确论及总体性，但总体性是被正面肯定的。到了卢卡奇的《历史与阶级意识》，总体性不但被当作一个特定的哲学范畴提了出来，更是成了一种能够体现整体与部分之间辩证关系的主要性质。卢卡奇认为，"总体性的范畴，整体对部分的无所不在的优先性，是马克思从黑格尔那里接受过来，而又卓越地把它转变为一个全新的科学的基础的方法论的实质"。在他这里，总体化是达成总体性的途径，它通过整合各个部分之间的关系实现"具体的总体性"。阿多诺开启了对总体性的批判之路。总体化作为以同一性逻辑为原则、朝向总体性的运动是同样被批判的。可以说，从"寻求总体性"到"反对总体性"这一态度上的转变也在相当程度上反映了从近代哲学思想向后现代思潮不断演进的过程。而萨特对两者的态度与卢卡奇和阿多诺的不同，他并没有像前两者或者其他学者那样采取全面肯定或否定的立场，而是将总体性与总体化区别开来，分别对待。

[②] 赫尔伯特·马尔库塞在他的《单向度的人》中引用了这句话（第255页）。本雅明原本用这一句话来批判法西斯主义时期，但我在这里是用它来描述内在于现代总体化社会的自由的潜能。

被归结为某种同一性（不管它的具体内容是什么）。德勒兹和阿多诺都相信这种同一性的基始性压制了异质性因素和新事物的产生。另一方面，他们之间的对比则是由于他们在差异概念的理解上有着根本性的不同。正如本书的题目所显示的那样，德勒兹使用了一种我总结为"肯定的建构主义"的方法论，而阿多诺则将自己的方法称之为"否定的辩证法"。但是，这是不是就意味着德勒兹可以被看作是阿多诺的对立面呢？答案远比一个简单的"是"或"不是"要复杂得多。我选择在这本书的前六章中讨论的问题涵盖了他们在哲学基础、方法论和目的上的不同观点。当然，这些方面远没有穷尽德勒兹和阿多诺之间的全部联系。他们之间仍然有很多其他的问题非常值得进一步探索，其结果也必然十分有趣。然而，我之所以有意地选择了这六个方面，是因为这六个方面既能够让我们对他们的理论概括了解，也能够引导我们进一步去探讨他们之间这种比较的意义。换言之，德勒兹和阿多诺之间的这种貌似对立却又暗含默契的区别提出了一系列的问题。首先，两位哲学家在何种程度上形成了默契与分歧？其次，这一区别所体现的意义是什么？最后，我们如何来看待他们理论的实践意义？事实上，我在前六章中已经对前两个问题做出了回答，在本章中，我将就第三个问题进行讨论。

  诚然，德勒兹和阿多诺之间的显著差异没有人能够否认。但正如第六章中所谈到的，他们和很多当代思想家一样，在政治上有一个共同的关注：反对极权主义，为自由而战。自由在这里更多的是一个政治问题，而不是伦理学或道德问题，因此，我们必须面对一个如何将它付诸实践的难题。也就是说，当我们从差异的问题转到自由问题的时候，我们需要考虑它在今天世界中的政治实践的可能性问题。从理论角度来看，德勒兹的肯定性与阿多诺的否定性形成了强烈对比。但是，在政治实践的层面上是不是也如此呢？更准确地说，是不是说德勒兹提供了一条实现自由的可行的道路，而阿多诺没有做到呢？我的答案是部分的肯定。不过在这里我想要特别强调的一点是，甚至德勒兹的自由理论在政治实践中也可能遇到一个现实的难题，这个难题也是阿多诺的自由根本无法实现的原因所在，这就是社会体系自身的总体化。在现代世界中，总体化其实正是社会本身消化或调和异质元素的整合力。在理论层面，德勒兹通过界定去辖域化和再辖域化过程成功地回避了总体化的问题，但现实层面则要复杂得多。异质性不断地被社会所整合，从而变成了总体的一部分，其结果是统治不断地被强化。这正是全球化语境下的民主国家的真实情形。

德勒兹本人试图以一种游牧的方式来抵抗总体化的作用。这与他十分青睐的老师萨特的态度是极为不同的。① 在游牧状态中，一切事物都处于"生成的关系中，而不是'国家'之间执行性的二元分布：这是一种真正的成为动物（becoming-animal）的武士，一

---

① 萨特对总体性（totality）和总体化（totalization）的态度是不同的。在他看来，总体性与总体化之间并不存在必然的联系，总体性是一种假想的实在性。萨特说，"总体性被确定为一种实在，这种实在由于同它各个部分的总和截然不同，所以以这种或那种形式重新完全处于每一个部分之中，……但是，这种实在性由于是在假设中产生的，……所以只能存在于想象的事物之中，这就是说作为一个想象行为的关联而存在。……产生其总体表象的综合统一不可能是一种行为，而只是一个过去行动的残迹"。这一限定本身具有双重意义。首先，它并不是总体化过程的目的。就这一点而言，它具有反目的论的意图。萨特认为，"总体性"既不是黑格尔所谓的"理性的狡计"，也不是恩格斯的"合力"甚或亚当·斯密的"看不见的手"等旧式的本体论设定，它不是也不可能是总体化过程所内含的某种先在预定目标，而只是过去行为的一种残迹。其次，"总体性"也不是总体化过程的特定结果。正因为"总体性"并非事物所内含的确定无疑的实在性，它不过是由假设产生的，因此它只是众多可能性中的一种，正如两点之间的路径是无数的一样，"总体性"也不是唯一的，它的产生必然受其他先在条件的约束，发生另一个总体化过程，由此它也就不能作为标举事物本质的内在属性。因此，这两者之间的关系实际上是虚拟的。在这种前提下，萨特对总体性本身持批判态度，但却对总体化持肯定态度，认为它以个人实践为基础，历史向前地以实现总体为目的。不过，萨特在肯定总体化前进作用的同时也指出了它对个人的这种绝对制约作用。原因在于，总体化一旦完成，或者说它一旦进行，个人就只能接受淹没于其中的命运了。但希望在于，总体化是不会完成的，个体的抗争就在于不断进行着的总体化。这也就是德勒兹所说的永不停止的生成过程。德勒兹在很多场合都曾承认萨特对他思想形成的重要性，所以我认为德勒兹的"生成弱势"的思想是对萨特的"匮乏"与"谋划"理论的一种改写和反驳。

种成为女人（becoming-woman），它们都外在于处于关系中的相的二元性及其对应性"①。游牧状态与恒定的、同一的、稳定的状态相反，提倡一种朝向异质性的永恒不断的趋势，这也就是德勒兹称为"生成弱势"的运动。它和"成为动物"以及"成为女人"一样，都强调唤醒和引入在正常的状况为占统治地位的意识形态（强势、人、男人等等）所压制了的东西。这种进程与总体化的方向正好相反。因为"通过多元复合性，总体化继续进行综合的工作，这种工作把每个部分变为总体的一种表现，并通过各个部分的中介把总体和自身联系起来。但是，这是一种正在进行的行动，这种行为在多元复合性未恢复自身原先地位之前不会停止。……是那些需要聚合的整体的形式统一……"② 换言之，德勒兹通过一条渠道将作为外在性的差异引入到了内在性之中，这一渠道作为一种虚拟的力量可以不断地超越一切极限，反对以建立总体性为目的的综合运动。虚拟从其他的平面或维度引入力，以他者的身份发挥作用，从而打开了一条通向差异的渠道。这是一种新型的综合，它使自由——创新的自由——成为可能。德勒兹把这种综合诠释为力以及各种因素的相遇。然而，在阿多诺那里，在社会领域内，现实发生的是一个总体化的过程；在这个过程中，异质性因素被接受并被同化。这一模式在今天的世界中有着深刻的现实意义：它同样提倡对弱势价值的重视。弱势在德勒兹那里，不是一种数量，而是一种视角或态度，它反映了对强势的抵抗性观点。弱势不是一个固定的群体；它随着不同的条件而变化。例如，在当今的现实中，女人是弱势而男人是强势；有色人种是弱势而白人是强势；捷克语是弱势而英语是强势；孩子是弱

---

① Deleuze, G., & Guattari, F. (1986b). *Nomadology: The War Machine.* (B. Massumi, Trans.). New York: Semiotext(e), pp. 2–3.
② 让—保罗·萨特：《辩证理性批判》，安徽文艺出版社 1998 年版，第 180 页，译文有改动。

势而成人是强势。因此，德勒兹的生成弱势实际上是要求强势者以弱势的角度、价值和方式进行思考。这并不意味着要颠覆世界中现存的律法和规定，或将边缘的东西中心化；相反，它仅仅是对强势的垄断独裁的拒绝。按照我的理解，德勒兹并不是想将弱势的东西变为强势，他只是要求强势者不断地认可和引入处于弱势地位的因素（弱势因素本身也是在不断变化的，有不断的新的弱势的产生）。德勒兹力图通过这种方式达到多样性。

然而，这仅仅是一种诗意的理论幻想。因为现代社会中的总体化是通过整合作用的形式将异质性吸纳并消化到原体系内部，使其与原体系相互兼容。德勒兹在《反俄狄浦斯》中指出，精神分裂正是这样一种游牧式的出口，它以分裂的方式来抵御精神分析的总体化。在德勒兹看来，社会并不是精神分裂的出口想要反对和击倒的敌人，而他想要反对和摒弃的是社会作为僵化的总体性的枷锁，如俄狄浦斯情结。德勒兹认为每一个精神分裂的投入都是社会性，它总是朝向一个社会历史领域；也是在这个意义上，去辖域化不是一个有着清晰目标的、彻底的、线性的过程，而是一种不断的生成。但在现实政治中，去辖域化的同时也是再辖域化的过程。这实际上就是现实中的总体化。这一运动发生在社会之内并作用于社会，使它进入新一轮的总体化。正因为现实层面上不能被克服的总体化，所以我认为，德勒兹的完全的自由只有在理论意义上才是可行的；从实践意义上而言，政治自由必然是总体化过程中的自由。这一自由并没有废弃社会中的价值和规则；相反，它是他性渗透或扩散到统治性的总体中的过程。

精神分裂的出口本身并不仅仅在于从社会中退隐，生活在边缘；它使得社会通过多样化的孔隙逃离。这些多样化的孔隙

不断地侵蚀和渗透它，并始终与它直接联系在一起……①

"多样化的孔隙"实际上就是社会中的弱势价值，它为差异的生成提供了渠道。这样的表达方式其实是一种非常准确的比喻，因为它极其成功地描述了弱势的情形：它们在一个既定的总体性之内产生，但却构造出了可以逃离由总体性自身所支持的强势价值的逃逸线。但是，弱势因素发挥作用的目的并不是要去取代强势因素，它只是努力为自身寻找一个合理的生存空间。它真正所反对的不是强势本身，而是强势价值的独裁。"但生成弱势的问题不是假装，不是扮演或模仿儿童、疯子、女人、动物、口吃者或外国人，而是生成所有的这些，为的是发明新的力量或新的武器。"② 相反，一旦弱势因素被变成强势因素，它的对立面或补充液就将成为新的弱势因素。因此，我认为德勒兹的这种设定其实是欢迎不停顿的总体化的。这一观点其实与萨特对总体化的观点近似。因为总体化对总体性的突破并非简单地对总体性进行否定，而是将这些现成性作为因素综合进总体化运动之中，形成形式的统一。③ 德勒兹本人从来没有打算用一种暴力革命的方式来推翻社会的法则，相反，他的精神分裂的出口是服从于社会的整合能力的：它不断将差异代入自身，不断地创新，不断地生成。

换句话说，在异质性冲击和突破原有的总体性的同时，即形成了新的总体性。因此，德勒兹所勾勒出的逃逸线纵然提供了不断的抽离路径，却也是新的总体化的起点。另外，社会自我整合的能力

---

① *Anti-Oedipus*, p. 374.
② *Dialogues II*, p. 5.
③ 在这里，德勒兹和萨特还是有所区别。在总体方法论上，萨特坚持辩证立场，认为这种总体化即是辩证法的运动，它的唯一基础是个人实践，它使自身处于不断的变化和转换之中，形成否定之否定。而德勒兹则采用了力的碰撞说以及超验的界外来解释社会的整合/总体化过程。并且，萨特对于总体化的肯定是全正面的，而德勒兹在理论上是拒绝总体化倾向的，但在实践层次却无法避免这一趋势。

本身也正是总体化的内在要求。作为一个永不停息的运动，总体化由两个完全相反的方向组成。一方面，它使所有的元素凝固化并使之烙上总体的印记。该方向的运动本质上是追求同一性和确定性。另一方面，它不断地引入新元素（异质性），从而对既定的部分形成批判和更新。因此，社会领域的总体化可以被看作一种持续的努力，它不消灭异质性，反而将与现行体系不相融的因素整合进社会。

同时，总体化也指明了抵抗甚至是自由的界限所在。以德勒兹的"生成弱势"为例，所谓的弱势因素首先凸显的是其局限性，因为区别强势与弱势的标准是随着客体及其条件的不同而变化的。但这些标准本身是服从于特定的总体性所预设的主导价值的。换句话说，要确定什么是弱势，首先要确定什么是强势，后者是前者的前提。事实上，这个过程正是对与总体性相符的主导价值的认可，而这一对当下总体性的认可实际上指向了一个既定的统一性。从这个意义上来讲，所谓的弱势并不真的是来自界外的新元素，相反，它所表达的是一个无法逃避的世界本身所蕴含的不能穷尽的生成。这也正是巴丢对德勒兹的单一存在进行批判所针对的问题。巴丢把存在解释为纯粹的多样性。① 在他看来，德勒兹和众多的古希腊哲学家一样，没有能解决单一存在所面对的绝对的"一"及其表达的多样性之间的矛盾。对于这个问题，巴丢认为：

> 人们必须为坚持单义性的主题所付出的代价是非常清楚的：考虑到（存在和能指）的多样性是通过一种数字差异的方式排布在世界中的，而这种数字差异在它所指向的存在形式方

---

① 在《世界的逻辑：存在和事件》中，巴丢用一种数学方式——集合理论——来说明存在的哲学问题。在他看来，存在不是一种名义上的单义性，而是一个空集，它实际上指向了多样性。

面是纯形式的（思维、外延、时间等等），且在其个体化方面是纯模式性的，那么，它最终所遵循的这种多样化就只能是一种幻象的秩序。①

很明显，巴丢和德勒兹对存在之理解的差别就体现出来了。巴丢对存在的看法是无法被归结为任何东西的纯粹之多，因为只有这样的"多"才能在根本性的层次上体现真正的差异。他反对德勒兹所谓的单义性，认为在单义的"一"的逻辑之下所形成的多样性实际上只能是一种幻象。② 因为在这里对于德勒兹而言，所谓的纯粹的各种事件只不过是某个独一的东西向着无穷大或无穷小方向的生成罢了。这种单义存在的本体论实际上产生不出来任何真正的新东西来，在内在性平面上通过流的相遇而凸显出来的事件没有办法与世界的先验坐标真正地决裂，所以革命的可能也是不存在的。我认为，巴丢对德勒兹的这一批判在实践政治的层面是部分成立的，而总体化正是这种"一之多"的生成轨迹。"多"在这里是各种不同价值和区域，而"一"则体现为向着整合所进行的运动，它不是一种凝固态的本体或目标。③ 这种整合的总体化本身也是对多样性的肯定，因为如果社会是一个石化的静态整体，那么整合就失去了它的必要性。只有当被整合的东西呈现为各种差别性存在的时候，整合才是可能而且必要的。但当整合进行的时候，价值其实已经被按照既定的标准分出了等级和领域。

我将用一个例子来说明这一点。如果我们承认女人是弱势因

---

① Badiou, A. (2000). *Deleuze: The Clamor of Being*. (L. Burchill, Trans.). Minneapolis, MN: University of Minnesota Press, p. 26.
② 蓝江教授于2011年6月在北京召开的"德勒兹与文学"国际研讨会上，分别将德勒兹和巴丢的存在论总结为"一之多"和"多之多"。
③ 前面我们所讨论的萨特对于总体和总体化的不同态度在这里是极具借鉴意义的。因为现实中从来不存在一个完成的总体，所以对这里"一"的理解就必须是在德勒兹的单义性的意义上进行的。

素，那就意味着我们接受了在现实社会中男人是强势因素的观点。同样地，如果我们相信黑人或印第安人是弱势因素，那么前提就必然是白人的价值观和思维方式已经在政治、经济和文化领域成为世界的统治性意识形态。语言系统的状况则是一个更加复杂的状况。当捷克语被认为是一种少数语言的时候，其原因是英语是世界上使用最广泛的语言。尽管从人数上来说英语的使用者不是世界上最多的（使用人数最多的语言是汉语），但它却覆盖了最广阔的地域。这一情形的复杂性在于：接受一种语言不仅仅在于接受它的词汇和发音，而是首先必须接受该种语言本身所负载的逻辑。这一逻辑反映在该语言的各个方面：词汇、名词的性别、动词的不同形式和时态、词语顺序和句法结构、特定表达、词语典故和成语，等等。除此之外，该语言所代表的文化也会对使用者产生不同程度的影响。因为使用一种语言的过程就是一个用它的特定逻辑来进行思考的过程，很多时候，这种思考方式与产生该语言的文化类型之间存在某种内在的联系。所以，强势语言所支配的不仅仅是使用它的口，还是用它进行思考的脑。当然，女性思维方式是个稍稍有点儿不同但又更为复杂的例子。采用女性化的思维方式，或者说德勒兹的"生成女人"并不意味着在身体器官的生理学特征上变成女人或是在心理上认同女人，而是能够立足于男女的自然差异和社会差异的基础上，以女性的视角或思维方式进行思考。"生成女人"同时是一种具体的"生成弱势"。对于男性和女性而言，都有"生成女人"的可能性。显然，使用这一视角首先也意味着对社会领域各个方面存在的父权制现实的承认和正视，然后才是突破男性思维的努力和尝试。但是，女性化视角和少数语言的情形的不同在于，女性化视角有时候未必意味着对女性思维方式整体地承认，它有时候是对外在于女性的性别差异事实的肯定。这一点对于男性尤为突出。因为实际上，强势价值正是它所代表的思考方式的具体化体现。在父权制的社会中，男性或女性本身（当然，部分的女权主义者除外）的思维都被束缚在这个逻辑之内，甚至某些女权主义的抗争本身也并没有能够逃脱这一桎梏。夸大性别差异或无视性别差异都不是真正的女性视角。[①]

从上面的讨论我们可以看出，决定弱势的标准本质上在于对一个既定体系及其逻辑的认可。因为当绝对的"一"需要表达为多样性的时候，它就必须遵从其幻象的逻辑。因此，无论"生成弱势"的趋势本身是多么有效，它都没有可能颠覆现有体系，其原因在于：弱势始终是边缘性的，它不可能变成强势；它也不会改变甚至威胁到既定的总体性。"生成弱势"这一表达方式本身也从一开始就限制了抵抗的方向：它承认并接受主导价值；并且，它并不试图改变或取代它们。"生成弱势"只是一种趋势，并不追求一个确定的目标。这一表达方式本身也显示了它的若干局限性所在。德勒兹之所以使用这个词汇，仅仅是因为他没有找到更好的办法来表达那些外在于支配性价值的因素。首先，这一表达方式的限制本身是由总体性所派生出来的，使用这一表达就意味着对当下价值和标准的接受。其次，生成弱势显示出了这种抵抗方式最重要的一个维度：它是一个生成的无尽过程。在这个过程中，弱势并没有改变它自己的属性，也没有改变它在总体性内部的地位。太阳之下并无新事，

[①] 拉康在性别差异问题上的看法非常具有启发性。他认为，以对立的方式来定义性别差异的做法是错误的。齐泽克对此评价说："对拉康来说，性别差异不是一组严格的'静态的'象征对立和包容/排他（他把同性恋和其他性变态归入某些次级角色的异性范畴），而是僵局、创伤、未决问题以至抵制它的象征化企图的某些事物的名称。每一种把性别差异译成一系列象征对立的做法注定是要失败的，并且正是这种'不可能性'打开了为争取'性别差异'所意味的东西而进行的霸权斗争"（《偶然性、霸权和普遍性》，江苏人民出版社 2004 年版，第 112 页）。我认为，很多女权主义运动的失败恰恰是因为女权主义者以对立的方式来看待现实社会当中的真实的性别差异。而这种对立式的思维所导致的结果要么是抹杀性别差异，让女人等同于男人（这本身是对差异的无视和压制），要么是从根本上默认女性作为"第二性"的从属性位置。德勒兹同时反对这两种倾向，他的"生成女人"要求正视差异，但他并没有能够为这种生成提供有说服力的例子。

不变的只是未曾停息的总体化。

另外，对于巴丢批评德勒兹的分析不能产生出真正的新的观点，我却不敢不加保留地赞同。诚然，总体化所整合的因素都是存在于系统之内的元素，但却不能过于绝对地声称这些微政治学的边缘价值不是真正的新的东西。在这里，也就关系到对德勒兹的"差异"和"新"的理解问题。"新"和"差异"所代表的并不是天外飞仙式的绝对的他性，尤其在政治现实层面，这种绝对的界外也是不存在的。它只能是对居统治地位的主流的反拨和挑战而已。正因为如此，德勒兹的微政治学解放途径所指向的不是另起炉灶建立一个隔绝的乌托邦，而是通过不断的挑战和不断的整合向新的辖域发动战争。

生成弱势意味着一种没有固定目标或尽头的趋势，这两个维度足以对以上问题做出回答。与主导性的强势相比，弱势所能做的只是作为一种力参与生成，该过程能够在总体内部创造出差异性。这一点是怎样实现的呢？实际上，一定总体内弱势的存在所代表的是该总体性的容忍度和潜在的开放性，同样地，在主客体关系中，弱势体现的也是思维的开放性。生成弱势使思维打破了由主体的属性和条件产生的局限性，所以，德勒兹的生成弱势所希望达到的目标是不断地提高占统治地位的价值的开放性和容忍性。而在现实中，这种开放性和容忍度所导致的另一个极端表现为：同化作用的总体化却勾勒出了具体的差异和自由的局限性。也正因为这样，每一轮的去辖域化的作用总是以新的再辖域化的结果为结束。

现代民主国家的自我认同就是这种总体化的最好实例。在民主国家中，人民得到了更多可以"自由"表达自己异议和反对的权利，而这在专制政体中通常是为暴力方式所镇压的。这些权利表示了政治上的多样性和差异的存在。然而，这种自由本身非常有限：

在通常状况下，它是被规定和控制的。例如，尽管民主政体在很大程度上使得异议和反对的声音得以表达，但表达的方式总是由该政体的律法所规定的，且这种规定总是以利于操控为最大目的。例如，当人们想要举行一场示威游行的时候，他们必须首先申请，在得到肯定答复的情况下再按照法规所规定的方式、路线、人数等进行，而且一般需要置于警察的监督之下。民主国家通过这样的方式最大限度地降低了反对意见所造成的威胁。因此我们可以认为，民主国家是以一种有限开放的方式将反对和异议本身整合进了国家机器，而不管国家机器是否接受这些意见。并且，如果政府真的接纳了这些不同的声音，其结果不但不会危及其自身的统治，反而可以有效地强化控制。因此，当异议和反对在表面上似乎表达了一种多样性和差异的时候，实际上仍然是从属于统治性的机制的。这一情形的另一实例就是多元文化主义。一般而言，一个社会所能容纳的文化类型越多，它的开放性也就越强。这也就意味着一个开放的社会不但不应该忽视弱势因素，相反，它应该接纳它，并为它留有一席之地。于是，就一方面而言，弱势文化获得了发展的机会；而从另一个方面来看，它也必然遭遇到一种风险：它也可能被主流文化所吸收、成为主流文化的一部分，甚至被完全同化。① 在当今的全球化现实中，很多少数部族文化的灭绝有部分原因就在于此。甚至尽管有部分不同的文化在全球化中似乎得以保存，但其结果就是被

---

① 齐泽克把这种多元文化主义命名为"跨国资本主义的文化逻辑"：它是一种马尔库塞所说的"压抑性的宽容"。在齐泽克看来，自由主义的"宽容"赦免了民俗主义者的他者，而这个他者因为其"民族激进主义倾向"而被剥夺了真正的实质，因为他性的核心在于它对游戏的管制。很多时候，民俗主义并不能成为主流文化的真正的界外，自由主义对它的宽容不是将它接纳成为对主流价值的补充，而更大程度上是一种无关痛痒的装饰。它之所以被称为"跨国资本主义的文化逻辑"，原因在于当资本逻辑进行全球化拓展的时候，所到之处原住民的文化无一例外受到了资本逻辑以及它所负载的文化的冲击。本土文化虽然没有被以强制的手段压制，但却处于边缘化的地位。

作为奇观一样赏玩,它们没有任何能力影响到支配性的文化。[1] 因此,这种差异本身是虚假的、表面的、肤浅的。而当我们把德勒兹的理论付诸实践、希望实现他的差异的时候,我们就必然要面对这个问题。

对于这个问题的思考,更多的与资本逻辑扩张所带来的文化的领土性消弭有关。因为在新的世界性文化空间中,随着电子媒介的大范围使用和网络的延伸,地理区域的界限对文化的影响逐渐弱化,与此相关的文化的特性更多的变成多元化的虚拟世界中的一种特例的展示。有学者将其称之为"无地方特性的图像地理和虚拟地理"[2]。在这种情况下,差异虽然仍旧存在,但已经沦为了全球化文化产业所追逐的对象。差异的确被合法化了,但是这种合法化同时也削弱甚至扼杀了它本身的革命意义。

> 这时候等距离原则同样占主导地位:资财丰饶的全球性集团利用地方差异和特质。文化产品从世界各地汇聚起来,转化成面向新的"世界性"市场的商品:世界音乐和旅游业;民族传统艺术、时尚、烹饪;第三世界的文学作品和影片。把地方性和"异域的"东西从时空中剥离出来,重新包装,迎合世界集市。所谓的世界文化或许反映了对差异和特质的新估价,但它也的确是要从中获取利润。[3]

---

[1] 中国地方旅游业的发达将这种情形以一种清晰的形式呈现出来。特色的部族文化被作为"看点""景点""卖点",它将剥离了内容的形式作为商品交换,所凭借的就是统治性文化持有者(游客)的猎奇心理。这正是民俗主义被外在化的一个具体现象。在民俗主义的外表之下,仍然是资本逻辑的强大张力:一切成了可贩卖的。甚至习俗,甚至文化。当然,这里的文化早已不再和任何的价值观有关,游客也无须在心理上接受这种文化,它只不过是一种支付货币以换取游乐资格的行为。

[2] 戴维·莫利和凯文·罗宾斯在《认同的空间》一书中提出,作为电子文化出现的新的世界文化,以其介质的匀质性,而造成了这种地方特性的消失。

[3] [英]戴维·莫利、凯文·罗宾斯:《认同的空间》,南京大学出版社2001年版,第153页。

这种差异商品的世界化正是真实的历史情境中的总体化现象。所以，无论是米兰时装周的T台上被标注出来的作为时尚导向的中国元素，还是奥斯卡领奖台上的最佳外语片殊荣，都不足以证明真正平等的文化多元性已经到来。相反，这种国际市场的认可恰恰是差异和特性被吸纳入主导文化的体现，它是一种假性的区别。而这是德勒兹没有面对的问题。

所以，德勒兹的差异哲学所带有的理想主义性质可见一斑。尽管也有人认为这种总体化所带来的文化认同也不是没有办法打破。"爱德华·赛义德曾令人信服地指出，大迁徙以及流落他乡的经历使得我们能以新方式认识诸文化间的关系。跨越疆界使得人们的视野纷繁多样，并认识到文化具有渗透性和偶然性。跨越疆界使得我们'不把他者视为本体既定的，而是看作历史构成的'，从而能够'慢慢磨去我们常常认为诸文化，尤其是我们自己的文化所带有的排外主义偏见。'"[①] 这种极端的经历和体验就如同德勒兹的游牧一般，将穿越界限当作从既定的总体中逃逸的路径。然而，姑且不去谈论这种经历本身的可实践性，它其实还是没有能够真正面对在政治和文化领域内差异逐渐被"去差异化"的事实。

事实上，因为阿多诺已经考虑到了总体化的危险，所以他完全拒绝在政治上和解的可能。非同一性概念本身正体现了这个内在的难题。虽然阿多诺的非同一性指的并不是德勒兹的弱势因素之类的价值，但它们之间仍然有着某些关键性的相同特质；所以，它也需要面对相同的表达难题。非同一性概念是被用来追问自我同一的主客体历史以及打破同一性思维的伪总体性的。阿多诺说，"那些选择哲学作为职业的人们今天必须首先拒绝早前的哲学事业以之为开

---

① [英] 戴维·莫利、凯文·罗宾斯：《认同的空间》，南京大学出版社2001年版，第166页。

端的幻象，即思想的力量足以掌握真实的总体性"[1]。但这并不是说总体性的概念是需要连根废除的。相反，每一种非同一性本身仍然预设了一个黑格尔式的总体性。尽管阿多诺拒绝用"否定之否定"原则完成的黑格尔式的中介作用，但他仍然要求一种新的总体式的和解：通过同一性实现的非同一性。因此，他的那句著名的论断"总体是虚假的"[2] 不能被理解为对总体性的一种彻底地废弃：它只是反对一种为黑格尔的"肯定的辩证法"所支持的同一性的总体性。后者的总体性是一个过程的产物，而不是它的阶段或状态，这个过程将其所有的环节保存为一个结构中因素。这个黑格尔式的总体概念实际上是以一个连续性的过程为其前提的：它仍然首先假设了一种同一性。在黑格尔那里，克服或是包容只是整个过程中不可避免的阶段而已，它们的存在就是为了肯定总体的有效性。然而，阿多诺相信同一性的原则并没有表达思维与其客体之间的全部关系，因而它不可能真正认识总体。相反，在新的调和中，非同一性不再从属于同一性，它展开了与同一性之间的真正辩证的关系，从而帮助我们认识总体。这种非同一性可以产生出否定性视角，该视角可以直射入产生出这种非同一性来的社会总体之中。事实上，非同一性反对一切彻底否定总体性的企图，主张用一种批判的方式对待它。但阿多诺一个有限的方面在于，当他这样说的时候，他其实还是将总体性承认为一个具体的实在或特性。他称其为虚假并不是说不存在总体性，而是说总体性因为其对非同一性的忽视而不能真实地表达世界的状况。也就是说，阿多诺首先是以承认总体性为前提的。而萨特在《辩证理性》中的批判视角则要严厉得多：他从根基上否认了总体性的合法性，认为它不过是人们想象出来的一个假

---

[1] Adorno, Theodor. "The Actuality of Philosophy". O'Connor, B. (ed.). (2000). *The Adorno Reader.* Oxford: Blackwell Publishers, p. 24.

[2] Ibid., p. 50.

象，在真实的社会历史中从来不存在一个完成了的总体。两相对比，我不得不说，在阿多诺的内心深处，其实始终没有放弃和解的希望，哪怕这希望被令人沮丧的现实压抑得难以抬头，甚至连他自己也明白没有实现的可能，但他也没有完全丢弃。非同一性就是他和解的乌托邦。

也正是在这个意义上，综合对于阿多诺来说是非常重要的。虽然他的否定辩证法是在拒绝综合的基础上展开的，但实际上，他所拒绝的综合是以同一性为主导的综合，他想要的是一种更具有乌托邦色彩的综合：同一性与非同一性之间的非同一的综合，这实际上是针对黑格尔的同一性与非同一性之间的思辨同一。从这个非常拗口的表达方式中，我们大约也可以想见阿多诺所面临的难题：救赎具体化的困难。从这个方面来说，阿多诺的处境其实类似于吕西安·戈德曼在《隐蔽的上帝》中所描述的"悲剧人"的状况：他们怀有和解的希望却又深知和解的不可能；他们过那种生活却又不喜爱它；他们明知抗争的无望却从不因此而放弃自己抗争的责任。虽然阿多诺的抗争更多地表现为批判。马丁·杰就曾经提出，甚至阿多诺的总体概念本身，实际上在很多方面都是否定性而非肯定性的：

> 事实上，他［阿多诺］对于否定的强调规定的不仅是他思维的内容，还有他借以表达的形式，这一形式拒绝隐瞒其原发性能量的不可调和性。因此，虽然阿多诺的言论看起来是相反的，他的文本却始终如一地负载着一个重任，这就是他曾经拒绝相信的人类解放的可能性，而这种可能性正是隐藏在一切形式的马克思主义传统之下的。①

---

① *Marxism and Totality*: *The Adventures of a Concept from Lukács to Habermas*, p. 242.

也就是说，虽然阿多诺已经从阶级革命的角度证明了传统意义上的解放的不可能性，但他仍然相信辩证法可以实现思想的自由。当然，他所指的是他自己的否定辩证法，而不是柏拉图以来直至黑格尔的辩证法。在他看来，黑格尔的辩证法首先假设了一种统一的存在，然后通过扬弃的中介将其推动。而实际上，这样一种在扬弃的综合中实现的统一在现实中从来就没有存在过。这种目的论的辩证中介本身是有问题的，因为它在整体上呈现出一种肯定性的特征。在这种辩证法中，否定通过综合最终变成了肯定的手段。他的否定的辩证法是一种试图认识同一化过程（思维）中的思维与客体之间的非同一性的。虽然阿多诺把这种辩证法描述为在理论上发现矛盾以及带着矛盾思考的唯一道路，但他却没有能够提供一个将否定辩证法应用于现实的例子。在这个方面，他对于理论与实践关系的独特态度，正好解释了他的理论在政治现实方面的软弱无力。在他看来，马克思将解释世界与改变世界截然分开的做法完全是没有必要的，因为解释本身正是改变世界的形式之一。他所勾画出的通向这一目标的唯一道路就是辩证法。他说，"在我看来，只有辩证的方法在哲学解释上是可能的"[1]。正因为这个原因，他向审美乌托邦的归隐在本质上与使用隔绝状态来确保乌托邦可能性的科幻小说作家是有一些本质区别的。在很多科幻小说中，乌托邦常常被想象为一个与"正常的"世界完全隔离的系统，这种与其他状态隔绝的封闭空间既可以是一种地理上的阻隔（如海岛、桃花源），也可以是一种空间飞行器（如太空飞船）。隔绝是保证乌托邦不被其他状态总体化和同化的方法。事实上，这种不同形式的科幻小说的产生是一种尝试在体系化的社会中将非同一性具体化的努力，虽然这种努力必然会遭遇到这样或那样的困难。因为只有在这种与同一化的

---

[1] Adorno, T. W. (2000). *Metaphysics: Concept and Problems*. (E. Jephcott, Trans.). Cambridge: Polity Press, p. 28.

社会始终保持距离的空间中，非同一性才能够生存。从理论上说，阿多诺似乎通过这种理论和实践的"乐观的"[1]统一而为他的非同一性找到了一个安全出口，但这种解决方法在政治层次上却鲜有实践意义。诚然，阿多诺对综合的拒绝在某种程度上体现了对同一化现实的一种抵抗态度或反思，然而，它始终是批判性的，而非实践是肯定性的。

在阿多诺之后的学者里，詹姆逊是比较独特的一个。他不但肯定了总体性的概念，甚至声称是受到了阿多诺的启发。在他看来，阿多诺对同一性的批判并没有同时放弃总体性，相反，阿多诺将非同一性吸纳进总体，发展了马克思从黑格尔那里继承来的总体性思想。詹姆逊认为，这种包容了非同一性的总体性实际上非常接近于卢卡奇对总体性概念的理解。他在将总体性概念应用于后现代文化批判的时候指出，他所谓的这种总体性是反对同一、包含了差异性存在的总体性。我不能同意詹姆逊对阿多诺的这种解读，或者说，在我看来，詹姆逊已经泛化了总体性的概念，将其与同一性之间做了分离，而在阿多诺那里，情况恰恰相反。

在阿多诺看来，思维与客体之间的非同体性首先反映了主体与客体之间的非同一性。虽然他反对传统上认为的同一的主客体关系，但他对主客体二分的承认仍然是停留在一种依赖于总体性的认识论上。由于获取知识的行为是发生在一定的总体当中，所以它必然预设了某种包含了主体、客体以及它们之间辩证关系的总体性的存在。对于阿多诺而言，自然是客体的世界，而客体只有在社会总体的进程中才能被主体概念化。换言之，社会的总体化提供了一个场所，使得客体在其中可以被认知以及被概念化。很显然，在获取

---

[1] 在《马克思主义与总体性》中，马丁·杰用这个词来评论阿多诺对于理论和实践关系的观点。这并不是说阿多诺持有一种乐观主义的观点，相反，阿多诺是用一种简单化的方式来处理理论和实践的关系的：将两者统一为一体。他把理论本身定义为实践的一种形式，这也就解决了，或者说消除了实践的问题。

知识的过程中，社会总体与个体不是同一的：个体不断获得的经验与知识都是由社会总体生产出来或经过它中介的。但是，这些经验和知识都不能被归结为任何个体，它们变成了社会总体本身的组成部分；它们的出现引起了新的总体化的运动。正是在这一点上，客体可以被认为是独立于主体的，这种独立性可以很好地解释主体与客体之间的非同一性。

虽然通过这样的方式已经可以解释非同一性的来源，但我们如何理解它在社会总体中的作用仍然是一个问题。我以阿多诺对理想社会的分析为例。在他看来，一个解放了的社会"不应该是一种单一的状态，而是应该在差异的调和中实现了的普遍性"[1]。这又是阿多诺与德勒兹重合的另一点。他们都意识到，一种理想的社会应该能够容纳差异和多样性，并且，所谓的"差异的调和"是不可能在一个由同一性原则统治的社会中实现。对于这个原则，阿多诺批评它是用平等的表面掩盖了真实的不平等。根据他的批判，在一个要求实现人与人平等的社会中，

> 当黑人显然不能与白人平等时而断然声称黑人与白人完全相等，对他就是更大的错待。而他一旦在体系的压力之下接受了某种标准，他就是被仁慈地羞辱了。因为根据这一标准，他必然被发现是不合格的，而且要满足这一标准也是不一定能完成的任务。[2]

这样一种讽刺性的情形是源自于同一性的抽象的、假想的平等。并且，由于总体本身在理性思维的意义上是被同一性原则决定

---

[1] Adorno, T. W. (2003). *Can One Live after Auschwitz? A Philosophical Reader*. (R. Livingstone, Trans.). Stanford, CA: Stanford University Press, p. 54.

[2] Ibid., p. 54.

的，因此要在总体性内部实现非同一性就变成了一项"不可能的任务"。这也就解释了为什么阿多诺难以描述出非同一性的具体功能以及设想出一个建立在非同一性基础上的世界。

而且，阿多诺所希望的"差异的调和"只能是一个理论上的乌托邦。事实上，通过同一性实现的非同一性也不过是一个哲学意象，而不是在政治上具有实践意义的前景。阿多诺从实践中的撤退源于总体化的局限性。然而，这却反映了他对于被管理的世界及其规律的毫不妥协的态度。这与德勒兹的策略性的进取是截然不同的。德勒兹首先承认弱势与强势的区分。他将弱势因素当作界外力量，并持续不断地将它引入强势因素之中，如此它们就可以形成一种新的相遇，从而创造出新的存在。正如我已经说明的那样，这就意味着以承认支配性的价值为前提。从政治角度来说，德勒兹的策略可以被视为对已经建立的总体性进行强化的过程，它是通过将边缘持续地融入总体化的进程来实现的。但这并不是德勒兹或阿多诺想要的情形。在第一种情况下，由于内在于思维的同一化的必然性，阿多诺无法将同体性当作一个完全错误过时的范畴抛弃掉，但这个原因同时也决定了他的困难处境。他考虑了一些具体的现实策略来在一定程度上改进社会制度，但事实上，他对这些改良主义的修补方式并不满意。他希望能走得更远一些：建立一个非同一性的王国。因此这也就变成了一个建立乌托邦的问题。阿多诺在批判性方面无疑是非常深刻的：他发现了所有形式的乌托邦的不足，因此最终从政治实践层面退守到审美领域。所以，"差异的调和"在政治上是不能实现的，这也就是为什么选择诉诸否定辩证法力图在哲学理论中实现非同一性。对于他而言，"否定的辩证法聚焦在否定环节上，表面上看起来严丝合缝的概念总体性实际上布满了由对抗性所留下的伤痕"[1]。

而总体化是一个社会自我更新的能力。它是一种综合的、始终处于进行时的运动；它可以穿透既定的总体性，将新的维度加诸其上。然而，这种总体化却不能在传统的意义上被理解，它并不仅仅是一个扫荡了一切差异和他性的同一化过程。总体化不完全是一种同化，而是通过冲突和补充的方式完成的一种再调和。其实，不管是弱势因素还是非同一性，都是他性的一种表达，这种他性是既定体系本身的局限性所在。在德勒兹和阿多诺看来，不断进行的总体化使得历史进程有可能克服支配性价值的局限，最终不断地将差异包容在自身之内。因为总体化本身是一种生成，它不需要也没有预设任何目的论式的终结。换言之，这种总体化是无目标的，它只是尽力探索通过冲突实现再调和的一种可能性。正是在这个意义上，德勒兹的"生成弱势"和阿多诺的"带着矛盾思考"可以被看作是从属于总体化的。这个过程其实也就是德勒兹的去辖域化和再辖域化，解码和再编码的过程是同时发生的。这一总体化的结果成功地巩固了总体性的附着力，因为它使总体变得更宽容、更全面，尽管该运动的原意是打破既定体系的等级秩序。从政治上来看，这的确就是民主体系自我认同的功能，它通过对表达抵抗和异议的形式进行规范而强化了原体系的统治。将这个结论应用到对资本主义的批判上，我们可以发现：德勒兹和阿多诺所诉求的与其说是资本主义的崩溃，不如说是加速了的资本主义。后者虽然绝不可能是一种绝对的去辖域化，但它却成功地在总体性内部最大限度地实现了差异。

---

[1] Hammer, E. (2006). *Adorno and the Political*. London & New York: Routledge, p. 102.

结　论

对现代性的反思

哈贝马斯认为：黑格尔是第一个明确地提出"现代性"概念的哲学家。自黑格尔以后，在西方文化的历史意识中，由于现代意味着对前工业文明所代表的土地价值的颠覆是借助内含于自身的动力不断推动自己前进的趋势。因此，"现代再也不能从别的时代所提供的模式中来借鉴可以作自己方向的标准，即它不得不从自身中创造自己的规范"[1]。在第二次世界大战之后，随着对战争的反思，对现代性及其结果的争论甚嚣尘上。这些争论主要集中在两个问题上：（1）现代性本身的局限是什么？（2）现代性之后的社会应当是怎样的？对于第一个问题，从来就不存在一个标准答案，因为界定现代性的代表性特征本身就是多维的。不过，在最终的分析中，现代性毫无疑问是启蒙理性发展的结果，而资本主义社会就是其社会经济体系发展的最高形式。在这一点上，思考现代性的局限问题就是在社会学、经济学、政治学和哲学领域中展开对资本主义逻辑的批判。也正是在这个意义上，德里达说"我们都是马克思的后继者"。刘北成在《本雅明思想肖像》中把这种促使知识分子对现代性进行反思的根源称为"苏格拉底张力"。他认为，这种张力是处于现代社会语境中的知识分子的内心冲突和他与外界的紧张关系，

---

[1] 刘北成：《本雅明思想肖像》，上海人民出版社1998年版，第4页。

而造成这种张力的原因是知识分子在整个现代性文化中的矛盾地位。[1] 我不敢妄言这样一个直指性的确认是否能够涵盖所有对现代性进行反思的思想家，但显而易见的是，上面所说的这种在对现代性进行反思基础上的资本主义批判早已超出了马克思的时代以及他的批判逻辑，因为它所面对的是马克思本人也没有想到的、詹姆逊称之为"晚期资本主义"的现实。第二个问题在某种程度上实际上是对第一个问题的正面回答。哲学家和社会科学家倾向于用"后现代性"（post-modernity）或"后现代主义"（post-modernism）来指称现代性之后的社会状况。然而，这种情景本身的暧昧性使得这个问题更加难以回答，因为它甚至无法像现代性那样具有确定性的特征。[2] 事实上，它只是被宽松地定义为对现代性的超越。诚然，也的确有着各种各样的理论努力试图将这个社会指称为"消费社会、媒体社会、信息社会、电子社会或高科技社会"[3]，但他们都是尽力从一个特定的角度出发提供一种对该社会特征形态的描绘。总体说来，"post-"这个前缀在这里与其说是一种时间顺序的表达，不如说是一种拒绝性的态度。从更具有批判性的角度来说，后现代性"指的是那些与现代性相关的社会形式初始的、真实的消解"[4]。换言之，相对于现代性还有迹可寻的时间轨迹，人们很难确定出一个日期可以被接受为是后现代社会开端的时刻。因此，后现代性不能

---

[1] "知识分子既是文化生活的创新者，又是文化的保存者和终极价值的关怀者。作为前者，知识分子可能成为现代性的风云人物，但作为后者，知识分子又被商品社会边缘化了。创造时尚和终极关怀发生严重的背离。"刘北成：《本雅明思想肖像》，上海人民出版社1998年版，第4页。

[2] 詹姆逊提出了后现代性的两个特征：混搭性（pastiche）和历史性危机（a crisis on historicity）。在我看来，这样一种对后现代时期的分析正好表现了用一种清晰、严格的特征来对后现代性进行定义的困难。

[3] Jameson, F. (1991). *Postmodernism, or the Cultural logic of Late Capitalism*. London & New York: Verso, p. 1.

[4] Sarup, M. (1993). An Introductory Guide to Post-Structuralism and Postmodernism. Athens: The University of Georgia Press, pp. 130–131.

被理解为一个历史中的符号,而应当被看作是对现代性的局限的拒绝。在"后现代性"与"后现代主义"两个语词中,我更倾向于前者,因为"主义"(—ism)这个后缀通常指向一种有明确主张的理论体系。不过,后现代性仍然缺乏现代性所具有的肯定性的定义基础。尽管它被概括为一种努力,这种努力尝试去描述一种情境、或存在状态、或与制度和条件的变化相关的东西[1],但它更接近于一种倾向、氛围或潮流,而不是一个整合化的体系。

后现代性体现了对现代性及其根源的批判,然而它并不完全意味着一种启蒙理性的终结。它更多的是对隐藏在现代性之后的这些范畴,如理性、启蒙、主体、总体性等的反思。这种反思希望能够废弃理性所产生的等级制和统一化,转而强调从本质上来讲不固定的、变化的条件的自发性。因此,后现代哲学很明显对于现代哲学的基础性假设和结构持有一种批判观点。这也是以"后"命名的众多哲学流派所共同的东西。那么,哲学在这个阶段的使命又是什么呢?阿多诺对此给予了回答。他说,"哲学不是要根据科学的用途来穷尽事物,将现象归于最少的命题……相反,在哲学中我们试图沉浸于那些与其不同的事物当中,同时不将这些事物置于预先构置好的范畴中"[2]。事实上,这个路径刻画的是现代哲学与后现代哲学之间的一种对比。后者不再满足于构建一个具有自明性的体系,相反,它所寻求的是确定差异或他性的条件,这种差异或他性也就是吉登斯所言的变化或阿多诺的异质性。为了实现这个目标,哲学家们抛弃了传统的、具有自足性的主体。因此,这也就意味着要确定变化或异质性,他们需要用某种东西来代替主体,以沟通和整合极端的不连续性和不可分割性。德勒兹和阿多诺提供了两条不同的道路通向这个目的地,这两个道路时而在若干的点上相交或重合,时

---

[1] 参见安东尼·吉登斯《现代性与自我认同》,生活·读书·新知三联书店1998年版。
[2] *Negative Dialectics*, p. 13.

而相互平行，时而又背道而驰。然而，它们却都将我们引到了一个问题之上：后现代性如何代替现代性？或者，我们可以用一种更接近于我们在前几章讨论的主题的方式来表达这个问题：异质性是如何在同一性居首要地位的情境中被生产出来的？我在这两个问题之间画了等号，因为我相信从现代性到后现代性的过渡的进程实际上就是同一性的基始地位被挑战的过程。于是，在这个意义上，德勒兹和阿多诺所共同持有的这种差异逻辑可以被解读为他们各自对这两个问题的回答。这也就是为什么我在结论部分直接转移到了对现代性与后现代性的关系问题的讨论上。

现代性无疑是启蒙理性发展的必经阶段之一，也是它的耀眼成果。它可以被概括为一种持续的理性化过程。在这个发展过程中，作为理性内在法则的同一性原则发挥了重要的作用。① 所以，要思考现代性实际上就是要对这一个原则本身进行反思。

然而，从另一个特定的观点来看，后现代性也可以被理解为现代性的一种强化或极端的现代性。例如，利奥塔就认为"审美后现代主义乃是一种极端的审美现代性，同时也是一种意识到了自身为何物的现代性。'一件作品，只有当它曾是后现代的，它此刻才会是现代的。由此看来，后现代主义并不意味着现代性的终结，而意味着现代性的诞生，而且始终如此'"②。换言之，"后"的前缀在这里意味的是两个不同的维度：启蒙理性的终结或者最大限度的启

---

① 现代性在审美上的一大特点表现为对现实主义的偏爱。利奥塔肯定了这一点，他指出，现实主义就是对意义的肯定。现实主义的创作手法与审美上将现实非现实化的趋向背道而驰，因为现实主义关心的是"稳固所指事物，也就是说将其校准，使它成为某种能够被重新辨认出来的意义"。而对于利奥塔来说，"稳固所指事物"以及肯定意义就最终意味着让审美判断去适应认识判断，用判断决断力取代反思判断力（［德］阿尔布莱希特·维尔默：《论现代和后现代的辩证法——遵循阿多诺的理性批判》，商务印书馆2003年版，第65页）。这正是对理性的张扬，它是现代性的内在要求和逻辑。

② ［德］阿尔布莱希特·维尔默：《论现代和后现代的辩证法——遵循阿多诺的理性批判》，商务印书馆2003年版，第59页。这里所引的利奥塔的原文是他在回答"什么是后现代"问题时所做的答复。

蒙。前者所标志的是一种与现代性之间的断裂，而后者则是一种以后现代的观点进行的批判性重建的社会理论。这两个维度之间的差别也就是阿多诺与德勒兹之间的差别。阿多诺深刻地批判了同一性原则，而德勒兹和加塔利则是希望能够具有资本主义机制的解放的方面，即对流的解码。当然，他们每一个人所表达的都只是每个维度的一种可能性。利奥塔对现代性元叙事的质疑和批判，以及张扬小叙事的主张也正是在这个意义上的。和德勒兹的逃逸线以及生成弱势的主张相似，利奥塔所提出的小叙事其实也是对被宏伟叙事压抑和排解的多样性和生动性的恢复。它不是用来摧毁宏伟叙事，而是以挑战宏伟叙事的垄断地位为姿态，建立起的一种非中心化的多样叙事并存的形式。在利奥塔看来，这些压制的东西才是想象发明的精髓形式。在这里，如果将"差异"概念带入"小叙事"就可以发现，德勒兹和利奥塔是出人意料地一致。① 因此，我们也就可以理解当利奥塔在诠释现代性与后现代性的关系问题上时提出的"重写现代性"命题。然而，这里的"重写"并不是将现代性从根基上颠覆，再来建立一个所谓的"后现代性"；而是对"现代性"所具有的问题和局限性的反思和突破。对此，利奥塔自己说：

> "重写现代性"的题目是密尔沃基的20世纪研究中心的凯西·伍德沃德和卡罗尔·坦纳逊对我建议的。为此我感谢他们：这个题目比那些一般的标题，比如"后现代性""后现代主义""后现代"要好得多，这类反思一般都被置于这种标题之下。"重写现代性"的优势取决于两个替换：从词汇的角度

---

① 在最近的一次研讨会上，有学者对我将德勒兹归为具有后现代思想的哲学家提出了异议。原因是德勒兹本人从未正面论及自己与后现代的关系。但事实上，我的这一认定主要是根据从他的差异哲学中所反映出来的对理性及其所建立的秩序的质疑意义上的。在对现代性的态度问题上，我认为德勒兹和利奥塔是一致的。

来说"后（post）"的前缀转化成了"重（re）"的前缀，还有这一经过修改的前缀在句法上被应用于动词"写"，而不是名词"现代性"。①

在这段描述中，"重写现代性"的优势就在于它是在肯定并反思现代性的基础上，它要求的是在面对总体化的同时，不断张扬差异的重要性和参与性，反对普遍化的标准和价值——这同时也是对哈贝马斯最好的反驳。② 在利奥塔看来，后现代本身并不是一种历史主义的视角，后现代知识本来的目的就是为了"增强我们对于差异的敏感，促进我们对不同通约事物的宽容能力。它的原则不是专家的同一推理，而是发明家的谬误推理"③。而这种对元叙事的怀疑所造成的"叙事危机"本身就是科学发展的一个结构，并且它反过来会不断地促进科学本身的发展。在这里，如果我们忽略掉利奥塔将这种质疑精神安放在科学领域的事实，转而将它置于微政治领域中，它几乎就是德勒兹的逃逸线的改写。后现代本身就是由现代性内部所释放出来的一种潜在的势能，它是现代性的逃逸线。和德勒兹一样，利奥塔也十分厌恶主体原则，因此他的反思和释放并不是以主体为中心的。对于他们而言，任何有关主体命运的主题仍然是元叙事的。后现代性对现代性的重建，当然也包含这个意义层面的。

因此实际上，后现代理论可以为一系列完全不同的理论和政治目的服务。它既可以被用来攻击现代性，也可以用来强化它；既可

---

① ［法］让—弗朗索瓦·利奥塔：《后现代性与公正游戏》，谈瀛洲译，上海人民出版社1997年版，第152页。

② 利奥塔在《后现代状况：关于知识的报告》的导论中明确提出了对哈贝马斯的批评，认为他对共同原则的预设违背了语言游戏的异变性，是不可能实现的目标。

③ ［法］让—弗朗索瓦·利奥塔：《后现代状况：关于知识的报告》，岛子译，湖南美术出版社1996年版，第31页。

以批判资本主义，也可以成为现实中对它的改进；既可以用来挑战权力，也可以用来巩固它。也是在这个意义上，我们有必要将德勒兹和阿多诺放在一起，去找到一条在今天的全球化世界中能够肯定这些差异，而又不摈弃理性的积极方面的道路。这就是本书所希望达到的目的。

如果更深入一步地讲，我们需要了解，对差异的肯定更多的是一个社会政治领域的问题，而不是纯理论或美学的。后现代性挑战了从理性生发出来的秩序，从而成功地将我们的注意力引到了在通常状况下为国家哲学所忽视的一些微政治现象和边缘区域。这些微政治现象和边缘区域就是后现代性希望给予重视的差异和异质性。然而，我们怎样才能实现它们呢？这是一个实践性的政治问题。现代性已经因为它的过度的乐观主义而得到了足够多的批评，但这并不意味着我们就必须去否定现代性的意义或是不加任何反思地欢呼后现代性。相反，我们所面临的真实的任务是在现代性与后现代性之间实现和解。这种和解将帮助我们为差异和异质性留下容身之所，而又不会把它们变成诸如印第安人"保护区"之类展示的遗迹。异质性是可以在社会中真实地发挥作用的革命性因素，它不应该被当作奇观赏鉴或狎玩。当现代性为我们提供了一个可以认识社会和制度的组织化的方向时，我们仍然需要一种批判性的后现代观点。

参考文献

Adorno, T. W. (1973a). *The Jargon of Authenticity*. (K. Tarnowski & F. Will, Trans.). Evanston, IL: Northwestern University Press.

Adorno, T. W. (1973b). *Negative Dialectics*. (E. B. Ashton, Trans.). New York: The Seabury Press.

Adorno, T. W. (1973c). *Problems of Moral Philosophy*. (R. Livingstone, Trans.). Cambridge: Polity Press.

Adorno, T. W. (1978). *Minima Moralia: Reflections from Damaged Life*. (E. Jephcott, Trans.). London: New Left Books.

Adorno, T. W. (1982). *Against Epistemology: Studies in Husserl and the Phenomenological Antinomies*. (W. Domingo, Trans.). Oxford: Blackwell.

Adorno, T. W. (1983). *Prisms*. (S. Weber & S. Weber, Trans.). Cambridge, MA: MIT Press.

Adorno, T. W. (1984). *Aesthetic Theory*. (C. Lenhardt, Trans.). G. Adorno & R. Tiedemann (eds.). London, Boston, Melbourne and Henley: Routledge & Kegan Paul.

Adorno, T. W. (1993). *Hegel: Three Studies*. (S. W. Nicholsen, Trans.). Cambridge, MA: MIT Press.

Adorno, T. W. (1998). *Critical Models: Interventions and Catchwords*.

(H. W. Pickford, Trans.). New York: Columbia University Press.

Adorno, T. W. (2000). *Metaphysics: Concept and Problems.* (E. Jephcott, Trans.). Cambridge: Polity Press.

Adorno, T. W. (2001). *Kant's Critique of Pure Reason.* (R. Livingstone, Trans.). Stanford, CA: Stanford University Press.

Adorno, T. W. (2003). *Can One Live after Auschwitz? A Philosophical Reader.* (R. Livingstone, Trans.). Stanford, CA: Stanford University Press.

Adorno, T. W. (2006). *History and Freedom: Lectures 1964 – 1965.* (R. Livingstone, Trans.). R. Tiedemann (ed.). Cambridge: Polity Press.

Adorno, T. W., & Benjamin, W. (1999). *The Complete Correspondence, 1928 – 1940.* (N. Walker, Trans.). H. Lonitz (ed.). Cambridge, MA: Harvard University Press.

Adorno, T. W., & Horkheimer, M. (1973). *Dialectic of Enlightenment.* (J. Cumming, Trans.). London: Allen Lane.

Adorno, T. W., et al. (1950). *The Authoritarian Personality.* New York: Harper.

Arato, A., & Gebhardt, E. (eds.). (1982). *The Essential Frankfurt School Reader.* New York: Continuum.

Armstrong, A. (1997). Some Reflections on Deleuze's Spinoza: Composition and Agency. In K. A. Pearson (ed.), *Deleuze and Philosophy: The Difference Engineer.* London: Routledge.

Badiou, A. (2000). *Deleuze: The Clamor of Being.* (L. Burchill, Trans.). Minneapolis, MN: University of Minnesota Press.

Badiou, A. (2006). *The Logics of Worlds: Being and Event.* (O. Feltham Trans.) London & New York: Continuum.

Bauer, K. (1999). *Adorno's Nietzschean Narratives.* Albany, NY: State University of New York Press.

Bergson, H. (1961). *Introduction to Metaphysics.* (M. L. Andison, Trans.). New York: Philosophical Library.

Bernstein, J. M. (2001). *Adorno: Disenchantment and Ethics.* Cambridge: Cambridge University Press.

Bogue, R. (1989). *Deleuze and Guattari.* London: Routledge.

Bonta, M., & Protevi, J. (2004). *Deleuze and Geophilosophy: A Guide and Glossary.* Edinburgh: Edinburgh University Press.

Boundas, C. V. (2007). Gilles Deleuze: A Touch of Decisionism and an Excess of Out-Worldliness. *The Deleuze Studies*, 1 (2).

Boundas, C. V., & Olkowski, D. (eds.). (1994). *Gilles Deleuze and the Theater of Philosophy.* New York: Routledge.

Brunkhorst, H. (1999). *Adorno and Critical Theory.* Cardiff: University of Wales Press.

Brusseau, J. (1998). *Isolated Experiences: Gilles Deleuze and the Solitudes of Reversed Platonism.* Albany, NY: State University of New York Press.

Bryden, M. (2001). *Deleuze and Religion.* London: Routledge.

Buchanan, I. (1997). Deleuze and Cultural Studies. *The South Atlantic Quarterly*, 96 (3).

Buchanan, I. (2000). *Deleuzism: A Metacommentary.* Durham, NC: Duke University Press.

Buchanan, I. (ed.). (1997). *A Deleuzian Century? Special Issue of The South Atlantic Quarterly*, 96 (3).

Buchanan, I., &Colbrook, C. (2000). *Deleuze and Feminist Theory.* Edinburgh: Edinburgh University Press.

Buchanan, I., & Marks, J. (2001). *Deleuze and Literature*. Edinburgh: Edinburgh University Press.

Buchanan, I., & Thoburn, N. (2008). *Deleuze and Politics*. Edinburgh: Edinburgh University Press.

Buck-Morss, S. (1977). *The Origin of Negative Dialectics*. New York: The Free Press.

Colebrook, C. (2002a). *Gilles Deleuze*. London: Routledge.

Colebrook, C. (2002b). *Understanding Deleuze*. Crows Nest, NSW: Allen & Unwin.

Colebrook, C. (2006). *Deleuze: A Guide for the Perplexed*. London & New York: Continuum.

Danto, A. (1965). *Nietzsche as Philosopher*. New York: The Macmillan Company.

Deleuze, G. (1973). *Proust and Signs*. (R. Howard, Trans.). London: Allen Lane/Penguin.

Deleuze, G. (1981). *Nietzsche and Philosophy*. (H. Tomlinson, Trans.). London: Athlone.

Deleuze, G. (1984). *Kant's Critical Philosophy: The Doctrine of the Faculties*. (H. Tomlinson & B. Habberjam, Trans.). London: Athlone.

Deleuze, G. (1986). *Cinema 1: The Movement-Image*. (H. Tomlinson & B. Habberjam, Trans.). Minneapolis, MN: University of Minnesota Press.

Deleuze, G. (1988a). *Bergsonism*. (H. Tomlinson & B. Habberjam, Trans.). New York: Zone Books.

Deleuze, G. (1988b). *Foucault*. (S. Hand, Trans.). London: Athlone.

Deleuze, G. (1988c). *Spinoza: Practical Philosophy.* (R. Hurley, Trans.). San Francisco, CA: City Lights Books.

Deleuze, G. (1989). *Cinema 2: The Time-Image.* (H. Tomlinson & R. Galeta, Trans.). Minneapolis, MN: University of Minnesota Press.

Deleuze, G. (1990). *The Logic of Sense.* (M. Lester, Trans.). New York: Columbia University Press.

Deleuze, G. (1991). *Empiricism and Subjectivity: An Essay on Hume's Theory of Human Nature.* (C. V. Boundas, Trans.). New York: Columbia University Press.

Deleuze, G. (1992). *Expressionism in Philosophy.* (M. Joughin, Trans.). New York: Zone Books.

Deleuze, G. (1993). *The Fold: Leibniz and the Baroque.* (T. Conley, Trans.). London: Athlone.

Deleuze, G. (1994). *Difference and Repetition.* (P. Patton, Trans.). New York: Columbia University Press.

Deleuze, G. (1995). *Negotiations, 1972 – 1990.* (M. Joughin, Trans.). New York: Columbia University Press.

Deleuze, G. (1997). *Essays: Critical and Clinical.* (D. W. Smith & M. A. Greco, Trans.). Minneapolis, MN: University of Minnesota Press.

Deleuze, G. (2001). *Pure Immanence: Essays on a Life.* (A. Boyman, Trans.). New York: Zone Books.

Deleuze, G. (2004). *Desert Islands and Other Texts, 1953 – 1974.* (M. Taormina, Trans.). D. Lapoujade (Ed.). Los Angeles, CA: Semiotext (e).

Deleuze, G., & Guattari, F. (1983). *Anti-Oedipus: Capitalism and Schizophrenia.* (R. Hurley, M. Seem & H. R. Lane, Trans.). Minneapolis, MN: University of Minnesota Press.

Deleuze, G., & Guattari, F. (1986a). *Kafka: Towards a Minor Literature*. (D. Polan, Trans.). Minneapolis, MN: University of Minnesota Press.

Deleuze, G., & Guattari, F. (1986b). *Nomadology: The War Machine*. (B. Massumi, Trans.). New York: Semiotext(e).

Deleuze, G., & Guattari, F. (1987). *A Thousand Plateaus: Capitalism and Schizophrenia*. (B. Massumi, Trans.). Minneapolis, MN: University of Minnesota Press.

Deleuze, G., & Guattari, F. (1994). *What is Philosophy?* (H. Tomlinton & G. Burchill, Trans.). London: Verso.

Deleuze, G., & Parnet, C. (2002). *Dialogues II/Gilles Deleuze and Claire Parnet*. New York: Columbia University Press.

Descombes, V. (1981). *Modern French Philosophy*. (L. Scott-Fox & J. M. Harding, Trans.). Cambridge: Cambridge University Press.

Gibson, N., & Rubin, A. (eds.). (2002). *Adorno: A Critical Reader*. Malden, MA: Blackwell.

Goodchild, P. (1994). *Gilles Deleuze and the Question of Philosophy*. London: Associated University Press.

Goodchild, P. (1996). *Gilles Deleuze and Guattari: An Introduction to the Politics of Desire*. London: Sage.

Hammer, E. (2006). *Adorno and the Political*. London & New York: Routledge.

Hansen, B. (1998). *Walter Benjamin's Other History: Of Stones, Animals, Human Beings and Angels*. Berkeley: University of California Press.

Hardt, M. (1993). *Gilles Deleuze: An Apprenticeship in Philosophy*.

London: UCL Press.

Hardt, M. & Negri, A. (2000). *Empire.* Cambridge, MA: Harvard University Press.

Hearfield, C. (2004). *Adorno and the Modern Ethos of Freedom.* Aldershot, Hants: Ashgate.

Hegel, G. W. F. (1959a). *Encyclopedia of Philosophy.* (Gustav Emil Mueller, Trans.). New York: Philosophical Library.

Hegel, G. W. F. (1959b). *The Logic of Hegel.* (William Wallace, Trans.). London: Oxford University Press.

Heidegger, M. (1982). *The Question Concerning Technology and Other Essays.* (William Lovitt Ed.). New York: Harper.

Heidegger, M. (1992). *Nietzsche.* San Francisco, CA: HarperCollins.

Heidegger, M. (1996). *Being and Time.* Albany, NY: State University of New York Press.

Helmling, S. (2003). Constellation and Critique: Adorno's Constellation, Benjamin's Dialectical Image. *Postmodern Culture*, 14 (1).

Holland, E. W. (1993). *Baudelaire and Schizoanalysis: The Sociopoetics of Modernism.* Cambridge: Cambridge University Press.

Holland, E. W. (1999). *Deleuze and Guattari's Anti-Oedipus: An Introduction to Schizoanalysis.* London: Routledge.

Horkheimer, M. (1974). *Eclipse of Reason.* New York: Continuum.

Horkheimer, M. (1982). *Critical Theory: Selected Essays.* New York: Continuum.

Huhn, T. (ed.). (2004). The Cambridge Companion to Adorno. New York: Cambridge University Press.

Jäger, L. (2004). *Adorno: A Political Biography.* (S. Spencer, Trans.). New Haven, CT; London: Yale University Press.

Jameson, F. (1990). *Late Marxism: Adorno, or the Persistence of the Dialectic.* London & New York: Verso.

Jameson, F. (1991). *Postmodernism, or the Cultural logic of Late Capitalism.* London & New York: Verso.

Jameson, F. (2007). *Archaeologies of the Future: The Desire Called Utopia and Other Science Fictions.* London & New York: Verso.

Jarvis, S. (1998). *Adorno: A Critical Introduction.* Cambridge: Polity Press; New York: Routledge.

Jay, M. (1973). *The Dialectical Imagination: A History of the Frankfurt School and the Institute of Social Research*, 1923–1950. London: Heinemann.

Jay, M. (1984). *Marxism and Totality: The Adventures of a Concept from Lukács to Habermas.* Berkeley, CA: University of California Press.

Kaufman, E., & Heller, K. J. (Eds.). (1998). *Deleuze and Guattari: New Mappings in Politics, Philosophy and Culture.* Minneapolis, MN: University of Minnesota Press.

Lukács, G. (1971). *History and Class Consciousness: Studies in Marxist Dialectics.* (R. Livingstone, Trans.). London: Merlin Press.

Macdonald, I., & Ziarek, K. (Eds.). (2007). *Adorno and Heidegger: Philosophical Questions.* Palo Alto, CA: Stanford University Press.

Marks, J. (1998). *Gilles Deleuze: Vitalism and Multiplicity.* London: Pluto Press.

Marx, K., & Engels, F. (1969). *Selected Works: Volume One.* Moscow: USSR.

Massumi, B. (1992). *A User's Guide to Capitalism and Schizophrenia.*

Cambridge, MA: MIT Press.

Moyle, T. (2005). *Heidegger's Transcendental Aesthetic: An Interpretation of the Ereignis.* Surrey: Ashgate.

Nesbitt, N. (2005). The Expulsion of the Negative: Deleuze, Adorno, and the Ethics of Internal Difference. *Substance*, Vol. 107.

O'Connor, B. (1998). Adorno, Heidegger and the critique of Epistemology. *Philosophy & Social Criticism.* Vol. 24, No. 4.

O'Connor, B. (2004). *Adorno's Negative Dialectic: Philosophy and the Possibility of Critical Rationality.* Cambridge, MA; London: MIT Press.

O'Connor, B. (ed.). (2000). *The Adorno Reader.* Oxford: Blackwell Publishers.

Olkowski, D. (1999). *Gilles Deleuze and the Ruin of Representation.* Berkeley & Los Angeles, CA: University of California Press.

O'Sullivan, S., &Zepke, S. (eds.). (2008). *Deleuze, Guattari and the Production of the New.* New York: Continuum.

Pisters, P. (2003). *The Matrix of Visual Culture: Working with Deleuze in Film Theory.* Stanford, CA: Stanford University Press.

Patton, P. (2000). *Deleuze and the Political.* London: Routledge.

Patton, P. (ed.). (1996). *Deleuze: A Critical Reader.* Oxford: Basil Blackwell.

Pearson, K. A. (ed.). (1994). *On the Genealogy of Morality.* Cambridge: Cambridge University Press.

Pearson, K. A. (ed.). (1997). *Deleuze and Philosophy: The Difference Engineer.* London: Routledge.

Pearson, K. A. (ed.). (1999). *Germinal Life: The Difference and Repetition of Deleuze.* London: Routledge.

Rajchman, J. (2000). *The Deleuze Connections*. Cambridge, MA; London: MIT Press.

Sartre, J.-P. (1958). *Being and Nothingness*. London: Methuen & Co. Ltd.

Sarup, M. (1993). *An Introductory Guide to Post-Structuralism and Postmodernism*. Athens: The University of Georgia Press.

Sherratt, Y. (2002). *Adorno's Positive Dialectic*. Cambridge: Cambridge University Press.

Sinnerbrink, R. (2006). Nomadology or Ideology? Žižek's Critique of Deleuze. *Parrhesia*, No. 1.

Smith, D. W. (2003, May). Deleuze and the Liberal Tradition: Normativity, Freedom and Judgement. *Economy and Society*.

Stivale, C. J. (ed.). (2005). *Gilles Deleuze: Key Concepts*. Chesham: Acumen.

vonGlaserfeld, E. (1991). Abstraction, Representation and Reflection. In L. P. Steffe (ed.), *Epistemological Foundations of Mathematical Experience*. New York: Springer.

Welmer, A. (1985). *Zur Dialektik der Moderne und Postmoderne*. Frankfurt au Maim: Suhrkamp.

Williams, J. (2003). *Gilles Deleuze's Difference and Repetition: A Critical Introduction and Guide*. Edinburgh: Edinburgh University Press.

Wilson, R. (2007). *Theodor Adorno*. London: Routledge.

Zhang, Y. (2000). *An Atonal Dialectical Illusion*. Beijing: Sdxjoint Publishing Company.

Žižek, S. (1997). Multiculturalism, or the Cultural Logic of the Multinational Capitalism. *New Left Review*, I/225, September-October.

Žižek, S. (2004). *Organs without Bodies: Deleuze and Consequences*.

London: Routledge.

［德］卡尔·马克思：《资本论》（1－3卷），人民出版社2004年版。

［德］黑格尔：《哲学史讲演录》（1—4卷），商务印书馆1960年版。

［德］黑格尔：《黑格尔早期神学著作》，商务印书馆1989年版。

［德］黑格尔：《历史哲学》，生活·读书·新知三联书店1957年版。

［德］康德：《纯粹理性批判》，商务印书馆1960年版。

［德］谢林：《先验唯心论体系》，商务印书馆1976年版。

阿尔森·古留加：《黑格尔小传》，商务印书馆1978年版。

［德］库诺·菲舍尔：《青年黑格尔的哲学思想》，吉林人民出版社1983年版。

［英］W. T. 斯退士：《黑格尔哲学》，河北人民出版社1986年版。

［英］玛尔考姆·波微：《拉康》，昆仑出版社1999年版。

［法］德里达：《书写与差异》，三联书店出版社2001年版。

［法］让—保罗·萨特：《辩证理性批判》（上下卷），安徽文艺出版社1998年版。

［法］让—保罗·萨特：《存在与虚无》，三联书店1987年版。

［斯洛文尼亚］斯拉沃热·齐泽克：《意识形态的崇高客体》，中央编译出版社2002年版。

［德］本雅明：《经验与贫乏》，百花文艺出版社1999年版。

［美］理查德·沃林：《瓦尔特·本雅明：救赎美学》，吴勇立、张亮译，江苏人民出版社2008年版。

［美］赫伯特·马尔库塞：《单向度的人》，张峰、吕世平译，重庆出版社1993年版。

刘北成：《本雅明思想肖像》，上海人民出版社1998年版。

［德］弗里德里希·尼采：《查拉斯图特拉如是说》，商务印书馆1992年版。

［法］让—弗朗索瓦·利奥塔：《后现代性与公正游戏》，上海人民出版社1996年版。

［英］戴维·莫利和凯文·罗宾斯：《认同的空间》，南京大学出版社2001年版。